철학의
참견

철학의 참견

우리들의 헝클어진 일상을 바로잡는 철학자의 쓴소리

초판 1쇄 인쇄 2016년 7월 1일 ＼**초판 1쇄 발행** 2016년 7월 13일
지은이 신승철·이윤경 ＼**펴낸이** 이영선 ＼**편집 이사** 강영선 ＼**주간** 김선정 ＼**편집장** 김문정
편집 임경훈 김종훈 하선정 김정희 유선 ＼**디자인** 김회량 정경아
마케팅 김일신 이호석 김연수 ＼**관리** 박정래 손미경 김동욱

펴낸곳 서해문집 ＼**출판등록** 1989년 3월 16일(제406-2005-000047호)
주소 경기도 파주시 광인사길 217(파주출판도시) ＼**전화** (031)955-7470 ＼**팩스** (031)955-7469
홈페이지 www.booksea.co.kr ＼**이메일** shmj21@hanmail.net

신승철·이윤경 ⓒ 2016
ISBN 978-89-7483-801-0 03100
값 13,800원

철학의 참견

우리들의
헝클어진 일상을
바로잡는,

철학자의
쓴소리

신승철·이윤경 지음

서해문집

《 별걸 다 참견하는 철학자의 일상 유감有感 》

저와 아내는 항상 저녁식사를 마친 고즈넉한 시간에 브레인스토밍 겸 회의랍시고 잡담하며 노닥거리는 걸 무척 좋아합니다. 예컨대 퇴근길 골목에서 만난 길냥이에게 밥 준 일, 인공지능이 대답하는 어플, 아파트 경비 아저씨 교체 사건, 악성댓글에 연루된 연예인, 매일 지나치는 익명의 사람들, 운전 중 생긴 일, 텃밭에서 자라는 채소 이야기 등 우리를 둘러싼 모든 일이 소재였지요. 그러니까 이 책을 구상했던 시점은 제 입에서 온갖 아재개그와 뻥, 허풍이 난무하던 지난해 봄 저녁이었습니다. 우리 둘의 틈새에는 가공의 인물이 등장하거나 동물들이 뛰어놀거나 식물이 꽃 피우는 듯한 발랄함과 정동의 흐름이 있었습니다. 연구실과 집을 똑딱거리며 오가는 일상이었지만 '우리 사이에서 발아한 일상'을 재발견하고 색다르게 창안하고 싶은 욕망이 생겼습니다.

처음에는 장난 겸 재미로 시작한 일이었습니다. 그런데 점점 일이 커져 결국 책이 되어버렸지요. 뭐 그렇다고 재미가 사라지거나 무료하지는 않았습니다. 저는 철학을 정리했고, 아내는 스토리를 썼습니다. 그리고 서로 돌려 읽으며 낄낄거렸죠. 그냥 재미있자고, 웃자고 한 일이라고 봐도 상관없습니다. 책 속의 K씨는 굳이 꼽자면 저의 아바타이고 K씨의 아내, 일명 락슈미는 제 아내의 아바타입니다. 우린 두 아바타를 조종하면서 스토리를 만들고, 철학적 의미를 부여하며 아바타를 웃기고 울렸지요. 제가 꼰대처럼 글을 쓰면 아내는 냉큼 "바보야! 그게 아니거든" 하며 수정을 요구했지요. 결국 '웃자고 쓴 책'의 기본 콘셉트에서 크게 벗어나지는 않았습니다.

저와 아내는 프랑스의 심리치료사 가타리의 《미시정치》도서출판b, 2010에 함께 주목했습니다. 일상 속에서 이루어지는 생활정치에 대해 관심이 많았지요. 그래서 철학이 강단에만 서는 게 아니라 부엌과 자동차, 인터넷, CCTV, 학교, 마트에도 있어야 한다고 생각했습니다. 일상은 비루한 속인Das Man들이 살아가는 거주지가 아니라 결과 무늬, 리듬과 화음, 관계망과 의미, 장소와 속도 등에 따라 끊임없이 사건의 배치를 만들어내는 잠재성의 영역으로 재탄생했습니다. 이 책을 조금이라도 읽으시면 눈치채게 될 겁니다. 심오한 의미나 대단한 감동 없이도 재미와 놀이를 발견할 수 있다면 세상은 재창조될 수 있습니다.

이 책은 화장실, 부엌, 카페 같은 곳에 털썩 주저앉아 팝콘을 씹으며 읽으면 딱 좋습니다. 읽는 이에 따라 콩트는 한없이 가벼운데 콩트 뒤에 이어지는 철학 이야기는 다소 무겁게 느낄지도 모릅니다. 그럴 땐 저희 두 사람의 관계에 스민 유머러스한 분위기를 철학까지 연장하기를 권합니다. 책 서핑하듯 띄엄띄엄 읽는 것도 좋습니다. 삶의 미시적인 영역에서 배어나는 향기, 화음, 색채, 몸짓, 아이러니, 해학, 낙관, 유머 등을 발견하셨다면 이 책은 그것으로 만족합니다.

그렇다고 일상의 문제 제기에 대해 철학이 과연 완벽히 대답할 수 있을까요? 철학은 온통 물음표뿐인 어린아이의 호기심 찬 질문에 멈춰 있습니다. 그럼에도 이 책이 던지는 질문이 때로는 나비처럼 가볍게, 때로는 굼벵이처럼 느리게, 때로는 개미핥기처럼 집요하게, 때로는 도마뱀처럼 날렵하게 마음속에 다가온다면, 저희 부부가 저녁 시간에 어떤 소재로 잡담을 나눴는지 대강 짐작하시리라 생각됩니다.

이 책의 제목 '철학의 참견'은 김양수 님의 웹툰 〈생활의 참견〉의 카피이며 아류입니다. 아류라서 얼마나 다행인지 모르겠습니다. '내가 원본이며 원형이다'라고 주장했으면 얼마나 권위적이고 무료할까요? 더 짝퉁스럽게, 더 아류답게 보이는 제목이었으면 좋겠다는 생각도 듭니다. 일종의 '팬심'이라고 할 수 있겠지요. 웹툰이 보여준 재미있고 참신한 일상 이야기처럼, 철학자의 일상도 새로운 면이 많다는 것을 보여주고 싶었습니다. 여기서 '참견'이라는 단어는 '발견'이라는 단어보다 위트 있고 재치 있다는 생각이 듭니다. 굳이 얘기하자면 저는 일상에 숨은 잠재성의 '발견'을 넘어서 일상을 재창조하는 '참견'이라는 개념을 제시하고자 합니다. 이렇게 얘기하니 그럴싸하네요. 물론 이것도 나중에 의미를 부여한 것이고, 사실을 털어놓자면 그저 재미있자고 붙인 제목입니다. 카프카의 소설이 대부분 친구를 웃기려는 의도로 쓰인 것처럼 이 책 역시 철학으로 얼마나 웃길 수 있는지 테스트해보려는 의도도 갖고 있습니다.

이 책은 일상 속 생활세계에서 벌어지는 해프닝, 촌철살인, 유머와 해학으로 가득합니다. 철학자 K씨와 그의 아내를 둘러싼 사건과 관계망, 환경은 우리 시대를 살아가는 소시민의 삶과 무관치 않습니다. 책을 읽는 독자 중 누군가는 K씨 부부와 비슷한 일상을 살고 있겠지요. 그래서 '이 거 내 얘기 아냐?' 싶은 의구심이 들 수도 있습니다. 그렇다고 이 책이 보 편적인 이야기만 담은 것은 아닙니다. 때로는 낯선 이야기로 딴죽을 걸고 삶과 일상을 새롭게 바라보자고 참견합니다.

이 책이 만들어지기까지 함께 토론하고 고민해준 '서로살림생활협동 조합 인문학모임'의 김은실 님, 오행진 님, 이영희 님, 유혜진 님, 임소희 님, 박미정 님, 강영란 님, 노미현 님, 이진희 님께 고마움을 표하고 싶습 니다. '구성주의 모임'의 유인식 님, 박창 님, 권희중 님, 임순옥 님, 최창 섭 님, 이종문 님, 장은성 님께도 감사드립니다. '무의식 세미나'를 함께 한 손창선 님, 정진 님, 조동현 님, 정유진 님, 장세현 님, 이석헌 님과 심 기용 님께도 감사드립니다. 더불어 홍윤기 교수님, 윤수종 선생님, 장시 기 교수님, 유흔우 교수님, 현광일 선생님께도 존경과 감사의 인사를 보 냅니다. 끝으로 이 책이 나오기까지 물심양면 지원해준 서해문집의 김선 정 주간님과 하선정 편집자께 고마움을 전하고 싶습니다. '철학공방 별 난'의 귀염둥이 고양이 대심이와 달공이는 이 책을 쓰는 내내 멀찌감치 앉아 초롱초롱 감시의 눈빛을 보냈습니다. 철학과 인문학을 일상에 녹이 고자 한다면 여러분도 이미 철학의 참견에 동참한 셈입니다! 행복하고 재 미있는 독서 되기를 기원합니다.

2016년 7월 철학공방 별난
아내를 대신해 신승철

차례

이곳은 촘촘한
사람 숲이다

1

$\approx\approx\approx$

타자에 대한 예의

주차문제

홉스

《 그들은 대체 왜 싸웠을까? 》

K씨에게는 아직 운전면허가 없다. 주차장을 방불케 하는 도로, 골목마다 주차된 차들로 몸살을 앓는 도시의 전쟁에 자신의 몫까지 얹고 싶지 않기 때문이다. 그런 그의 집에도 자동차가 한 대 있기는 하다. 몇 년 전 지인이 해외 유학을 떠나면서 10년 넘게 타던 낡은 소형차를 무료로 양도한다고 했을 때, 운전할 줄 아는 아내가 덜컥 받아둔 것이다. 하지만 그의 아내도 교통체증과 주차난에 치이며 갈수록 쌈닭이 되어가고 있다.

그날 실랑이도 주차 때문이었다. 친구 집에 방문했다가 늦게 귀가하려던 K씨네 차 앞으로 커다란 승합차 한 대가 이중 주차되어 있었다. 혹시 사이드브레이크를 채워놓았으면 어쩌나 걱정하면서 승합차를 있는 힘껏 밀어보았지만 꿈쩍도 하지 않았다. 차에 적힌 연락처로 전화를 걸어도 연

결이 되지 않자 아내의 얼굴은 점점 붉으락푸르락 변해갔다. 그러던 중 K
씨가 담배를 한 대 피우러 나갔다가 주차장으로 돌아오는데, 멀리서 추리
닝 차림의 남자가 나타나 아내와 실랑이를 하는 게 보였다.

"이중 주차를 하셨으면 안쪽 차가 나갈 수 있게 사이드 브레이크를 풀
어놓는 게 예의 아닌가요? 전화도 안 받으시고… 제가 몇 번이나 연락했
는지 아세요?"

"무슨 말씀이세요? 사이드를 채워놓지 않았는데, 왜 안 밀린다는 겁니
까?"

"아니, 제가 아무리 밀어도 안 되는 걸 어떡해요? 근데 진짜 사이드 안
채우신 거 맞아요?"

아차! 아까는 분명히 안 밀렸는데…. 걱정하며 다가서는 K씨를 아내
가 눈짓으로 멈춰 세웠다. 지금은 당신이 나설 때가 아니라는 눈치였다.
남자는 보란 듯이 소매를 걷어붙이더니 차 보닛에 두 손을 올리고는 차를
밀기 시작했다. 1초, 2초, 3초… 요지부동일 것만 같던 차가 남자의 '끙'
소리와 함께 뒤로 슬슬 밀려났다.

"이거 보세요! 왜 안 밀린다는 건지 이해가… 어어어어어어어어!"

그가 미처 말을 맺기도 전에 사고가 터졌다. 기세 좋게 뒤로 밀려나던
승합차가 포물선을 그리며 휘더니 때마침 주차선 밖으로 삐져나와 있던
중형 세단의 주둥이를 들이받았다. 쿵, 하는 소리와 함께 남자의 얼굴은
흙빛이 되었다.

"이런 젠장!"

사고를 당한 차는 한눈에도 꽤 비싸 보였다. 차 상태를 이리저리 살펴
보던 남자는 갑자기 K씨 아내를 향해 고개를 홱 돌리고는 다짜고짜 책임

을 떠넘기기 시작했다.

"범퍼가 살짝 깨졌네요. 어떻게 하실래요? 이거 뭐, 보험으로 처리하기는 애매한 문제 같은데, 이쪽 차주 분 오시라고 해서 이 자리에서 배상 문제를 마무리 짓고 나가는 게 낫지 않겠어요?"

그때까지도 망연자실 서 있던 여자는 '배상' 어쩌고 하는 말에 놀라서 남편 K씨를 쳐다보았다. K씨 역시 뭐라고 얘기해야 할지 난감했지만, 헛기침을 서너 번 하며 두 사람 앞으로 다가가 입을 열었다.

"아, 제가 생각하기엔 그게 좀… 차를 빼주십사 부탁한 건 저희가 맞지만 그건 선생님이 이중 주차를 해놓으셨기 때문이고, 게다가 자동차를 직접 미셨고, 애초에 핸들을 똑바로 안 해놓으신 것도 결국 본인이라서 말이지요. 물론 저희가 도의적으로 죄송한 마음은 있습니다만…."

남자는 뒤늦게 나타난 남편의 존재에 적잖이 당황하는 기색이었다.

"아, 아니… 그럼 이 상황에서 채, 책임을 안 지겠다는 겁니까? 처, 처음에 그쪽에서 사고의 원인을 제공했잖습니까! 저야말로 자다 말고 갑자기 불려 나와서 이게 무슨 봉변이냐고요? 그러고 보니 당신들 여기 아파트 주민 아니죠? 이건 명백히 불법 주차한 거예요! 형사고발감이라고요!"

남자의 입에서 '형사고발' 운운하는 얘기가 나오자 K씨는 마음이 불편해졌다. 이런 상황에 대해 법적 조언을 해줄 사람이 누가 있는지, 순간적으로 머릿속에 몇몇 얼굴이 떠올랐다. 경찰관인 초등학교 동창, 로스쿨에 다니는 대학 후배, 변호사 사무실에서 사무장을 하는 선배까지. 하필이면 다들 오랫동안 연락 없이 지내던 사람들이지만 염치불구하고 전화번호를 검색하기 시작했다. K씨뿐 아니라 상대편 남자도 어디론가 부지런히 전화를 돌리고 있었다.

　문득 K씨는 가슴 언저리가 서늘해지는 느낌에 휴대폰을 내려놓았다. 결국 개인들의 분쟁을 법에 의존해 해결할 수밖에 없는 걸까? 쌍방 간에 인간적이고 상식적인 선에서 서로를 배려하며 조정할 수는 없는 걸까? K씨는 스스로 느끼는 도의적인 책임에 대해 남자에게 소정의 배상금을 지불했다. 남자도 가타부타 별말 없이 K씨의 제안을 받아들였다.

　그렇게 한바탕 소동을 겪고 집으로 돌아오는 길, 어쩐 일인지 아내는 기분이 썩 나쁘지 않은 모양이었다.

　"만약에 그 차를 우리가 직접 밀어서 사고가 났다고 생각해봐. 세상에! 하마터면 전부 다 물어줄 뻔했잖아. 그 정도로 합의된 게 얼마나 다행인지…."

　물론 그런 경우 법적으로 이쪽 책임은 전혀 없다는 말을, K씨는 아내에게 하지 않았다. 그녀가 진실을 알고 난 후 닥쳐올 후환이 두렵기도 했고 그 말을 꺼내기도 전에 이미 다른 차들로 꽉꽉 들어차 있는 자신의 아파트 주차장에 도착했기 때문이다. K씨는 한숨을 깊게 내쉬었다. 이곳은 또 다른 전쟁터이다.

《 콩나물시루 같은 세상 》

토머스 홉스Thomas Hobbes는 빽빽하고 여백 없는 세상에서 움직이려면 투쟁과 갈등을 피할 수 없다고 보았다. 17세기 영국에서 계속되는 내란과 찰스 1세의 망명, 공포정치, 투옥과 암살로 점철된 혼란의 한가운데에서 살았던 그는 왕당파를 지지했으며, 의회파인 크롬웰을 피해 망명생활을 했다. 그러니 홉스는 매우 보수적인 사람임에 틀림없다. 그는 당시 유럽을 휩쓴 민주정치에 대해 동의하지 않았고, 심지어 귀족과 왕의 입장에 서서 민주주의보다 왕정독재가 훨씬 낫다고 생각했다.

당대의 상황은 홉스의 세계관에 결정적인 영향을 끼쳤다. 홉스는 망명 중 이탈리아의 천문학자 갈릴레오 갈릴레이Galileo Galilei와 교류하면서 기하학과 역학에 대한 폭넓은 식견을 얻었다. 그는 모든 사람이 자연인으로서 갖고 있는 권리를 양도해 인공신체artificial body인 국가권력을 형성해야 한다고 주장했다. 그렇게 하면 주권은 인민이 아닌 국가에 귀속된다. 오늘날 "대한민국은 민주공화국이다. 대한민국의 모든 권력은 국민으로부터 나온다"는 노랫말에도 등장하는 주권재민主權在民의 상식으로 보면 말도 안 되는 생각이지만 당시에 홉스는 그렇게 생각했다.

홉스도 국가권력을 좋게만 본 것은 아니다. 오죽했으면 국가권력을 성서 욥기에 등장하는 괴물 이름인 '리바이어던Leviathan'이라 일컬었을까! 그런 괴물에게 평화와 안녕을 호소할 수밖에 없다고 생각한 이유는 매우 근본적이다. 그는 세상을 기하학적인 그림처럼 보았다. 사람들(신체) 사이에 여백이 없어서 모순, 싸움, 혼란이 일어나니 이런 갈등을 조정할 더 큰 힘을 가진 존재가 필요하다고 여긴 것이다.

그는 《물체론》1655을 통해 여백이 전혀 없는 세상을 그려냈다. 물체 사이에 여백이 없다니! 이런 황당한 가설은 당대의 왕립 과학자들 사이에서도 논란거리였다. 과학자들은 이미 실험을 통해 물질이 없는 텅 빈 진공 상태가 가능하다는 사실을 밝혀낸 상황이었으니, 홉스의 주장은 당시의 상식을 정면으로 위배하는 것이었다. 어쨌든 이 주장에서 우리는 물체를 '신체'라는 개념으로 바꾸어 해석할 필요가 있다. 신체가 여백이 없는 상태에서 운동하기 위해서는 주변에 있는 다른 신체에 부딪혀 그것을 밀어내야 한다. 이 상황은 마치 '뉴턴의 진자' 이론과 비슷하다. 일렬로 매달린 철공 중에서 한쪽 끝에 있는 진자의 운동이 다른 쪽 끝에 있는 진자의 운동으로 전달되는 실험을 떠올려보라. 홉스가 말한 '여백 없는 세상'은 경쟁, 투쟁, 전쟁이 일상화되는 살벌한 세상이 된다.

오늘날 여가, 여유, 여백이 사라진 도시는 홉스의 세계관과 잘 맞아떨어지는 공간이다. 출근길 지하철을 상상해보라. 지하철 안은 이미 발 디딜 틈 없이 비좁은데 때마침 푸시맨들이 나타나 더 많은 사람을 안으로 밀어 넣으면, 그 안에서 조금만 움직이려 해도 문제가 발생한다. 조심하라, 발 밟혔다, 죄송하다, 이런 말들이 곳곳에서 터져 나오며 사람들을 예민하게 만든다.

노량진이나 신림동에 있는 고시원 쪽방들도 마찬가지다. 고시원 생활을 하는 사람은 집에 친구를 데려갈 수도, TV를 켤 수도 없으며, 방 안에서 전화를 받는 것조차 조심스럽다. 겨우 자기 몸 하나 뉘일 정도의 성냥갑 같은 공간은 절박하고 힘든 청춘의 현실을 잘 보여준다. 홉스가 그린 여백 없는 세상이란 이렇듯 끔찍하고 기괴하지만 분명히 우리 삶 어딘가에 실존하고 있다.

≪ 이기적 욕망 vs 이타적 욕망 ≫

홉스에게 있어 신체는 다른 신체를 침해하는 위험한 존재이거나, 환상을 유발하는 것으로 묘사된다. 그가 《물체론》에서 언급한 환상은 이를테면 아파트에 사는 사람들이 TV나 인터넷을 통해 외부세계에 접속하는 것과 비슷하다. 개인으로 분해되고 고립된 시민들은 자신이 꿈꾸는 '조각난 환상'들을 통합해 실제 세상으로 완성할 능력이 없다. 조각난 환상은 이미지-영상의 형태로 스토리도, 내용도 없이 난무한다. 이는 외부와의 충돌과 마찰로 인해 빚어진 수동적인 반응들일 뿐이다.

사람들이 세상을 이런 조각난 환상으로만 받아들인다면 어떤 일이 벌어질까? 아마 감각만 살아있는 동물처럼 매사에 즉각적으로 반응하게 될 것이다. TV 속 환상화된 상품들을 바라보며 '당장 구매' '절판 임박'과 같은 자극적인 문구에 따라 전화기를 들었다 놨다 하는 사람들처럼 말이다. 결국 이런 조각난 환상의 세계를 통합할 진짜 주인공은 국가권력밖에 없다고, 홉스는 말한다.

홉스의 세계관이 보여주는 이런 기괴한 질서에서는 사람들이 서로 사랑하거나 욕망함으로써 감정을 공유할 여지가 거의 없어 보인다. '우리가 서로를 욕망하는 것이 곧 서로를 침해하는 것은 아닐까?' 사랑을 막 시작한 연인들이 혹시라도 상대방의 사생활을 침해하게 될까봐 소심해지고 스스로 행동을 조심하는 것이 아마도 홉스가 우려한 세상과 비슷할지 모르겠다.

홉스에게 있어 욕망은 자기보존욕구인 코나투스conatus라는 개념이었다. 코나투스는 자신의 이익을 보호하거나 권력-욕망으로 나아가는 데만

18

관심을 갖는 개인의 마음 상태를 뜻한다. 그의 저서 《리바이어던》동서문화사, 1988에는 그 의미가, "모든 인간에게서 발견되는 일반적 성향으로 죽을 때까지 계속되는, 힘에 대한 끊임없는 욕망"이라고 언급되어 있다. 홉스는 결국 경쟁과 다툼, 투쟁의 원동력이 사람들의 이기적인 욕망에서 비롯된다고 밝힌 셈이다.

그 반면에 스피노자는 욕망이 서로 소통해 기쁨이 될 수 있다고 말했다. 스피노자에게 욕망은 이타적이며 자유롭게 소통하는 사람들 사이에서 이루어지는 따뜻하고 부드러운 흐름과 같은 것이었다. 홉스의 코나투스 개념에 고개를 끄덕였던 이들이 스피노자의 욕망론을 '동화 같다'고 생각하는 것은 당연하다. 스피노자가 말하는 능동적인 기쁨과 수동적인 슬픔*의 정서와 달리, 홉스는 이기적인 욕망을 품은 개인들에게 있어 상대방과의 접촉은 쾌·불쾌의 지극히 수동적인 감성만 남긴다고 생각했다.

홉스의 코나투스를 생각하면 이런 의문도 생긴다. 인간의 자기보존 노력은 과연 이기적일 수밖에 없는 것일까? 자기보존욕구를 해결하기 위해서는 꼭 남을 침해하거나 피해를 입혀야 할까?

자기를 지키면서 상대의 욕망도 존중할 수 있는 사례는 생각보다 많다. 예를 들어 이기적인 동기 없이 오로지 사랑을 위해서 사람을 만나는 경우가 그렇다. 나 하나 살겠다고 남들이야 어떻게 되든 상관하지 않는 것이 아니라 나눔과 봉사, 돌봄을 통해 타인과 함께하며 스스로 만족을

---

* 스피노자의 이론에서 능동적인 것은 변용(affection)이고, 수동적인 것은 정서(affect)다. 그는 수동적인 정서 중에서도 능동적인 것을 기쁨, 수동적인 것을 슬픔이라고 말한다. 즉, 욕망이 서로 윈윈(win-win) 상태에 있을 때 기쁨을 느끼고, 예속과 무능력에 처하면 슬픔을 느끼는 것이다.

얻는 경우도 있다. 이런 이타적인 행동들이 사회를 풍요롭게 만든다. 그러므로 홉스의 코나투스는 사랑을 통해 공통의 감수성을 형성할 수 없는 관계에서만 유효하다. 도시에서 개인으로 분해되어 살아가는 사람들은 '내 이익은 내가 지킨다'는 다분히 홉스적인 설정에 익숙하다. 하지만 삭막한 도시 안에서 공동체를 형성하려는 최근의 마을만들기운동이나 협동조합의 사례를 보면 꼭 그런 세상만 존재하는 것은 아니다. 혹시 홉스의 생각은, 사랑받지 못해서 고독하고 예민하여 자존감이 낮아질 대로 낮아진 사람들이 보이는 세계관은 아닐까?

《 툭하면 벌어지는 갈등들 》

모든 사람이 이기적이라면 그들은 제각각 자신만의 이익을 위해서 싸울 것이다. 홉스는 근대사회의 모습을 '만인에 대한 만인의 투쟁'이라는 상황으로 그려냈다.

영화 〈반지의 제왕〉에서 반지를 갖고 있는 주인공 프로도는 친구인 샘을 끊임없이 의심한다. 반지 운반자인 호빗들 역시 반지를 없애려 하면서도 다른 사람들처럼 그 자신도 반지를 탐내고 있다는 점에서 만인에 대한 만인의 투쟁과 같은 상황이 펼쳐진다. 혹시 전세 계약금이나 곗돈, 그 밖의 현금 거래가 이루어질 때 그 돈을 운반하는 사람들도 비슷한 감정을 느낄 수 있지 않을까?

홉스는 다음과 같이 말한다.

인간은 그들 모두를 위압하는 공통권력이 없이 살아갈 때는 전쟁 상태에 들어간다. 이 전쟁은 만인에 대한 만인의 투쟁이다. 즉, 전쟁은 단순히 전투 또는 투쟁 행위의 존재 유무만으로 판단되는 것이 아니다. 일정 기간에 걸쳐 전투 의지가 존재하는 것이 확실하다면 그 기간 동안은 전쟁 상태에 놓여 있는 것이다.(토머스 홉스,《리바이어던》, 131쪽, 동서문화사, 1988)

세상 사람이 모두 나의 적이라면 어떤 기분일까? 독일의 정신분석학자 빌헬름 라이히Wilhelm Reich가 말한 '무장한 인간'의 개념이 떠오른다. 무장한 인간이란 딱딱한 성격갑옷으로 무장한 채 자신의 욕망을 억압하는 사람을 말한다. 무장한 인간이 다른 사람과의 투쟁을 통해 홀로 살아남고자 하면서 갈등을 연출하는 사례는 얼마든지 있다. 예를 들어 명절 귀경 티켓을 사기 위해 기차역 매표소에 길게 줄이 늘어선 경우, 마찰과 갈등이 도처에서 벌어진다. 특히 새치기를 하려는 사람이라도 나타나거나 줄이 한동안 줄어들지 않는다고 느껴지면 뒤에서부터 갑자기 큰소리가 나고 사람들 사이에 험한 대화가 오간다. 급기야 몸싸움이 일어나면 그 분쟁을 해결하기 위해 경찰이나 철도공안이 등장하고 곧 잠잠해진다.

심지어 많은 사람들이 한판 어우러지는 축제 현장에서도 만인에 대한 만인의 투쟁 같은 상황이 펼쳐진다. 몇 년 전 월드컵 시즌에 붉은악마 응원단이 모여 있는 현장에서 질서 붕괴로 인해 다양한 문제가 발생해 엄청난 수의 사복경찰과 순경이 동원되었다는 기사를 읽은 적이 있다. 2002년에 그 많은 사람이 모였을 때도 질서정연하게 응원했던 붉은악마가 해가 갈수록 상업화되면서 부정적인 현상이 생겨났다는 평가가 뒤따랐다. 나는 정말로 붉은악마의 자율적인 질서 문화가 완전히 사라진 것인지, 아니면 그저 공권력의 통제를 정당화하기 위한 변명인지 궁금했다. 실제로 무질서 속에서 사람들끼리 부딪치면 어디서나 공권력이 동원되게 마련이다.

이쯤에서 우리가 한번 생각해볼 문제가 있다. 과연 공권력이 시민의 평화와 안전을 보장하는 최선의 방법일까 하는 점이다. 홉스가 말한 '만인에 대한 만인의 투쟁'은 각박한 도시환경(성서에서는 소돔과 고모라로 형상화되었다)에서 살아가는 시민들의 그로테스크한 이면이기도 하다. 이 사회에는, 낯선 익명의 사람들 틈에서 성공의 사다리에 오르려고 타인을 짓밟고 그것이 마치 신이나 국가의 뜻인 양 위장하는 일이 비일비재하다. '그래, 홉스가 말한 인민전쟁이 도처에서 벌어지고 있어. 그러니 그 속에서 나는 요행히도 살아남아야 해'라고 자신의 이기적 행동을 정당화하는 사람도 있을지 모른다. 그래서 점점 더 치열한 경쟁(만인에 대한 만인의 투쟁)이 벌어지고 있는지도.

그렇다면 그 투쟁과 경쟁을 종식시키기 위한 방법은 없을까? 홉스가 제시하는 해답은 간단하고 명확하다. 만인에 대한 만인의 투쟁을 종식시키기 위해서는 우리가 가진 권리를 '리바이어던'이라는 국가권력에 위임하고, 이 괴물과도 같은 권력의 힘으로 안전과 평화를 보장받자는 것이다.

우리 일상의 모든 모순과 마찰, 긴장의 현장들에서 '법대로 하라!'는 말이 자주 튀어나온다. 그러나 알잖은가? 법은 기득권을 가진 자들에게 유리하고 힘없는 약자나 소수자에게는 한없이 불리하다는 것을. 그리고 더욱 중요한 것은, 법대로 하게 되면 우리가 서로 소통하고 합의할 수 있는 여지, 즉 자율적으로 공통성common을 형성할 여지가 굉장히 적어진다. 흔히들 이런 말도 한다. '괴물과 싸우기 위해서 괴물이 되는 경우를 많이 봤다'고. 권력에 저항했던 사람들이 스스로 기득권을 얻은 후 괴물처럼 기성세대의 모습을 따라가는 것에 대한 자조 섞인 비판이다. 국가권력에 저항한 사람들이 가장 국가권력을 닮아간다는 역설적 상황이 발생하는 것이다.

개인의 권리를 조금 포기하고 권력에 양도하면 평화가 보장된다는 망상은 악마의 속삭임처럼 이전부터 계속 우리를 유혹해왔다. 하지만 그것은 자유인이기를 포기하고 예속인이 되라는 얘기에 다름 아니다.

홉스는 개인으로 분해된 시민들은 이기적이어서 자율적으로 소통하고 타협할 수 없으며 그래서 커먼웰스Commonwealth*는 국가일 뿐이라고 주장한다. 그는 우리 안에 공동체 정신이 살아 숨 쉬는 것에 대해 부정했다. 그의 이론은 가장 이기적이고 각 개인으로 단자화된 시민만을 다루었다. 전쟁과 투쟁을 일삼는 이기적인 개인만이 존재한다는 그의 생각은, 결국 각 개인들이 자신의 권리를 권력에 맡겨야지만 사회의 혼란과 무질서가 종식될 것이라는 주장을 정당화하는 근거로 쓰였다.

> 태어날 때부터 자유를 사랑하고 타인을 지배하기를 좋아하는 인간이 커먼
> 웰스(=국가) 속에서 스스로를 구속하고 억압하는 궁극적 원인과 목적 그리
> 고 의도는 무엇일까? 그것은 자기보존과 그것을 통해 좀 더 만족스런 삶을

---

* 커먼웰스를 직역하면 공통의 부, 또는 공유자산이 되지만 영국에서는 영연방이나 영제국의 국가연합체를 의미하는 단어로 사용되었다. 그래서 홉스에게 커먼웰스는 국가와 동의어이다.

통찰하는 데 있다.(토머스 홉스,《리바이어던》, 173쪽, 동서문화사, 1988)

《 타협의 주체가 될 수는 없을까? 》

오늘날 '국가냐? 공동체냐?'라는 질문에 공동체라고 답할 사람은 많지만 그 공동체가 눈에 보이고 손에 잡히는 것이 아니기 때문에 형상화하기는 매우 어렵다. 몇 년 전 한국사회에 불었던 협동조합 열풍을 생각해보자. 일반적인 의미에서 협동조합은 공동의 이익이라는 이기적 동기를 가진 데 반해, 사회적협동조합은 사회적 기여라는 이타적 동기를 전면에 내세운다. 최근 들어 사회적협동조합으로의 전환을 준비하는 협동조합이 점점 많아지는 추세인데, 이것이 어쩌면 홉스에 맞선 스피노자의 세계가 실존한다는 것을 의미하지는 않을까?

충청남도 홍성군 홍동면에는 풀무마을이라는 작은 농촌공동체가 있다. 풀무학교를 중심으로 오리농법을 하면서 친환경 농산물을 생산하는 곳으로, 이 안에서 젊은 사람들이 공동체를 실현하기 위해 여러 가지 모임을 만들고 마을 일을 벌인다. 이들은 주로 마을공동체가 함께 만든 '밝맑도서관'이라는 문화공간에 모여서 공동체운동과 공동체의 역사를 공부하며 이야기꽃을 피운다. 이렇게 눈에 보이는 공동체 외에 사람들 사이에서 '보이지 않는 공동체'가 작동하기도 한다. 서로 사랑하고 신뢰하는 관계 속에서 공유자산, 집단지성, 공통의 아이디어와 같은 공통성이 풍부해지고 새롭게 생성되는 것이다.

낯선 사람들이 섞여 살아가는 도시에서는 상황이 많이 다르다. 고대 그리스의 도시국가를 뜻하는 폴리스Polis에서 경찰police이라는 단어가 파생된 것은 우연이 아니다. 서로 모르는 사람들 사이에서 만인에 대한 만인의 투쟁이 벌어질 수 있다는 가정 하에는 평화를 보장하는 경찰권력이 필요하다.

갈등과 마찰을 전제로 공권력에 호소하는 홉스의 평화는 소극적이고 수동적인 평화다. 소통과 사랑의 평화가 아니다. 반면에 오늘날 우리가 바라는 생명평화세상*은 경쟁을 위해 강권에 호소하는 자본주의를 극복하고 사랑으로 만들어가는 적극적이고 자율적인 평화를 추구한다. 그것은 먼 곳에 있지 않고 이미 우리 사회에 다양한 공동체의 모습으로 존재하고 있다. 우리 사회와 공동체는 보이지 않는 사랑과 감정의 교감에 의해 풍부해지고 다양해진다. 마치 자연생태계처럼 다양하며, 창조적이고, 서로 연결되어 순환하는 사랑의 교감이 공동체적인 관계망으로 나타난다.

오늘날 한국사회에는 남보다 더 성공하고 더 큰 이득만 쫓는 이기적인 움직임만 있는 것일까? 아니다. 보이지 않는 곳에서 생명과 소수자와 사회적 약자를 사랑하고 돌보는 선행의 흐름이 이 사회를 더욱 풍부하고 살맛나게 만든다. 최근에는 도시에서도 마을만들기운동이 활발하게 벌어지고 있다. 낯선 사람들끼리 마음의 벽을 허물고 마을공동체를 형성해서 더 친밀하고 유대적인 관계를 만들어보자는 실험과 실천으로 그 의미가 매우 크다.

---

* 　생명평화세상의 구상은 미생물과 인간의 공존을 증명했던 린 마굴리스의 공생진화론에서 출발하며 생태계가 평화와 공존의 질서라는 사고에 기반한다. 이에 반해 사회진화론은 경쟁적이고 비용편익적인 질서가 자연과 사회의 모습이라고 사고한다. 이런 점에서 홉스의 세계상은 사회진화론과 유사하다.

《리바이어던》의 논리가 지배하던 경쟁적인 도시 한복판에서 대안과 희망의 마을공동체가 첫발을 뗀 것을 홉스가 본다면, 그는 과연 무슨 생각을 할까?

신상털이
푸코

《 나는 네가 지난날 한 일을 알고 있다 》

"이거 닭똥이네. 냄새 장난 아니구만. 그 아줌마 얼굴 보셨댔죠? 여기 나무 밑에다 흙 같은 걸 뿌렸다고요? 분홍색 티셔츠에 청바지? 안 바쁘시면 지금 관리사무소에 같이 가서 CCTV 영상을 확인해주시죠."

일요일 아침의 평화가 깨졌다. K씨가 살고 있는 105호를 중심으로 104호와 106호 그리고 위층 205호까지 관리사무소로 항의전화를 쏟아냈다. 고약한 냄새 탓이었다. 오전 9시경 608동 아파트 화단을 어슬렁거리던 누군가를 직접 본 유일한 목격자 K씨는 거의 연행(?)되다시피 관리사무소로 동행했다.

그는 관리사무소 구석에 있는 통제실로 안내되었다. 그곳에는 수십 대의 모니터가 벽면을 가득 채우고 아파트 단지 곳곳을 실시간으로 비추고 있었다. 놀이터, 현관, 지하 주차장, 각 라인별 엘리베이터 안팎, 단지 내 상가 뒷골목, 비상계단, 자전거 거치대, 단지 입구의 횡단보도까지, 도대체 안 들여다보는 곳이 어디일까 싶을 만큼 아파트 단지 곳곳에 CCTV가 촘촘하게 배치되어 있었던 것이다. 만약 세상 모든 일을 훤히 꿰뚫고 있는 신이 있다면 아마도 딱 이런 장소에서 근무를 하지 않을까 하는 생각이 들었다.

화단을 정면으로 비추는 CCTV는 없었다. 다행이라고 해야 할까? 그런 게 있다면 화단에 잇대어 있는 K씨네 베란다가 훤히 들여다보일 판이었다. 가장 가까운 CCTV를 골라 오전 9시를 기점으로 빨리감기를 해서 돌려보았다. 수많은 사람들이 찰리 채플린처럼 지나갔다. 9시 8분경에는 K씨 아내가 음식물쓰레기를 버리러 나오는 모습도 보였다. 저런 핫팬츠 차림으로 집 밖에 나가지 말라고 그렇게 일렀건만 또 저러고 나왔다며 속으로 다박하고 있을 때, 문제의 분홍색 티셔츠가 화면에 잡혔다. STOP! 이후 범인이 등장한 방향에 설치된 CCTV들을 연이어 뒤로감기한 결과, 그녀가 나온 것은 608동이 아니라 훨씬 멀찍이 떨어진 602동 7~8라인 출입구임이 확인되었다. 그리고 엘리베이터 내부 CCTV를 통해 그녀가 한 손에 검은색 비닐봉지를 들고 있다가 다른 사람들이 타자 황급히 등 뒤로 감추는 것을 볼 수 있었다. 엘리베이터 앞문에 뚫린 작은 창문으로 각 층마다 빛이 휙휙 올라가는데 1, 2, 3, 4, 5, 6… 12층. 그녀는 12층에 산다. CCTV는 모든 것을 보고 있었다!

임무를 마치고 관리사무소 밖으로 나온 K씨는 갑자기 온 세상이 자신을 감시하는 듯한 두려움에 몸을 바르르 떨었다. 그랬다! 온 세상이 그를 주시하고 있었다. 그리고 세상에는 눈에 보이는 세상을 촬영하는 CCTV

뿐 아니라 온라인 세상의 그를 감시하는 눈들이 더 많았다. 며칠 후 'S아파트주민커뮤니티' 인터넷카페에 다음과 같은 글이 올라옴으로써, 그는 그 사실을 똑똑히 인지하게 되었다.

카페〉친목〉지역〉서울〉영등포구〉S아파트 6단지〉톡톡수다방

요즘 우리 부지런쟁이 6단지 미시맘들! 베란다에 상자텃밭 모종하느라 바쁘시죠? 저 또한 작년에 손수 농사지은 상추랑 치커리를 원 없이 먹었던 알흠다운(!) 기억이 있어서 올해는 상자를 몇 개 더 도전해보려고 판을 키웠어요. 지인 소개로 먼 데서 천연비료까지 어렵게 공수해왔거든요. 근데 천연비료가 좀 남기에 제가 일요일 아침에 608동 1층 화단에 몸소 내려가서 뿌려줬어요. 다들 아시다시피 거기가 서향이라 외지고 그늘진 탓에 나무들이 제대로 크질 못하잖아요. 나름 우리 아파트 조경을 위한 일이고, 내 돈 주고 비싸게 산 비료를 공짜로 나눠준 거나 마찬가지였단 말이죠. 그런데 글쎄, 화단 바로 앞 105호에서 베란다로 냄새가 들어온다고 관리사무소에 신고를 했지 뭐예요. 그 집 남자가 얼마나 진상을 부렸는지 아파트 CCTV를 다 뒤지고 청소 아줌마며 경비 아저씨한테 탐문수사까지 벌여서 마치 범인 색출하듯 물어물어 저희 집에 관리소장을 대동하고 찾아왔더라고요. 어휴, CCTV로 제 일거수일투족을 다 지켜봤을 거라 생각하니 소름이 돋네요. 내참 기가 막혀서 원…. 천연거름이니 당연히 냄새가 좀 나겠죠. 하지만 그런 게 바로 고향 냄새고 사람 사는 모습 아닌가요? 식물에 농약 치고 화학비료 주는 것보다 생태적이잖아요. 이거 이웃끼리 너무 야박한 거 아닌가요? 전 이제 창피해서 아파트에서 얼굴을 들고 다닐 수가 없어요. 좋은 일 하려다 이게 뭔가요? -쭈니맘

┗ Re : 언니! 너무 열받지 마세요. 누군지 몰라도 그냥 딱 개저씨네. 미친개한테 물렸다 생각하세요. 속상해하면 본인만 손해예요. -오렌지마마

30

└ Re : 608동 105호요? 우리 라인인데… 1층 아저씨라면, 배 좀 나오고 평일에도 추리닝 입고 돌아다니는 그 분 아닌가요? 백수가 아닐까 늘 궁금하던데, 뭐 하는 사람이에요? -원더우먼

└ Re : 어머, 그 분 철학 책 쓰는 작가예요. 지난 겨울에 요 앞 도서관에서 강의도 하셨는데… 상식 있는 분인 줄 알았는데 정말 실망이네요. -레이디고고

└ Re : 맞아요! 생태철학자 K. 제가 벌써 다 찾아봤죠. 그때 도서관 강의 웹자보가 이거였죠? 사진도 있고 약력도 있네요. 헐… 주제에 대학에서 강의도 하네요. 이런 사람한테 대학생들이 뭘 배우겠어요? 제가 찾아보니까 개인 블로그랑 SNS도 하던데, 그렇게 살지 말라고 확 댓글 도배해버릴까 봐요. 철학한답시고 고상한 척은 다 하고… 제가 이 밑에 블로그랑 페북 링크 걸어놓았으니 어떤 인물인지 다들 한번 구경 다녀오시길. 혹시라도 미친개한테 물리지 않으려면 미리 알고 예방들 하셔야죠. ㅎㅎ -쭈니맘

≪ 첫째도 둘째도 규율? ≫

미셸 푸코Michel Paul Foucault는 1926년에 프랑스 중서부 푸아티에 Poitiers에서 태어났다. 대학 시절에 그는 교정에서 웃옷을 벗고 온몸을 난자한 채로 발견되었다. 전후 프랑스 사회의 위선과 니체에 대한 개인적 탐닉이 그를 광기로 몰아가지 않았을까 추측된다. 결국 그는 그길로 정신병원에 감금되었고, 그 경험을 토대로 현실에 대한 문제의식을 1961년 《광기의 역사》나남, 2003라는 책으로 펴내기에 이르렀다. 이 책은 19세기에 행해졌던 광인에 대한 감금과 유폐가 바로 이성적이고 합리적인 사회의 등장과 긴밀한 관련이 있다는 역사적 고발을 담고 있다. 그의 반정신의학적인 발상은 이후 벌어진 대안정신운동에 영감을 주었다. 그 후로 푸코는 사회의 미시적인 혈관을 따라 흐르는 권력에 대해 탐구했으며, 그런 미시권력이 사회적 배치와 앎의 의지 및 지식에도 내포되어 있다는 견해를 밝혔다.

그의 1975년 저작인 《감시와 처벌》나남, 1994은 '감옥의 역사'라는 부제를 달고 출간되었는데, 이 책에서 푸코는 근대의 규율권력이 형성되는 과정에서 죄수의 신체에 어떤 처벌과 통제, 억압이 아로새겨졌는지를 서술한다. 근대 규율권력에 대한 그의 이론적 탐색은 오늘날의 감시사회를 미리 예견한 것으로 평가받는다.

《감시와 처벌》은 18세기의 잔혹했던 신체형에 대한 서술로 시작한다. 사지를 묶고 고문하고 처형하는 등의 신체형은 이를 지켜보는 민중에게 초월적인 권력으로서 왕에 대한 두려움을 각인시키는 장치였다고 할 수 있다. 한편 공개처형 장소에서 더 이상 잃을 것이 없는 사형수의 저항은 민중으로 하여금 함께 분노를 느끼고 봉기하게끔 만드는 행사가 되었다는 점도 중요하다.

> 법원 서기 르 브르통 씨는 여러 번 사형수에게 가까이 다가가서 마지막으로 할 말이 없는지 물었다. 사형수는 없다고 대답했다. 그는 지옥에 떨어진 사람처럼 비명을 질러댔는데, 고문을 당할 때마다 "용서해 주십시오, 하나님! 용서해 주십시오, 주님!" 하고 외치는 모습은 더 이상 달리 묘사할 수 없을 정도였다. 그는 그 모든 고통을 당하면서 대담하게 자주 머리를 들어서 자기의 몸을 바라보았다.(미셸 푸코, 《감시와 처벌》, 25쪽, 나남, 1994)

그 수법조차 화려하고 잔혹했던 신체형은 근대로 들어서자 점차 유순해졌고, 그 대신 자유를 박탈하고 감금하는 형태의 형벌로 바뀌어갔다. 독방 수감이나 규칙적인 노동, 종교 교육의 강화 등이 그 예다. 또한 근대화 과정을 겪으면서 군대, 학교, 기숙사, 공장 등 모든 사회조직도 변화하기 시작한다. 군주가 생살여탈권生殺與奪權을 쥐고 있던 전근대사회에서는 사형이나 형벌 집행 과정에서 수감자들이 국왕이나 군주, 혹은 그 대리인을 직접 대면해야 하는 상황도 있었지만, 근대 훈육사회로 넘어온 뒤에는 규율이 그 모든 것을 대신했다. 마치 '죽일 수도 있으니 열심히 살라'는 지배명령어를 발신하듯 규제와 규율이 사람들의 노동, 잠, 의복, 언어 등 모든 생활에 적용되었다. 예를 들어 예수회 학교들은 학급을 편성할 때 10인 1조 단위로 로마식 혹은 카르타고식 진영을 짜는 전쟁 모델을 따랐을 정도다. 또한 장인들의 도제에 대한 규율이나 군대에서 병사를 규율하는 방식도 철저한 훈육에 따라 행동을 통제하는 형태로 나타났다.

> 작업장, 학교, 군대에서는 이러한 미시적 형벌제도가 만연해 있었다. 그리
> 하여 시간(지각, 결석, 일의 중단), 활동(부주의, 태만, 열의부족), 품행(버릇없
> 음, 반항), 말투(잡담, 무례함), 신체(단정치 못한 자세, 부적절한 몸짓, 불결), 성
> 의 표현(저속함, 추잡함) 등이 처벌 사항이었다.(같은 책, 281쪽)

근대 규율권력은 봉건제 사회의 신체형처럼 잔혹하고 화려하지는 않았
지만, 각 구성원을 규율을 내면화한 온순한 개인으로 만들어내는 기제로
서 작동했다. 예를 들어 행동거지나 시공간의 재편, 일람표, 활동의 규범
화 등으로 개인들의 삶을 제한했다. 규율권력은 감옥, 병원, 군대, 학교 등
의 구체적이고 물질적인 형태를 띠기도 하고 규칙, 법, 교칙 등의 비물질
적인 요소로 구현되기도 했다.

근대의 규율권력은 사실은 하위의 형벌제도라는 특징을 갖는다. 말하
자면 감옥-형벌 모델이 사회 각 집단과 조직으로 옮겨와 1차적으로 작동
되는데, 예를 들어 학교에서 벌어진 비행은 일단 학교당국의 규율에 따라
처벌되고 그 단계를 넘어서면 감옥 등 상위기관으로 이관되는 방식이다.
사실 한국사회에서 6,70년대를 살아온 중장년층은 근대적 방식의 훈육사
회를 잘 이해하고 있다. 어떤 사람들은 '통제사회'라는 색다른 기획으로
발전한 지금의 규율권력에 비해 그 시절이 차라리 낭만적이었다고 표현
할 정도다.

≪ 투명한 유리방 ≫

'최대 다수의 최대 행복'을 말했던 공리주의자 벤담Jeremy Bentham은 일망一望 감시기구인 판옵티콘Panopticon 건축의 설계자이기도 했다. 판옵티콘은 중심부에 감시 망루가 어둡게 위치한 원형 감옥 시설을 말한다. 감시자의 위치에서는 수감자들이 한눈에 바라다보이는 반면, 수감자들 눈에는 감시자가 아른거리는 배치를 띠기 때문에 누군가 자신을 보고 있는지 확인할 길이 없다. 그래서 수감자들 스스로 통제를 내면화해 늘 감시받고 있다는 생각을 하게 된다. 판옵티콘의 이런 구조는 루이 14세 시대의 베르사유 동물원에서 기원했다.

판옵티콘의 등장으로 규율권력은 처벌 중심의 훈육사회에서 감시 중심의 통제사회로 이행하게 된다. 지배자 입장에서 판옵티콘의 효과는 놀라웠다. 학생들은 유순해지고, 죄수들은 잠잠해졌으며, 노동자들은 성실해졌다. 판옵티콘 모델은 극소수 지배자가 다수의 민중을 한눈에 감시할 수 있다는 점에서 매력적이었다. 보이지 않던 사적 영역이 대부분 보이는 영역으로 바뀜으로써 사람들의 시시콜콜한 일상까지도 미시권력의 통제 대상이 되는 결과를 낳았다. 자신의 사생활이나 일상이 언제든지 관찰될 수 있다는 점을 의식한 수감자와 학생 등은 보이지 않는 통제를 의식한 채 스스로 행동거지를 조심하게 되었다. 부부의 침실, 내밀한 편지, 목욕탕 등을 다른 사람이 들여다본다고 생각해보라.

오늘날 현대를 살아가는 사람들에게는 감시사회가 당연한 일상이 되어버렸다. 감시사회에서 지배질서는 매우 부드러운 억압을 통해 민중을 손쉽게 통제할 수 있다. 앞서 본 신상털이와 같은 잘못된 행동이 권력을 쥔 사람들에 의해 무차별적으로 행해진다고 상상해보라. 이보다 무서운 일이 있을까? 권력의 입장에서는 보이지 않던 영역이 소실된 이런 현상에 대해 독일의 사회학자 바우만Zygmunt Bauman은 '고독을 잃어버린 시간'이라고 표현했다. 이제 우리가 집에서 생활하는 시간조차도 투명한 유리방에서 사는 것과 마찬가지인 상황이 되어버렸다는 얘기다.

훈육사회에서 통제사회로 옮겨가면서 지배명령어도 변했다. '죽일 수도 있으니 열심히 살라'던 훈육사회의 명령어가 '체제 내부에서 잘 살아라. 만약 외부로 향하면 죽든 살든 내버려두겠다'는 통제사회의 명령어로 바뀌었다. 감시와 통제 안에서는 누구나 자기계발을 하고, 웰빙을 추구하고, 잘 살도록 보장받는다. 하지만 그것은 개인의 시시콜콜한 일상에 가해지는 부드러운 억압을 감내하는 한에서이다. 그렇지 않고 감시사회 밖으로 나갈 경우 강경한 탄압을 가하거나 아예 게토화된 지역으로 만들어버린다. 그 외부가 어떤 곳일까? 쉽게는 제3세계를 생각해볼 수 있다. 제3세계 민중 중 13억 명이 기아에 허덕이고 매년 600만 명이 직간접적으로 기아와 영양실조로 인해 사망하는 현실은 통제사회 외부의 참혹함을 잘 보여준다. 사람들은 자신의 일상이 감시되고 있다는 사실을 알면서도 외부로 나가면 더 처참한 상황에 처할 것이기에 이 질서를 벗어날 엄두를 내지 못한다.

감시사회는 개인들을 유아화하는 결과도 낳는다. 부모의 시선 아래에서 떼를 쓰는 아이처럼 감시사회의 성인들도 유치해진다. 대중의 시선을 받으면 마치 자신이 '왕'이라도 되었다고 느끼는지 자신을 노출하고 싶어하는 이들이 많다. 이들은 대중 앞에 자신을 내세우고 자랑하면서 마치 스타나 영웅이 된 것처럼 느낀다. 요즘 연예인들을 대부분 공인公人이라고 표현하지만 이는 사실 공공의 일에 봉사하고 참여하는 사람으로서의 공인이 아니라 사생활을 잃어버리고 대중의 시선 앞에 노출된 사람이라는 의미를 갖는다. 어쨌든 그 자신이 노출되기를 원한다면 할 수 없다. 하지만 개인의 의지와는 상관없이 벌어지는 신상털이 같은 행동은 그 대상을 만인 앞에 발가벗기는 폭력이다. 이런 행동을 하는 사람은 마치 자신을 감시자나 경찰과 같은 역할로 착각하는 경우가 많은데, 정말로 사회정의를 위해 행동한다면 왜 권력자나 기득권을 가진 자의 신상을 털지 않는가라고 반문하지 않을 수 없다.

《 빼앗긴 프라이버시 》

푸코가 예상했던 통제사회 모델에서의 감시질서가 오늘날 일상적인 환경이 되어버렸다. 감시는 프라이버시privacy라는 사적인 공간을 없애버린다. 이제 개인의 사생활은 누군가 들여다보고자 하면 얼마든 엿볼 수 있는 투명 공간이 되었다. 프라이버시를 빼앗긴 개인은 사실상 주권을 잃은 시민이거나 집행이 잠시 유예된 죄수와 같은 심정을 느낀다. 사생활이 전혀 없는 삶이란 어떤 것일까? 연예인의 삶을 상상해보면 될 것 같다. 그들은 만인이 일거수일투족을 들여다보고 사생활이 거의 없는 상태에서 살아갈 수밖에 없는 존재다.

현대의 삶에서는 인터넷 공간이 공적 공간과 사적 공간의 경계를 모호하게 한다. 집 안의 컴퓨터 앞에 앉아서도 공론장公論場에 접속할 수 있고, 공적 공간이 개인의 스마트폰 안에 들어와 있다. 공적 공간이 사적 공간으로 침투해 들어오는 현상이 바로 '감시'다. 그 반대로 사적 공간이 공적 공간에 침입해 들어가는 경우는 악플이나 신상털이와 같은 현상으로 이해할 수 있다. 마크 포스터Mark Poster라는 사회학자는 모든 사람에게 노출되어 있다는 점에서 인터넷 공간을 초판옵티콘Super-Panopticon이라는 개념으로 설명했다. 신상털이는 그나마 소규모에서 이루어지는 감시현상에 불과하다. 인터넷을 기반으로 전방위적 감시질서가 만들어져 있다는 점을 생각하면 요즘 귀농귀촌을 통해 현대 문명으로부터 달아나려 하거나 가능하면 인터넷과 미디어로부터 점점 멀어지려는 사회현상도 이상한 일은 아니다.

여기서 한 가지 더 주목할 것이 있다. 판옵티콘과 같은 투명사회는 피지배자에 대한 지배자의 감시뿐 아니라, 권력에 대한 민중의 역감시도 가능케 한다는 점이다. 인터넷이 대중화된 사회에서 역감시는 대부분 해킹으로 간주되는 경향이 있는데, 사실은 정보의 투명성과 공개성, 공공성의 차원에서 대중이 권력의 행동을 감시하는 모든 경우를 포함한다. 권력에 대한 시민의 역감시가 가능해졌다는 것은 달리 말하면, 더 이상은 내밀한 지배자의 삶도 불가능하다는 것을 뜻한다. 줄리안 어산지Julian Paul Assange가 창립한 기밀폭로 사이트 위키리크스Wikileaks는 전 세계 지배질서에서 이루어진 비밀스런 발언과 정보들을 모아서 주기적으로 공개한다. 특히 해커 집단이나 내부고발자에 의해 굵직한 비밀 정보가 만천하에 공개될 때는 권력의 이면에 숨은 추악한 진실을 마주하게 된다. 이런 정보와 지식의 투명성은 일반인들이 권력의 실체 또는 진실에 쉽게 접근할 수 있는 통로를 마련해준다. 이렇듯 역감시를 가능케 하는 질서는 판옵티콘의 반대 개념인 시놉티콘Synopticon*이라는 개념으로 설명된다.

그렇다면 구석구석을 비추는 감시 시스템이 보편화된 현대사회에서 우리가 원칙으로 삼아야 할 것은 무엇일까? 일단 개인의 복합적인 정보들을 감시자가 한눈에 회람할 수 없도록 정보를 철저히 분산하는 시스템이 필요하다. 더욱 근본적인 해결책은 자신의 정보를 노출할 것인지 아니면 프라이버시를 지킬 것인지에 대해 결정할 권리가 각 개인에게 있음을 존중하고 그 권리를 침해하지 않는 문화를 정착시키는 것이다.

오늘날 '정보의 자기결정권'[**]은 이미 헌법적 권리 지위만큼이나 중요한 권리로 받아들여지고 있다. 판옵티콘 유형의 감시사회는 그 구조 자체로도 정보의 자기결정권을 위배하고 있다. 즉, 오늘날 인권의 일부로 받아들여지는 정보의 자기결정권의 위상을 생각해보면, 제러미 벤담의 판옵티콘 구상은 인간의 기본권을 외면하고 권력의 입맛에만 맞춘 잘못된 통제사회 모델인 것이다.

《 보이는 것과 보이지 않는 것 》

판옵티콘은 보이지 않는 것을 보이는 것으로 만들려는 미시권력의 구

---

[*]　판옵티콘이 pan(모두)+opticon(본다)인 데 반해, 시놉티콘은 syn(상호)+opticon(본다)라는 의미다. 즉, 권력자 한 사람이 다수를 감시하는 것이 아니라 시민들과 공중의 권력에 대한 상호감시를 의미하는 것이다.

[**]　정보의 자기결정권은 오늘날 프라이버시보다 더 강력한 정보인권의 개념으로 받아들여지고 있다. 이는 개인정보를 노출할 것인지, 지킬 것인지를 스스로 결정하고 지키는 권리를 의미한다.

상을 건축적으로 보여준다. 그러나 우리 삶에는 보이지 않는 것들이 여전히 존재한다. 사람들 마음속에서 싹트는 욕망과 사랑 같은 정서적인 부분이 그렇다. 이런 점에서 미시정치에 대한 새로운 발상을 얻을 수 있다. 프랑스 철학자 펠릭스 가타리Felix Guattari의 《세 가지 생태학》동문선, 2003이라는 책에 부록으로 실린 흥미로운 문건, 페테르 파르 페르바르트Peter Pal Pelbart의 〈볼 수 없는 것의 생태학〉에서 그 단서를 얻을 수 있다.

페르바르트는 이 글을 통해, 공기와 같이 보이지 않는 것들마저도 윤리적인 것으로 간주하는 현대의 상황을 지적한다. 사람들은 흔히 눈에 보이는 것만이 존재한다고 믿는 경향이 있지만, 사실은 보이지 않는 영역에 존재하는 많은 것들이 우리 삶을 이루는 굉장히 중요한 구성요소이다. 권력이 보이지 않는 영역을 모두 식민화했다는 생각은 오산에 불과하다. 여기서 권력이란 개인이 소유하거나 점유할 수 있는 것이 아니라, 배치이며 기능, 작동을 의미한다. 한 예로 미시권력은 사랑과 욕망의 미시적 영역을 완전히 식민화시킬 수 없다. 왜냐하면 미시권력의 배치dispositif가 있듯이 사랑과 욕망의 배치agencement, 즉 공동체적 관계망이 따로 있기 때문이다.

다시 푸코로 돌아가서, 통제사회는 무엇을 의미할까? 이 사회에는 마치 사형 집행이 미뤄진 사람처럼 두려움과 공포 속에서 살아가야 하는 삶만이 예비되어 있을까? 그렇지는 않다. 실제로 사람들은 대부분 체제 내부의 감시에 대해 그와는 다르게 대응한다. 즉, 전방위적인 감시질서가 다가오면 자신의 마음과 욕망을 더욱 보이지 않는 내면 속에 감추고 뚜벅뚜벅 실천을 향해 가는 것이다. 심리학, 인지과학, 사이버네틱스, 뇌과학 등은 지배질서가 보이지 않는 마음의 문제를 새로운 연구 대상으로 삼아 탐색하고 있음을 알려준다. 그러나 대부분의 욕망은 아주 보이지 않는 영역에서 놀랄 만한 변이를 만들어낸다. 푸코가 생각한 미시권력으로는 절대 포획될 수 없는, 주체성 생산의 영역이 있기 때문이다.

결국 미시권력에 대한 적극적인 대응은 '보이지 않는 것의 윤리와 미학'의 관점에서 우리 삶을 재설계하는 것이다. 마치 이름을 밝히지 않고 선물을 보내는 것처럼, 공동체와 사회를 더 풍부하고 다양하게 만드는 행동을 '보이지 않게' 하면 된다. 사실 한 개인의 삶의 의미는 보이지 않는 기억, 감정, 사랑 등을 공동체에 남기고 홀연히 떠나가는 것, 즉 보이지 않는 실존에 있다. 권력이 우리의 마음, 관계, 배치 등의 미세한 영역에까지 침투해 들어왔다는 걱정은 자칫 우리 자신을 미시권력의 포로나 그에 조종당하는 부두인형으로 전락시키고, 권력의 외부란 존재하지 않는다는 비관적인 생각에 빠뜨릴 수 있다. 그보다는 사랑과 욕망이라는 보이지 않는 영역에서 지혜와 아이디어를 가진 주체성을 어떻게 만들어낼 것인가가 언제나 중요한 과제다. 이런 자세로 사회의 감시와 처벌에 대응한다면, 푸코가 던져준 미시권력에 대한 물음에 주의를 기울이면서 좀 더 신중하게 삶을 살아갈 수 있을 것이다.

악성댓글

헤겔

《 대화가 정말 갈등을 해결할 수 있을까? 》

K씨의 퇴근길 버스 안에서 '띠링' 문자메시지가 떴다. 아내였다.

'어디야? M인터넷신문 들어가 봤어? 오늘 당신 칼럼 올라갔더라. 근데 댓글 수준이 왜 그래? 읽다가 꼬라지가 나서 원….'

M인터넷신문이라면 며칠 전 그가 '청년에게 기본소득을'이라는 제목으로 원고를 보냈던 곳이다. 기사가 언제쯤 올라올까 궁금하던 참인데 마침 아내가 먼저 읽은 모양이었다. 그런데 댓글이 왜…? K씨는 퇴근길 만원버스에 선 채로 스마트폰을 꺼내들었다. 생각보다 꽤 많은 댓글이 달려 있었다. 이게 웬 폭발적인 반응인가 싶어 찬찬히 읽어보는데, '캡틴 박'이라는 사람과 '락슈미'라는 사람이 찬반 논쟁을 벌이는 중이었다.

ㄴ Re: [캡틴박] 이 글을 쓴 K는 현재 청년세대의 문제를 잘못 파악한 듯하다. 문제는 역대 최고 스펙을 가진 청년들이 실업 상태에 있는 것이지, 이들이 벌어먹을 능력이 없는 게 아니다. 청년실업 문제가 심각하다고 무조건 기본소득을 준다니, 젊은 애들 거지 취급하는 건가? 게다가 부잣집 자식들에게까지 기본소득을 지급하는 건 말도 안 된다. 그건 사회적 낭비다. 그럴 돈이 있으면 노인이나 장애인 시설에 투자해야 한다.

ㄴ Re: [캡틴박] 또한 청년들에게 무조건 공짜로 돈을 주면 누가 일을 하려 할 것인가? 사지 멀쩡한 젊은이들이 온종일 놀면서 게임이나 하려 들 게 분명하다. 열심히 노력하는 자에게만 기회를 주어야 한다. 선별적 복지로 문제를 해결해야만 도덕적 해이를 막을 수 있다. 복지의 기본도 모르는 사람이 칼럼을 쓰다니 M인터넷신문도 이제 막장인가?

ㄴ Re: [락슈미] 캡틴박 님, 왜 그렇게 생각하시는지 의문입니다. 전 국민 기본소득을 단번에 시행할 수 없다면 우선 시범직으로 지급할 대상은 당연히 노인과 청년들이 아닐까요? 청년들이 먼저 경험해야 이들이 10년, 20년 후에 사회를 이끌어갈 힘을 얻게 될 것이고 기본소득 제도도 더 빨리 정착되겠죠.

ㄴ Re: [캡틴박] 락슈미 이 분, 이런 안이한 생각을 하는 걸 보니 글 쓴 K랑 똑같은 사람이군. 놀고먹기 좋아하는 청년백수들이나 할 철없는 발상은 그만두시길…

ㄴ Re: [락슈미] 솔직히 청년들이 반드시 노동으로 소득을 얻어야 한다는 생각은 구시대적 발상 아닌가요? 노동으로부터 자유로운 청년들이 우리 사회의 문화예술과 과학기술의 발전, 집단지성의 성숙을 가져올 가능성도 생각해보셨으면 합니다.

ㄴ Re: [캡틴박] 말하는 걸 가만 보니, 혹시 K씨? 어허, 여기서 이러시면 안 됩니다.

ㄴ Re: [락슈미] 여보십시오! 별 시답지 않은 의견을 가지고 뭐 대단한 견해라고 우쭐하시는데, 딱 보니 수꼴 관심종자네요. 꼰대 같은 의견 하나 내놓고 개저씨 농담

43

을 자랑이라고 떠들다니….

ㄴ Re: [캡틴박] 개저씨라니… 나 이래 봬도 뇌섹남 소리 듣는 남자야!

ㄴ Re: [락슈미] 헐… 뇌섹남 소리는 어느 경로당에서 들으셨나?

ㄴ Re: [캡틴박] 이번엔 노인 비하인가? 너 매장 당하고 싶구나?

ㄴ Re: [락슈미] 앗, 실수! 생각해보니 개 비하였네. 우리집 강아지 뽀삐, 언니가 진심 쏘리~

ㄴ Re: [캡틴박] 언니? 이 된장X 주제에! 너야말로 관심종자구나. 옛다~ 관심 하나 먹고 떨어져라.

ㄴ Re: [락슈미] 보자보자 하니까 이 사람이… 몇 살인데 아까부터 반말이심?

ㄴ Re: [캡틴박] 먹을 만큼 먹었다. 니 아버지랑 X알 친구다.

ㄴ Re: [락슈미] 어머나! 사해동포 홍익인간이 모토이신 울 아버지 어제 목욕탕 가셨다가 포경수술 실밥도 안 아문 초딩 놈이랑 친구 먹으셨다던데, 니가 바로 고놈이구나! 어린놈이 싸가지 없다고 하시더니 그 말이 참말이었네!

ㄴ Re: [캡틴박] 어따 대고 이놈 저놈이야? 이게 여자라고 봐줬더니….

ㄴ Re: [락슈미] 얼라! 여자라고 봐줄 놈이 아닌 듯한데!

ㄴ Re: [캡틴박] 야, XXX야! 너 거기 어디야? %$#$^&**% %$#$ &%$#$

ㄴ Re: [락슈미] #$^&**%$#$……

실시간으로 쭉쭉 올라오는 댓글들을 읽으면서 K씨는 잠시 궁금해졌다. 이 사람들은 맨 처음에 무슨 문제로 싸우기 시작했는지 기억이나 할까? 상대방이 눈에 보이지 않는다고 해서 아무렇게나 내뱉는 말들이 결국 악성댓글로 변질되었는데, 그런 토론이 과연 정상적인 합의에 이를 수 있을까? 모순이 대립을 거쳐 통일로 나아간다고 주장하신 헤겔 선생이

이 모습을 봤다면 얼마나 통탄할 일인가!

어느새 집 앞에 도착한 K씨는 스마트폰을 닫고 현관문을 열었다. 아내는 노트북 앞에 앉아 한창 뭔가에 열중해 있었다. 뭐가 그리 바쁜지, 남편이 귀가를 했는데도 쳐다볼 생각도 하지 않고 키보드를 두드리는 것이었다.

"뭐해? 바빠? 회사 일 가져온 거야?"

K씨가 조심스럽게 다가가자, 그녀는 그제야 홀린 듯 고개를 돌렸다. 그런데 그 표정이 붉으락푸르락하니 어쩐지 심상치 않았다. 그녀는 기염을 토하듯 한 마디 내뱉었다.

"캡틴박 이 X끼, 이거 뭐야? 일베 아냐? 헐!"

그녀 앞 노트북 화면에는 로그인 된 락슈미 이름 뒤에 커서가 깜빡거리고 있었다. 그러니까, 지금 그의 눈앞에는 정숙함, 덕스러움, 미를 표상하는 여신 락슈미가 얼굴이 벌겋게 딜아올라 잔뜩 성이 나 있는 것이다. K씨는 씁쓸하게 그 자리에 한동안 서 있을 수밖에 없었다.

《 갈등이 우리를 성숙시킨다고? 》

악플 공격을 겪었던 사람이 이런 질문을 받으면 뭐라고 대답할까? 점점 진흙탕 싸움이 되어 격렬하게 대립했던 그 일이 자기 성숙을 가져다줬다고 대답할 사람은 거의 없을 것이다. 그러나 독일의 사상가 헤겔Georg Wilhelm Friedrich Hegel은 그것이 가능하다고 보았다.

헤겔은 독일관념론을 완성한 사람이다. 그는 분열과 모순이 자기의식의 성숙 과정이며 결국 절대이성으로 수렴된다고 역설한, 절대적 관념론의 창시자이다. '이성적인 것은 현실적이고, 현실적인 것은 이성적이다'라는 그의 아포리즘은, 이성을 선험적인 인간의 능력으로 간주한 칸트 철학과 달리 정립과 반정립, 종합의 변증법에 의해 끊임없이 발전하고 성숙하는 과정으로 바라본다. 헤겔의 변증법은 마르크스 철학의 처음이라고 평가되며, 마르크스가 그랬듯이 여전히 많은 마르크스주의자들이 헤겔에게서 '모순의 변증법'이라는 방법론을 빌려와 계급투쟁을 설명하고 있다.

여기서 질문을 하나 던져보자. 왜 모순과 대립이 존재와 의식을 성숙시킨다는 것일까? 예를 들어 인터넷 악플 공격을 피하지 않고 응대한다면 결국 자신만 황폐해질 텐데 말이다. 헤겔의 변증법은 대립이 사회발전과 자기의식 성숙에 도움이 된다고 단언한다. 그 이유는 모순과 대립, 분열이 서로 분리되지 않고 인류이라는 끈에 묶여서 이루어지기 때문이다. 노동자들이 노동조합을 통해 자본가에 맞서 아무리 적대적으로 투쟁해도 서로 사회적 유대가 있기 때문에 자본가들의 태도 변화를 이끌어낼 수 있다는 것이다. 헤겔은 비변증법적 분리와 분열에 대해서는 생각해본 적이 없는 사람이다. 최근의 경제 양극화나 사회적 차별과 같은 극단적인 상황은 소수자와 민중에 대한 인류적 유대가 완전히 끊긴 상태를 보여주는데, 이런 점에서 헤겔의 변증법은 다분히 낭만적인 요소를 가지고 있다고 할 수 있다. 즉, 모순과 대립 속에서도 유기적 관계를 맺고 있는 공동체적 국가관을 전제로 자기주장을 펼쳤으니 말이다.

헤겔 연구자인 찰스 테일러Charles Taylor는 그의 책《헤겔》에서 "헤겔은 모순을 운동의 근원으로 생각한다. 왜냐하면 모순에 빠진 어떤 것도 다른 것으로 이행해야 하기 때문이다"라고 말했다. 여기서 모순과 대립은 자기의식이라는 관념의 성숙을 부를 원동력이라 볼 수 있다. 우리가 타자라고 간주했던 이주민, 장애인, 어린아이 등을 직접 응대할 때 우리 안에서 어떤 고정관념이 깨지는 것을 느끼는 경우가 있지 않은가? 이처럼 타자를 의식함으로써 고정관념이 깨지고 부정되는 상황이 온다면, 정신은 성숙하고 발전할 수 있다는 것이 헤겔의 지적이다.

그런데 소수자나 민중, 혹은 자연을 정신의 자기전개 과정으로 받아들이지 못하고, 파괴하고 훼손하고 억압해야 할 대상으로만 간주한다면 어떻게 될까?

우리는 오늘날 자본주의 사회에서 1%를 위해 99%가 동원되는 무한경쟁 체제를 경험하고 있다. 그 속에서 타자는 경쟁 대상이자 밟고 올라서야 할 대상이 된다. 간혹 헤겔의 생각처럼 타자가 나의 통념을 깨뜨리고 정신을 성숙시키는 존재로 다가올 때도 있지만 이주민이나 동성애자, 장애인 같은 소수자들은 대부분 배제와 차별의 대상으로 느껴질 것이다. 그리고 그런 차별과 배제의 방식은 인터넷 악플 문화에서 드러나는 미시파시즘적 방식과 크게 다르지 않다. 인류적 공동체로서 국가의 이미지는 이미 실추된 지 오래다. 특히 지난 2014년에 있었던 세월호 사건으로 국가의 부패와 무책임이 드러난 것을 보라.

이 시점에서 다음과 같은 질문을 던져볼 수 있다. 과연 대립과 모순이 사회통합의 촉매제가 되는가? 아니면 사회분열만 적나라하게 보여주면서 끝내 해결되지 못하는가? 현대 자본주의 사회처럼 다수자에 의한 소수자의 차별이 일상화된 상황에서는 인륜적 유대감으로 묶인 통합된 국가사회상을 기대하기 어렵다. 무엇보다도 소수자와 다수자의 관계는 대립과 모순이 아닌 배제와 차별로 설정되기 십상이다. 실제로 지금 사회에서는 소수자들이 사회분열적인 상황에서 대립과 모순을 전개할 만큼 강건한 책임주체가 아닐 때에만 그들에 대한 배려와 관용, 사랑이 베풀어지는 듯하다. 그러다 보니 소수자를 통해 편견과 고정관념이 깨지고 자기의식이 발전하는 '성숙' 자체를 경험할 수도 없다. 왜냐하면 소수자들은 이성적 주체라기보다는 욕망의 주체이기 때문이다.

이런 상황에서는 '소수자 되기'가 문제를 해결하는 대안이 될 수 있다. 여기서 '되기'란 신체변용을 통한 사랑의 또 다른 표현이다. 물론 광인이나 아이, 여성, 장애인 등의 소수자들이 사회를 향해 투쟁하고 시위하는 등의 모순과 대립을 통해 문제 해결의 단초를 마련할 수도 있다. 하지만 그보다는 주류사회가 그들의 존엄성을 이해하고 배려함으로써 오히려 그들의 특이성이 공동체를 더욱 풍부하게 만들도록 이끄는 것이 더 쉽고 좋은 해결책이 될 수 있다. 이런 점에서 모순과 대립, 분열이 꼭 자신을 성숙시키는 요소라고는 할 수 없다. 인륜이 있었던 시대에는 모순이 있으면 반성이 있고 분열이 있으면 자기의식이 전개되었지만, 최근의 사회분열 양상은 그러한 낭만적이고 연대적인 관계망과의 완벽한 단절을 보여준다. 그래서 사랑과 욕망이라는 연대적 관계망이 더욱 소중해졌다.

≪ 차이는 차별을 부르고 ≫

변증법은 개별성-특수성-보편성의 포섭 원리이기도 하다. 즉, 개별성이 특수성과 매개해 보편성이 되는 전개 과정이 바로 변증법이다. 보편성은 모든 차이나는 것들을 통일성으로 향하게 하는 요술지팡이다. 학문이란 모름지기 보편성으로 나아가야 한다고 생각하는 사람들이 있다. 그러나 학문은 다양한 목소리를 체계화하고 모델화하고 분류하는 지적 구조물이라 할 수 있는데, 보편으로서의 학문은 다양한 문제제기와 생활과 연관된 특이성과 차이들을 무시하는 경향이 있다. 마찬가지로 보편으로서의 국가는 시민 개개인을 종속시키기 위한 포획장치이다. 통일성이 아닌 다양성과 차이를 중시하는 소수자운동, 생태운동, 신사회운동 등에 대해서 국가주의자들이 아니꼬운 시선을 보이는 것도 그 세력들이 제도에 포획되어 보편적인 것의 틀 안으로 들어오려 하지 않기 때문이다. 사실은 국가야말로 전체를 자임하는 부분에 불과하며 보편성을 언급하는 개체일 뿐이다. 그런 의미에서 국가주의와 소수자운동은 깊은 차이를 갖는다.

다양성과 차이는 보편성에 포섭되지 못하는 영역이 있는데, 바로 그런 점에서 특이성singularity 개념에 주목해야 한다. 특이성이란 보편적인 의미화 내부에 들어와서 뻔하거나 익숙하게 간주되지 않는 것, 보편성으로는 포섭될 수 없는 유일무이하고 단독적이며 특이한 것을 의미한다. 어떤 사람에게는 그저 보편적으로 보이는 고양이 한 마리가 그것을 키우는 사람에게는 세상 무엇보다 소중한 존재일 수 있다. 또한 어떤 사람에게는 그저 비루한 일상의 반복이라고 느껴질 뿐인 삶이 다른 이에게는 매일매일 새로운 사건의 연속으로 느껴질 수도 있다. 특이성은 바로 우리의 삶과 실존의 의미를 밝혀주는 개념이다. 우리 삶이 단 한 번밖에 주어지지 않는 유일무이한 순간이며 유한하다는 것을 깨달은 사람들은 제 삶의 좌표를 바꿔 소중히 아끼고 최선을 다한다.

헤겔의 변증법 원리처럼 모순에 의해 상호 연관되는 집단이 있을 수 있다. 예를 들어 칼 마르크스의 계급투쟁에서 그려지는 노동자와 자본가의 적대를 생각해보자. 그런데 요즘은 노동자 사회 내부에서도 비정규직 차별 문제가 등장해 문제가 더 복잡해졌다. '모순'이라는 말로는 설명 불가능한 '차별'이라는 개념이 여기에 또 등장한다. 그리고 모순과 차별의 개념 외에도 '차이'라는 또 다른 구도가 등장한다. 차이나는 것들은 공동체, 생태계, 네트워크라는 관계망을 통해 서로 연결될 수 있다. 공동체는 바로 특이성을 사랑하는 공통성의 배치이기 때문이다. 공통성은 보편성과 달리 특이성과 수평적인 관계를 맺는 반면에, 보편성은 개별성에 대해 수직적이고 위계적인 태도를 보인다. 그런 점에서 공동체와 국가는 분명히 다른 조직 방식을 갖고 있다고 할 수 있다.

문제는 이 복잡한 사회에서 차이와 차별, 모순을 일관되게 생각해볼 수 있는 사례가 있느냐는 의문이 든다는 것이다. 먼저 차이와 차별의 관계를 보자. 모든 사람에게는 특이성이 있어서 서로 비교 불가능하고 우위를 계산할 수 없는 차이들이 존재한다. 그런데 만약 준거(기준)집단이 만들어지면 그에 따라 차별의 잣대가 생길 수 있다. 예를 들어 축구를 잘 하는 아이, 그림을 잘 그리는 아이, 공부를 잘 하는 아이 등 서로 다른 아이들이 모여 있는 곳에서 '공부 잘 하는 아이'를 하나의 기준점으로 잡아버리면 그에 따라 위계화와 서열화가 이루어져 차별의 잣대가 작동한다. 이에 대해 아이들이 문제제기를 하면 차별이 모순으로 전개될 수 있지만,

대부분 아이들은 차별의 서열화와 경쟁에 대해 문제제기를 하기 어렵기 때문에 이를 모순으로 발전시키지 못한다. 그런 점에서 차이와 차별, 모순은 각기 다른 배치 속에서 작동한다.

오늘날 자본주의 문명은 노동자를 착취하는 모순의 관계망이면서 소수자의 차이를 차별로 만드는 관계망이기도 하다. 모순과 차별은 모두 자본주의 문명에 복무한다. 그런데 모순과 차별이라는 지배적인 질서와 달리, 소수자와 민중은 특이성과 차이에 따라 변화하며 발전하는 공동체적 관계망을 그 내부에 갖고 있다. 이 때문에 모순이 세상을 바꾼다는 설정 외에 특이성 생산이 공동체를 바꾸고 세상을 바꾼다는 설정도 가능해진다. 전자가 사회라는 큰 틀과 구조를 바꾸는 혁명이라면, 후자는 공동체라는 관계망과 배치를 바꾸는 분자혁명이라고 할 수 있다. 적색과 녹색으로 표현되는 두 정치 집단 간에 '적녹연정'이라는 정치적 이슈가 만들어지는 것은 이러한 두 운동의 마주침 때문이다. 예를 들어 자본주의 이후의 사회에서나 여성의 권리가 보장될 수 있다는 생각과 달리, 부엌에서 남성이 요리하고 설거지 하는 등의 작은 실천이 사회 변화의 밑거름이 될 수도 있다. 사회적 모순에 의해 언젠가 구조 전체가 바뀌기를 기다리지 않고 지금 직면한 삶의 배치를 바꾸는 것도 좋은 방법일 수 있는 것이다.

잘 생각해보면, 차이를 차별로 만드는 것은 오히려 변증법이다. 차이는 본래 비교 불가능한 것이지만 보편성에 포획 당하면 비교 가능한 것으로 바뀌게 된다. 이런 점에서 모순의 자기전개가 정신의 발전을 만들어낸다는 헤겔의 변증법은 사실상 차별과 공모한다는 의심을 받을 수밖에 없다.

1980년대 한국의 많은 사회운동가들은 사회변혁운동을 위해 변증법에 주목했다. 그러나 지금에 와서는 변증법이 시민들을 유기적으로 연결시켜 국가로 통합하는 방법론의 하나로 간주되고 있다. 앞서도 말했듯이 오늘날 국가는 과거의 국가와 다르다. 인류적 공동체로서 서로 연결되어 있던 국가, 흔히 '우리나라'로 표현하는 '국가=공동체'라는 전통적인 설정은 흔들리고 점점 기득권을 가진 1% 사람들을 위한 국가로 간주되고 있다. 사실 기득권자들과 소수자들 간에는 이미 비변증법적인 단절, 즉 형이상학적인 단절이 생겨버렸다.

> 국가는 객관적 정신인 까닭에 바로 그 개인은 국가의 구성원인 한에서만 스스로가 객관성과 진리 그리고 인륜성을 지닐 수 있다. (…) 이제 개인의 사명은 오직 보편적 삶을 영위하는 데 있을 따름이다.(헤겔,《법철학》, 258쪽, 지식산업사, 1989)

《 괴물과 맞서더니 괴물이 됐다? 》

변증법적 방법론은 종종 역사적인 사건들 속에서 민낯을 드러내곤 했는데, 그중 하나가 변혁운동세력이 지배세력으로 바뀌었을 때 사실상 괴물에 맞섰던 사람이 스스로 괴물로 변하는 모습을 보였다는 점이다. 사회주의운동의 실패는 바로 피착취, 피지배 계급이 투쟁과 모순을 통해 구조를 변혁함으로써 문제를 해결하겠다고 나섰을 때 이미 시작되었다. 사실상 과거의 사회주의는 지배자의 얼굴을 바꾼 것에 불과할 뿐, 모든 문제를 일거에 해결하는 능력을 보여주지 못했다. 그것은 오히려 해방을 꿈꾸는 제3세계 민중과 소수자, 노동자들에게 좌절과 패배의 기억으로 남아 있다. 변증법이 갖고 있는 역설은 여기서 발생한다. 사람들은 적대와 모순, 대립이 과연 변혁의 방법론인가를 회의하기 시작했다. 특히 적과 싸우면서 적을 닮아가는 기괴한 변증법이 역사적으로 등장하면서 변증법을 방법론으로 삼던 사회변혁운동은 스스로 낡은 것이 되었다.

적대와 대립, 모순은 결국 통합되고 그 통일성은 한층 성숙될 것이라는 주장은 사실 현실감이 없다. 상식적으로 생각해볼 때, 악플러와 싸우면 결국 자신도 악플러와 똑같아질 뿐이다. 사회적 모순이 존재를 성숙시킨다는 설정은 앞서 얘기했듯 인륜적인 유대감이 있었던 시절에나 통하던 명제다. 국가라는 통합적인 관계망이 무너지면서 사람들은 이미 '우리나라'가 아닌 '그들만의 국가'라는 생각을 품게 되었다. 신자유주의 사회는 국가가 규제를 완화하는 최소국가의 형태를 띠면서 사람 사이의 유대보다는 기업과 자본의 이익을 확장하는 쪽으로 나아갔다. 그 이후로 사회 분열은 아예 통합을 전제하지 않는 형태로 일어나고 있다.

대중 앞에서 자신을 알리고 투쟁하며 극단적인 모순을 드러내려는 사회변혁운동이 여전히 사회 곳곳에서 전개되고 있지만, 오늘날에 모순은 점점 사회적 연결망보다는 개인의 책임으로 환원되는 경향이 있다. 특히 최근 우리 사회에서 1인 가구가 25%에 달하고 사회적 연결망을 통해 관심과 돌봄을 받지 못하는 사람들이 늘어가면서 '인륜적 관계망'으로서의 국가와 사회는 퇴행하고 있다. 그 반면에 마을, 공동체, 협동조합, 네트워크 등을 통해 유대적인 관계망을 복원하려는 시도가 눈에 띈다. 헤겔이나 마르크스 시대에는 유대적인 관계망이 이미 전제되어 있었지만 오늘날에는 그 전제조건이 흔들리면서 사람들이 모순과 같은 변증법적 관계가 아닌 저 혼자 고독, 소외, 무위, 고립의 상황 속으로 내몰리고 있다.

관계가 두절된 사람들이 선택하는 차선책은 인터넷 공간에서의 연결망이다. 그러나 인터넷 공간이 인륜적인 공동체를 대신할 만큼 문화적으로 성숙되어 있지 않다는 점이 문제다. 그 때문에 여론몰이와 마녀사냥, 악플러의 활동 등 네트워크의 다양성을 해치는 암적인 현상이 횡행한다. 이전까지는 모순과 대립이 서로 관계 있는 사람들 사이에서 발생하는 문제였던 반면, 인터넷상에서는 서로 무관한 사람들이 인권이나 존엄 자체를 완전히 무시하는 행동으로 나타난다.

그렇다면 비변증법적인 관계망을 다시 변증법적 관계망으로 바꾸는 것이 해결책일까? 나는 변증법적 방법론이 추구하는 국가의 통합성이 아니라 '차이를 통한 연대와 윤리'라는 공동체적 관계망 형성이 더 좋은 대안이라고 생각한다. 그러니 악플러에 대한 대처로 그들과의 전쟁이나 투쟁을 벌이려고 생각하지 말자. 그보다는 다채로운 현실 속에서 정서적, 심리적, 영성적 지지대로서의 관계망 회복을 고민하는 편이 더 낫다. 한마디로 헤겔이 말한 모순과 대립의 방법론은 이제 악플러들의 수법과 같은 것으로 전락해버렸다.

≪ 대립을 끝내는 방법 ≫

헤겔의 변증법은 원래 헤라클레이토스의 전통적인 흐름 사상에서 차용한 방법론이다. 고대 그리스 철학자 헤라클레이토스Heracleitos의 흐름 사상은 '만물은 변화하고 발전한다'는 말로 요약할 수 있는데, 헤겔의 방법론에 와서는 그러한 변화의 흐름이 존재를 성숙케 하는 원동력으로 간주되었다. 모순과 적대의 변증법적 흐름은 결국 존재의 완성으로 귀착되는데, 이성의 발전이 절대이성으로 수렴되고 결론지어진 것은 당연지사다. 그러나 존재로 귀결되지 않는 흐름도 생각해볼 수 있지 않을까?

예를 들어 사랑과 욕망이라는 정서의 흐름은 대립-모순 방법론과는 다르지만 관계를 성숙케 하고 공동체를 발전시키는 또 다른 방법일 수 있다. 또한 사랑과 욕망의 흐름이 헤겔이 말한 자기의식이라는 관념의 성숙을 의미하지 않고, 그 자체로 스스로의 삶을 구성하는 흐름일 수도 있다. 아이들에게는 어머니의 돌봄과 손길, 눈짓, 표정 등이 삶을 구성하는 흐름이듯이 말이다.

나는 여기서 대립과 모순의 방법이 아닌 사랑, 욕망, 정동, 돌봄 등의 흐름을 생각해보려 한다. 그것은 전쟁, 경쟁, 증오가 아니라 평화, 비폭력, 공생의 형상을 띠는 방법론이다. 또한 사랑과 욕망의 흐름은 서로 차이가 있는 존재들로 구성된 공동체를 풍부하게 만드는 소재이기도 하다. 그리고 '증오는 사랑으로 바뀌며, 영구적인 승리가 가능하다'고 했던 스피노자의 선언*처럼 서로의 삶에 대한 긍정과 타인의 욕망에 주목하게 되는 사랑의 방법론도 가능하다는 생각이 든다.

헤겔은 분열이 결국 통합으로 향할 것이라고 생각했다. 그래서 통일성과 동일성이 바로 헤겔 철학의 핵심이라고 여겨져왔다. 그러나 지금의 양극화 현상은 그 생각이 지나치게 낭만적이었음을 알려준다. 이런 경우에는 사회분열과 달리 정신분열증이 세계를 재창조하는 상황을 생각해볼 수도 있겠다. 정립과 반정립, 종합의 변증법에 따라 A와 ~A가 대립하다가 결국 'A는 A이다'라는 통합된 존재의 정체성을 갖는 것이 아니라, 'A

는 B일 수도, C일 수도, D일 수도 있다'는 색다른 흐름에 대한 구상도 가능한 것이다. 이는 변증법처럼 꼭 존재로 귀결되는 흐름이 아니라 정동, 사랑, 욕망 등의 흐름이 만들어내는 절대적인 변화다. 그런 점에서 들뢰즈와 가타리가 정신분열증 분석을 통해 보여준 색다른 흐름의 사상은 헤겔의 변증법이 갖는 한계를 극복하고 흐름으로 가득 찬 공동체적 관계망을 구상하는 것이라고 할 수 있다.

만약 독자들이 악플러들의 대립과 모순이라는 흐름으로부터 벗어나 사랑, 평화, 욕망, 정동의 흐름이 가진 가능성에 주목한다면, 더 이상 헤겔의 변증법이 갖는 신화적이고 요술에 가까운 방법론에는 현혹되지 않을 것이다.

◦   "증오는 증오의 보복에 의하여 증대되고 반대로 사랑에 의하여 제거될 수 있다."(스피노자, 《에티카》, 서광사, 1990)

모두 다 다르다는 게
얼마나 공평한가

2

경쟁 대신 껴안기

따돌림
가타리

《 오타쿠를 부탁해 》

K 삼촌! 저 있잖아요. '일코' 하는 법 좀 가르쳐주시면 안돼요? 아, 일코 몰라요? 일반인 코스프레! 일반인인 척하는 덕후 말이죠. 삼촌 젊을 때 오타쿠였잖아요. 재패니메이션이나 미드 같은 것에 빠져서 학교생활 제대로 못하고…. 맞아요! 그런 걸 '아니메 오타쿠'라고 부른단 말이죠.

엄마한테 익히 들어서 안다고요. 삼촌이 과거에 지독한 오타쿠였다는 얘기. 삼촌 혹시 덕후질 때문에 학교 다닐 때 왕따 당하지 않았어요? 정말요? 왕따를 당하지 않았다니, 그렇다면 아주 성공적인 '숨덕'이었군요. 아, 숨덕이란 일반인 코스프레 하면서 숨어 있는 덕후라는 뜻이에요.

사실은 저도 이번 겨울방학 끝나고 대학 들어가면 일코를 시작할까 하고요. 그런데 뭘 어떻게 해야 할지 모르겠어요. 우리 반 애들처럼 PC방

몰려다니고 게임하면서 밤새면 되나요? 무한도전이나 개그콘서트 같은 거 보고 적당히 개그 코드 맞춰야 하나요? '정상적인 남학생'의 사고방식이란 대체 뭘까요? 고등학교 내내 덕질 하는 사람으로 지내다가 오랜만에 이 세계에서 발 빼고 정상인처럼 보이려니 무슨 난관이 이렇게 많나요? … 잘 모르겠어요. 자신이 없다고 해야 할까. 여튼 이 말투부터가 그대로 번역기 돌린 투잖아요.

삼촌, 이걸 재밌다고 하다니! 전 얼마나 힘든데요. 고등학교 때는 덕후인 게 동네방네 소문이 나서 학교생활이 무척 힘들었단 말이죠. 그래요. 왕따 당했어요. 참, 이거 엄마한테는 비밀이란 거 아시죠? 어휴… 한때는 저도 숨덕으로 성공적으로 살았다고 생각했어요. 솔직히 덕후인 게 자랑할 건 아니지만 굳이 숨길 일도 아닌데, 우리나라에서 오타쿠는 부정적인 인식이 강하니까 욕먹을까봐 일부러 말 안했거든요. 근데 2학년 때 살짝 친해진 아이가 하나 있어서 집에 한번 데려왔다가 들켜버렸어요. 걔가 제 방에 있는 책이랑 피규어랑 포스터를 보고 급당황하는 거예요. 조금은 예상했지만 그래도 곧 이해해주겠지 생각했는데, 다음날 저를 보고 엄청 무시하는 표정을 짓는 거예요. 그때 딱 알았죠. 얘랑은 끝났구나!

톡으로 '나한테 불만 있냐?'고 물어봤는데, 걔가 하는 말이 '너한테 속은 게 분하다' 이러는 거예요. 솔직히 저는 우연히 취미를 공개한 것뿐이거든요. 근데 갠 제가 한심하대요. 계집애 같고 변태 같다 뭐 이러면서. 저 지금까지 학교에 만화책 들고 간 적 한 번도 없고, J팝 듣는 거 티낸 적도 없고, 진짜 평범하게 살았거든요. 그런데 문제는 그 뒤로 반 애들이 저를 두고 뒤에서 막 쑥덕거리는 거예요. 걔가 안 좋은 소문 퍼뜨렸겠죠. '쟤네 집에 포스터랑 물품 열나 많대' '집에서 다키마쿠라(캐릭터가 새겨진

안고 자는 긴 쿠션) 업고 다닌대' 이러면서 뒷담화하고, 수업 시간에 친일파 뭐 이런 얘기 나오면 다들 약속이라도 한 듯이 제 쪽을 쳐다보고, 이젠 선생님들까지 '너 친일파냐?' 이러신단 말이죠. 도대체 개가 무슨 헛소문을 퍼뜨렸는지는 모르지만 저를 아예 사람 아닌 사람으로 몰아가더라고요. 정말 힘들었어요. 이거 겪어보지 않은 사람은 몰라요.

동호회 어떤 형이 그러는데 일반인처럼 보이려면 평소에 엄청난 노력이 필요하대요. 그 형은 대학생인데 일부러 남성용 화장품도 바르고 굉장히 패셔너블하게 하고 다녀요. 오타쿠 하면 으레 떠올리는 지저분하고 뚱뚱하고 여드름 나고, 추리닝 바지에 티셔츠 넣어 입는 그런 이미지 있잖아요. 그런 외모는 딱 '나를 왕따시켜 주세요' 하는 딱지를 붙이고 다니는 거나 마찬가지라는 거죠. 평소에는 그렇게 일반인들 속에서 평범하게 숨어 살다가, 내가 좋아하는 취미활동은 남모르게 숨어서 즐기래요. 세상은 특이한 것을 불편하게 생각한다고. 그래서 왕따라는 게 생겼단 말이죠.

저도 그 말이 맞는 것 같아요. 이놈저놈 다 비슷비슷한 세상에서 옆 사람 따라 우르르 몰려다니다 보면 일단 안심이 되잖아요. 난 적어도 평균으로는 살고 있구나 하고. 그러다 튀는 놈 하나 나타나면 함께 '다구리'를 하는 거죠. 누군가를 다구리하는 동안은 적어도 나는 정상인인 거니까. 휴…. 이제부터 제 모토는 '그럭저럭'이에요. 일반인처럼 평범하게 그럭저럭 지내다가, 대학 졸업하면 하고 싶은 거 하며 살래요. 글쎄요, 취직해서도 계속 그럭저럭 살아야 할지도 모르죠. 그럼 결혼한 다음부터…?

≪ 특이한 네가 불편해 ≫

주변 사람 중에 오타쿠 같은 친구가 있다면 당신은 어떤 태도를 취하는가? 사람들은 특이한 상황이나 인물, 사건을 접하면 '내가 어떤 태도를 취해야 하지?' 하고 잠깐 고민하게 된다. 그리고는 '그럴 수도 있지' 하면서 관용적으로 받아들이거나, 반대로 이상하게 바라보면서 식별하는 태도를 취할 수도 있다. 식별의 태도가 심각하면 차별과 배제가 된다. 사실 우리가 살아가면서 관계하는 소수자들은 대부분 사회적 약자나 양적 소수가 아니라 특이성이 있는 사람들이라고 할 수 있다. 어떤 집단과 공동체를 현 상태로 유지하고 싶어 하는 사람들은 특이한 것의 등장에 두려움을 품을 수 있다. 그 반면에 변화를 두려워하지 않는 사람들은 특이한 사람이나 사건을 무척 사랑하며 기억에 남겨두려고 노력한다. 바로 이런 특이한 것들이 공동체나 집단에 색다른 아이디어나 생각이 전개될 수 있는 계기를 마련하기 때문이다.

학교, 군대, 감옥, 병원과 같은 곳에서는 특이한 것에 대한 배제와 차별이 비일비재하게 벌어진다. 그래서인지 사람들은 대중 앞에서 자신이 남과 다르다는 걸 드러내지 않기 위해 복장, 행동, 말을 항상 조심하며 생활한다. 잘못하면 사람들에게 왕따를 당할 수 있기 때문이다.

아이들 사회에서의 왕따는 특이성을 차별하고 배제하는 우리 사회의 풍토를 그대로 반영한다. 사람들은 아주 평범하고 일반적으로 보여야 왕따 문화로부터 자유로울 수 있다고 생각해서 스스로 행동거지를 단속한다.

그러나 잘 생각해보자. 이 세상에 똑같은 사람은 없다. 우리는 모두 유일무이한 존재들이고 하나같이 특이하다. 타고난 개성대로 살려고 하면 사실 남과 다른 점이 유감없이 드러날 수밖에 없다. 그런데 왜 모두들 '보통 사람'이라는 가면 뒤에 숨어서 특이해 보이는 사람들을 배제하거나 차별하게 되었는지 곰곰이 물어보아야 한다.

철학자 펠릭스 가타리는 우리 사이에 특이한 것을 만들어보자고 제안하고 그것을 '특이성 생산'이라는 개념으로 표현했다.

> 거의 도처에서 특이성에 대한 요구가 솟아나고 있다. (…) 정신적 생태철학은 신체, 환상, 지나간 시간(과거), 생과 사의 '신비'에 대한 주체의 관계를 재발명하는 데로 나아가야 할 것이다.(펠릭스 가타리, 《세 가지 생태학》, 14~16쪽, 동문선, 2003)

왠지 덕후스러운 얘기처럼 들리는가? 특이성은 서로 연결된 관계망에 돌이킬 수 없는 변화를 초래한다. 관계망 안에서 특이한 것이 생성되면 사람들은 일단 그에 대한 태도나 자세, 자신의 자리를 결정해야 한다는 숙제를 안게 되고, 그 다음 그것을 자신에게도 잠재된 색다른 가능성의 일부로 간주하면서 스스로 풍부해질 재료로 삼는다. 그것이 보통의 네트워크나 공동체, 사회와 같은 연결망에서 나타나는 태도다. 공동체 안에서 특이한 발언이나 생각이 등장하면 "저 사람은 왜 설치는 거야?"라고 반응하는 사람도 있겠지만 "오, 세상을 달리 볼 수 있겠는데!"라고 반응하는 사람도 있을 수 있다.

여러분은 어떤 쪽을 선택하겠는가? 특이하고 낯선 것을 통해 세상을 다르게 보고 자기 안에 있는 색다른 잠재력과 접속해보는 것도 나쁘지 않은 경험일 것이다.

익숙한 세계에서 시계바늘처럼 똑딱거리는 일상을 살아가는 사람들에게 특이함의 발견은 획기적인 사건과도 같다. 우리가 익숙한 길을 걷고 있다고 생각해보자. 우리는 이미 낯익은 풍경들을 무덤덤하게 지나치곤 한다. 그런데 처음 간 지역에서 길을 찾고 있는 상황이라면 어떨까? 주변의 모든 것이 색다르게 다가오지 않을까? 특이한 것은 시계바늘처럼 반복되는 일상을 끝장내고, 창의적인 인생으로의 새 경로를 제시하는 중요한 지표이다.

예술가들의 실천이나 실험도 특이성 생산이라는 개념으로 집약할 수 있다. 길을 가다가 퍼포먼스 예술을 하는 사람을 보면 무슨 생각이 드는가? 평소에 익숙했던 거리나 광장이 색다른 공간으로 탈바꿈하는 느낌을 받을 것이다. 특이한 것은 이렇듯 우리들의 똑딱거리는 일상을 정지시키고 새로운 차원을 만드는 예술적 실천과도 같다. 특이성에 대한 사랑은 예술작품을 사랑하는 심미적인 행동과 큰 차이가 없다. 오히려 훨씬 더 감성적이고 풍부한 것이 발생할 가능성이 높다.

특이한 존재들에게 말을 걸어보면 어떨까? 특이성은 우리와 다른 차원에 있는 타자들에게만 있는 것이 아니라 우리 내부에도 숨어 있다. 조심스럽게 배려하면서 다가가서 말을 걸고 관계를 맺어보라. 마치 예술작품을 감상하듯 섬세히 접근하면 색다른 배치와 관계망이 형성되어 자신에게도 금방 전염된다. 마치 한 점의 물들임이 일으키는 연쇄반응처럼 우리 안의 색이 달라지는 것을 느낄 수 있을 것이다. 이걸 혁명이라고 말하면 어떨까? 혁명이 별 거 있는가. 바로 우리 자신으로부터 특이한 상상력과 행동이 막 촉발되어 활력과 역동성을 띤다면 그것이 혁명이다. 가타리의 분자혁명이라는 개념도 사실은 특이성 생산의 다른 표현이다. 특이성 생산이 이루어지는 현실은 모두 혁명의 현장이라고 할 수 있다.

《 왕따가 제3세계와 관련 있다고? 》

사회에서 특이한 사람들을 차별하고 배제하려는 이유는 무엇일까? 가타리는 통합된 세계자본주의라는 개념을 제시한다. 이 새로운 지배질서는 사람들이 체제 안에서 잘 살도록 유도하면서 정신분석, 미디어, 심리치료, 자기계발 등 부드러운 억압을 통해 꾸준히 체제에 순응하도록 만든다. 마치 저녁시간에 TV 앞에서 달콤한 졸음에 휩싸이듯이, 부드러운 억압이 매혹적이고 몽환적으로 이루어진다. 제3세계 인구 중 13억 명이 하루 한 끼 열량만 겨우 섭취할 정도로 굶주리고 한 해 600만 명의 기아 사망자가 생기는 냉혹한 현실이 지구 반대편에 존재하지만, TV에서는 고기전골 요리가 보글보글 끓는 모습을 송출하며 외부세계에 눈 돌리지 말고 달콤하고 매력적인 체제 내부에만 머무르도록 유혹한다. 만약 누군가 나서서 체제 외부의 현실을 고발하고 실천을 독려한다면 어떤 일이 벌어질까? 강경한 탄압에 의해 그 사람이 미치거나 신체를 구속당하는 사태가 벌어질 것이다.

통합된 세계자본주의는 (…) 고전적인 권위주의적 해결책을 최대한 줄이는 이해를 가지고 있을 것이다. 소형화된 수단을 쓰는 부드러운 통제체계에 의존하는 편이 나을 것이다. 폭동진압 경찰에 근거한 억압보다는 집합적

설비 사회복지사, 정신의학자의 상호감시와 '주술을 거는' TV에 의존하는 편이 낫다! 모든 창발성을 억누르는 부담스러운 관료제보다는 제도에 대한 개인들의 자발적 참여가 오히려 좋다.(펠릭스 가타리, 《가타리가 실천하는 욕망과 혁명》, 331쪽, 문화과학사, 2004)

이러한 현대 자본주의의 작동원리에 대해 거의 유사하게 말했던 사람이 미셸 푸코다. 푸코가 말한 통제사회는 가타리의 '통합된 세계자본주의' 개념과 통한다. 제3세계 민중을 외부세계의 타자로 배제하고 왕따시키는 오늘날의 사회는, 보이지 않게 그 영향을 받은 교실 안에서까지 왕따로 모습을 드러낸다. 체제 내에 있는 사람들은 자기계발을 하고 성공해서 잘사는 미래만을 생각하며 달려간다. 보이지 않는 제3세계 민중과 소수자들의 삶은 쉽게 배제되고 논외의 일이 되어간다. 이런 상황에 갑자기 특이한 사람이 등장하면 그 숨겨서 있던 논리가 수면 위로 떠오른다. 즉, 왕따나 디스와 같은 사건으로 말이다.

사실 소수자와 제 3세계 민중에 대해 나눔과 연대, 돌봄의 태도를 취하는 것은 그저 연민이나 동정으로 치부할 일이 아니다. 앞서 언급했듯 소수자는 그저 사회적 약자나 양적 소수가 아닌 특이성을 생산하는 사람들이기 때문이다. 갯벌이나 숲 생태계에서는 수많은 생명들 중에 어느 하나도 배제되지 않는다. 예를 들어 버섯, 미생물, 새, 동물, 잡초, 꽃, 나무, 벌레 등이 어우러져 생태계를 이루고 있는 숲에서 버섯을 배제시킨다면 어떻게 될까? 아마도 숲의 균형과 조화가 무너지게 될 것이다. 숲이 외부환경에 맞설 수 있는 생태적 능력은 생명들 사이의 촘촘한 관계망에 있다. 그 안에서 어느 하나도 버릴 것이 없으며, 생명이 다양할수록 생태계는 풍부해진다. 마찬가지로 우리 사회에서 소수자는 공동체, 사회, 네트워크를 풍부하게 만드는 특이점으로서 의미가 있다. 소수자를 사랑하는 관계망은 공동체를 보다 다양하고 풍부하고 지혜롭게 만들 수 있다.

소수자와 제3세계 민중을 차별하고 배제하는 것은 일종의 미시파시즘이다. 우리의 일상에 미세하게 작동하는 파시즘을 미시파시즘이라고 하는데, 우리 안의 욕망에 파고들어 혐오발화, 증오, 왕따, 편견, 선입견 등을 조장하는 조직된 집단이나 개인들을 그 행위자로 지목할 수 있다. 미시파시즘은 소수자에 대한 억압을 욕망한다. 지극히 변형되고 굴절된 억압이지만, 누구나 권위와 권력을 흠모하는 순간 품을 수도 있는 태도이다.

가타리는 미시파시즘의 해독제로서 '소수자 되기'라는 개념을 제시했다. 소수자 되기는 우리 안에서 소수성과 접속하는 것을 의미한다. 소수자인 아이, 장애인, 노인, 이주민 등은 모두 우리 안에 내재된 존재들이며 우리와 분리된 타자일 수 없다. 소수자 되기는 특이한 존재와의 접속을 통해 우리 자신을 더욱 풍부하게 만드는 사랑과 욕망의 실천법이다. 나자신 외에도 세상에 특이하고 유일무이한 존재들이 있다는 것을 깨닫고 사랑하면서 자신의 유한함과 특이함이 어디에 배치되어야 하는지를 깨닫는 것이 바로 소수자 되기이다. 결국 낮은 곳에 있는 특이성을 사랑할 때 우리 자신의 실존적인 의미도 깨달을 수 있다.

《 다채로운 생각을 환대하는 곳 》

공동체에서는 회의가 길다. 오랜 시간 회의를 하면서 특이한 의견이나 생각의 경로가 생기는 것을 모두들 신중하게 기다린다. 기다린 끝에 색다른 아이디어가 생기면 모두 기뻐하면서 그 의견을 존중한다. 똑같은 사람들이 모이지만 매번 새로움을 느끼는 것은 관계 속에서 만들어지는 특이한 생각이나 아이디어가 있기 때문이다. 상대방이 가진 잠재성의 깊이를 존중하고 그것을 서로 자극해 다채로운 생각을 만들어내는 것이 모든 공동체의 특징이다. 오늘날 국가질서와 구분되는 공동체질서는 '특이성을 사랑하는 공통성'이라는 모습을 띠고 있다. 옛날 공동체들은 주기적으로 축제와 같은 마을장터를 벌였다. 마을 안에서 만들어진 생산물을 각자 자랑하듯 거래하고 이색적인 이방인들과도 교류하기 위한 것으로, 마을장터는 소수자를 사랑하고 이방인을 환대하는 곳이었다. 공동체는 또한 생명평화를 향한 꿈을 오랫동안 꾸어왔다. 그리고 생명평화세상을 실현할 수 있는 바탕은 바로 특이성을 사랑하는 공동체의 관계망에 있었다.

어떤 사회학자는 공동체주의와 자유주의를 대비시키면서 공동체와 개인은 서로 다른 맥락과 이해관계를 갖고 있다고 사유했다. 특이성은 개인을 통해서도 드러나지만 결속된 작은 집단이나 여러 명의 사람들에게서도 나타난다. 그리고 그 주체가 개인인 경우, 다른 방향에서 논의될 것이 있다. 특이성 생산이라는 말은 달리 말해서 '관계성 창발'이다. 공동체, 사회, 네트워크로부터 분리된 특이성은 무기력하다. 관계망과 배치를 전제로 하지 않은 특이성 생산은 사적인 공간에서의 취미나 기호, 성향에 머물게 된다. 그 반면에 공동체적 관계망 속에서 특이성이 유통되기 시작하면 놀라운 일이 벌어진다. 특이한 사람들은 공동체를 풍부하게 만들어 수없이 많은 스토리와 의미 작용을 만들어내기 때문이다.

특이성 생산이 이루어지는 관계망은 매우 긴밀하고 유연하고 부드러울 것이다. 특이한 생각이나 색다른 아이디어에 감응해서 서로를 풍부하고 다양하게 만들 줄 아는 관계망이기 때문이다. 이런 관계망에서는 배제와 차별의 미시파시즘이 자리 잡을 여지가 거의 없다. 서로 연결되고 감응하고 교감하면서 구성원들의 잠재력과 깊이에 대해 응시할 뿐이다. 물론 관계망이 점점 획일화되어 서로를 뻔하게 보게 될 가능성도 없지 않다. 그 위험을 벗어나기 위해 공동체는 뻔하게 의미화되고 규정되는 틀로부터 끊임없이 탈주해야 한다. 문제는 공동체에 소속된 사람들이 '나에게 공동체는 어떤 의미인가?'라는 질문에 사로잡히면 대부분은 공동체 외부를 바라보지 못하고 'A는 A다'라고 뻔하게 규정된 내부 세계만이 전부라고 착각하기 쉽다는 것이다. 그런 상황에 특이한 것이 등장하면 이미 동질성을 띤 집단 내부에서 이질적인 것으로 간주해 배제와 차별, 간섭을 하게 된다.

새로운 인물이 공동체에 등장하면 여러 가지 뒷담화가 이루어진다. 사람들은 많은 일을 자신의 생활과 연관해 설명하려 들고 의미화하려는 경향이 있는데, 한 번도 느껴보지 못한 특이한 것이 등장하면 설명할 방법을 찾지 못한다. 이런 상황은 난처하다. 자신이 유한하며 좁은 영토 속에 있다는 사실을 인정해야 하기 때문이다. 하지만 공동체 외부에 더 광활한 영토가 존재한다는 점, 그리고 공동체 구성원들이 미처 보지 못한 광야-무의식의 영역이 있다는 점을 인정하고 그 잠재력에 귀 기울이면 차원이 달라진다. 이런 공동체는 특이성을 살아있는 생명체처럼 유연하고 부드럽게 받아들여, 외부의 현실을 낯선 타자가 아닌 자신들을 더욱 풍부하고 다양하게 만들어줄 이행과 횡단의 요소로 본다. 그러면 어떻게 될까? 무엇보다 '공동체 생활이 무척 재미있어진다.' 물론 대부분의 공동체는 장소성이나 귀속성으로 자기 정체성을 형성하려는 경향이 없지 않지만 그것을 뛰어넘어 특이성과 다양성, 개성을 받아들이면 삶이 놀이나 재미 형태로 재편되는 효과가 있다.

공동체가 흥미롭고 즐거우려면 의미와 정의가 아닌 재미와 놀이를 부여해야 한다. 먼저 특이한 생각과 아이디어, 지혜가 샘솟을 수 있는 관계망과 배치를 짜야 한다. 그러면 커피 한 잔 속의 소용돌이처럼 머릿속에서 색다른 상상력이 작동한다. 이런 공동체 안에서는 사람들이 특이한 것을 사랑하고 스스로도 독특한 존재가 되기를 원할 것이다. 물론 재미로 시작한 공동체가 의미를 가지면 점점 일이 되어가는 경우도 있고, 재미가 일이 되면 특이한 상상력이 줄어들기도 한다. 그러나 '특이성 생산'은 오늘날 모든 공동체가 안고 있는 유일한 과제라고 할 수 있다.

≪ 특이성, 지루한 일상을 깨울 에너지 ≫

워크숍을 처음 다녀온 사람들은 '다양한 사람들을 만나니 풍부해지고 충만해졌다'고 말하곤 한다. 그리고는 곧, 한두 달 만나보니 서로 익숙해져서 다양한 만남이 주는 재미를 더는 느낄 수 없게 되었노라고 토로한다. 그러나 다양성은 주어지는 것이 아니라 만드는 것이다. '특이성 생산'이라는 개념이 바로 그것을 말해준다. 우리는 스스로를 풍부하고 다양하게 만들기 위해서 늘 특이한 것을 만들어낼 자세와 관계망, 배치를 갖고 있어야 한다. 그것이 세상을 즐겁고 재미있게 사는 비결이다. 사람들과 친밀하고 유대적인 관계를 맺는 것도 중요하지만, 상대방을 너무 익숙하게 대하고 규정하고 의미화하려는 태도를 취하다 보면 곧 뻔한 관계가 되어 특이한 것을 만들어내지 못한다. 귀속성이나 정체성에 얽매이지 않고 늘 색다른 상황이 시작되는 관계, 어찌 보면 자신의 한계와 유한함을 알기에 불안하지만 그래서 더 자유로운 관계가 필요하다.

어떤 사람을 만나면 엉뚱한 상상력과 기발한 아이디어, 참신한 지혜가 잘 떠오르는 경우가 있다. 그래서 그 사람과의 관계가 재미있고 흥이 나고 기다려진다. 그런 관계는 아주 우연히 찾아온다고 말하는 사람도 있겠지만, 가까운 사람들과 이렇게 특이성 생산이 가능한 관계를 만들어보는 것도 좋은 출발점이 될 수 있다. 익숙한 관계라고 그냥 뻔하게 정의내리고 말 것이 아니라 색다른 놀이를 통해 유쾌한 관계로 전환시키는 노력을 해보자. 부부나 친구, 형제 사이, 그 밖의 익숙한 공동체 안에서도 분명히 변화가 가능하다. 물론 조금 지루해질 때도 있겠지만 그럴 때는 노래를 부르고, 춤을 추고, 시를 읊고, 악기를 다루고, 소리 내서 책을 읽고 하면서 다시 서로에게 재미를 주는 관계로 발전시켜보자. "네가 하는 일은 늘 그렇잖아"라고 대응하지 말고 "그거 재미있겠는데?" 하면서 서로의 기분에 편승해보는 것도 좋다. 그러면 특이한 생각과 아이디어, 지혜가 넘쳐 흐를 가능성이 매우 높아진다.

펠릭스 가타리의 철학적인 문제의식은 '특이성 생산'이라는 한마디로 집약된다. 그런데 특이성 생산이 왜 중요할까? 최근 음악계에서 표절 시비가 잦다. 창작가들은 지금 이 시간에도 새로운 음의 배열을 찾아 부단히 고심하고 있을 것이다. 사실 익숙하게 들리는 비슷한 선율의 음악들에서 감동을 느끼기는 어렵다. 그러다가 아주 독특한 음악이 생산되면 사람들은 그 낯선 음색의 경로에 감응하게 된다. 작곡가들이 색다른 화음과 리듬을 찾기 위해 부심하듯이 우리의 삶과 공동체에서도 특이성 생산은 늘 부심해야 할 과제이다.

　나는 특이성 생산의 한 방법으로 놀이와 재미 모델을 제시하고 싶다. 해석학자 가다머Hans-Georg Gadamer에게 있어 놀이는 예술작품을 만들어 내는 놀이와 그 놀이자 사이의 주체성 생산 혹은 상호주관성을 의미한다. 가다머와 카유아Roger Caillois 등 다양한 사상가들의 놀이이론을 요약해보 면 놀이는 세계를 재창조하는 극적인 현실이다. 어지러움을 일으키고, 죽 음과 삶을 넘나들고, 터부와 금기가 아닌 설정으로서의 금을 그으며, 운 에 편승하고, 서로 경쟁하지만 승자독식은 없는 색다른 모델이다. 또한 놀이와 재미에 빠진 사람들은 한 가지에만 집중하지 않고 여러 가지 놀이 로 횡단하고 이행하는 특징이 있다. 아이들은 하나의 놀이에 흥미를 잃고 실패해도 금방 다른 놀이로 옮겨가기 때문에 루저나 패배자가 없다. 물론 특이성 생산이 반드시 놀이와 재미 모델에서만 이루어진다고는 볼 수 없 지만, 너무 신시하게 성찰하고 반성하는 사유 속에서는 특이한 상상력이 발동하기 쉽지 않을 것 같다. 우리 공동체의 관계망이 놀이처럼 긴장되면 서도 재미있고, 설정에 따라 색다르게 변모하는 특성을 가진다면 특이성 생산은 더욱 촉발될 것이다. 생산과 창조, 특이한 것을 만드는 행동은 그 자체로 재미있는 일이기도 하다.

어장관리
사르트르

《 낚싯바늘에 걸린 그 남자, 우리의 운명도? 》

"가만 보니까 어장관리 하는 거네, 그 아가씨. 아주 맹랑한 걸."

K씨의 아내가 손님용 찻잔을 탁자 위에 내려놓으며 한마디 했다. 찻잔을 받아든 K씨와 후배 L은 영문을 모른다는 표정으로 그녀의 얼굴을 동시에 바라봤다.

"그렇잖아요. 지가 먼저 살살 꼬리치다가도 막상 다가서려고 하면 슬쩍 한발 물러서는 딱 여우 스타일이네 뭐. 팔짱은 지가 먼저 끼고, 분위기 타서 손이라도 잡으면 무슨 짐승 보듯이 한다면서요. 사귀자고 고백하면 웃으면서 '넌 그냥 좋은 오빠다' 하며 물러서고, 그러면서도 도움 받을 땐 꼭 '오빠밖에 없다니까' 운운하며 결정적인 여지를 남기고, 잊을 만하면 연락해서 술 사달라고 불러내고, 궂은 일 있을 때 울면서 전화하고….

쯧쯧. 아마 주변에 그런 남자가 L씨 하나가 아닐 걸요. 그거 몰라요? 요즘 유행하는 말 있던데, 어장관리녀라던가?"

아내가 던진 돌직구에 안면을 강타당한 후배는 아예 얼이 나간 표정이었다.

그랬다. 후배는 짝사랑하는 한 아가씨와의 관계에 대해 K씨에게 조언을 구하는 중이었다. 대화의 처음 주제는 예쁘고 재기발랄한 아가씨에 대한 칭송으로 시작되었고, 막 사랑을 시작하는 연인들의 달달한 밀당 스토리가 이어졌다. K씨 아내가 아줌마 특유의 살벌한 포스를 뿜어대며 옆자리에 턱 걸터앉아 '여자는 여자가 아는데…'라는 말로 참견을 시작하기 전까지는 말이다.

생각해보면 남자들은 연애에 대해 아는 것이 거의 없다. 어떤 상황이 남녀 간의 애정이 담긴 밀당인지, 혹은 미끼 하나에 혹해 일방적으로 관리당하는 중인지를 명확히 구분하는 능력을 애초에 타고나지 못한 것 같다. 돌아보면 젊었을 때 K씨 또한 그러했다. 그는 가만히 눈을 감고 20년 전 학창시절을 회상했다.

어렴풋한 기억 속에 얼굴 하나가 떠올랐다. 그녀는 예쁘고 성격도 좋고 재치 있는 말솜씨를 가진 과 동기였다. 여학생이 많지 않은 철학과에서 그녀를 짝사랑하는 남학우들이 한둘이 아니란 걸 K는 이미 눈치 채고 있었다. 그 많은 경쟁자를 물리치고 그녀의 짝이 되리라는 기대는 애초에 가져본 적도 없다. 그러던 그에게 기적과도 같은 일이 일어났다. 그녀가 먼저 다가와 말을 건 것이다.

"K야, 이번 학기 조별 과제 너랑 나랑 같은 조지? 너 학점 높다고 소문났더라. 잘 부탁해! 난 그 교수님 강의 하나도 못 알아듣겠던데… 하하하,

짝꿍 잘 만났으니 이제 걱정 없겠네. 그치?"

그녀의 미소 한번에 K의 기분은 날아갈 듯했고, 어느 때보다 과제를 잘하겠노라는 의지가 가슴 속에서 불끈불끈 솟아나는 것을 느꼈다. 당연하게도 그녀는 별 노력 없이 A+를 거머쥘 수 있었다.

그 후로 그녀는 시험 때마다 그에게서 강의 노트를 빌려갔고, 때때로 리포트를 도와달라며 도서관으로 찾아오기도 했다. 나중에는 수강신청까지 비슷하게 해서 거의 모든 과목을 K와 함께 듣기에 이르렀다. 결국 둘이 붙어 다니는 시간이 길어지면서 간혹 주변 사람들이 "너네 사귀냐?"고 묻곤 했다. 그때마다 K는 대답할 말을 찾지 못하고 얼굴만 새빨개졌지만, 그녀는 그렇게 묻는 사람을 빤히 쳐다보며 야무지게 대답했다.

"말도 안 돼. 절대 그럴 리가 없잖아!"

'그럴 리가 없다'는 말뜻을 일찌감치 눈치 챘어야 했다. 헛된 꿈에 빠져 있던 K는 그녀가 단지 부끄러워서 그러는 거라고 지레짐작했다. 하지만 아무리 그렇다 해도 '말이 안 될' 것까지는 없지 않은가? 그는 마음에 무거운 추를 매단 것처럼 개운치 않았다. 그리고 그녀의 자취방 이삿날에야 그 이유를 알 수 있었다. 이사를 돕기 위해 모인 사람 중에 K 외에도 3명의 남자가 더 있었다. 그녀의 동아리 후배, 교회 오빠, 그리고 K가 너무나도 잘 아는 철학과 학생회장 형이었다. 서로 쭈뼛거리며 인사를 했지만 어쩐지 뻘쭘한 분위기가 나아지지 않았다. 한시라도 빨리 그 자리에서 벗어나고 싶은 마음뿐이었다.

그리고 얼마 후 K는 입대를 했다. 훈련소에서 힘든 시간을 보내면서도 내내 머릿속을 떠나지 않던 질문은 딱 하나였다.

'그녀에게 있어 나는 어떤 존재였을까? 좋아하는 마음이 아주 조금이

라도 있긴 했을까?'

　K가 제대하고 복학했을 때 그녀는 이미 졸업을 한 후였다. 들리는 소문에는 맞선으로 집안 좋은 남자를 만나 결혼해서 이민을 갔다고 했다. 그녀에 대해 뒤에서 이러쿵저러쿵 말들이 많았지만 K는 믿으려 하지 않았다. 사람들이 아무리 그녀를 '나쁜 여자'라고 욕해도 언제까지나 아름다운 첫사랑으로 남겨두고 싶은 마음이었다. 누군가는 그것이 자신의 편협한 안목을 변명하는 남자들의 '철없는 로망'이라고 말할 것이다. 하지만 그 또한 받아들일 수밖에 없는 인생의 한 부분이지 않을까?

　오랫만에 옛 기억을 떠올리며, K씨는 '실존이 본질에 앞선다'는 말을 중얼거렸다. 청춘연애라는 본질에 닿을 수 없었던, 자신의 방황 가득했던 실존에 생각이 미쳤기 때문이다.

《삶은 정의할 수 없는 것》

실존주의 하면 떠오르는 사람이 누구인가? 사르트르와 카뮈, 니체, 키에르케고르, 하이데거 같은 철학자들이 떠오를 것이다. 그중에서도 장 폴 사르트르Jean Paul Sartre는 '실존은 본질에 앞선다'라는 유명한 화두를 던졌다. 그의 1938년 작《구토》의 주인공 앙투앙 로캉탱은 자본주의적 노동으로부터 벗어난 인물이었다. 실존주의에 대한 이야기를 왜 이 사람으로부터 출발하는가 하면, 그의 무료하고 따분한 삶이 사르트르가 말하는 '자유'의 전제이기 때문이다. 로캉탱은 금리생활자여서 일을 하지 않고 그저 주변을 관찰하고 사물을 들여다보는 등 무료한 일상을 보내면서 생각을 전개한다. 그야말로 자유를 누리려는 의도로 자신에게 주어진 삶과 대면하는 사람이라고 할 수 있다. 무료하며 무위로 가득 찬 주인공의 삶에서 우리는 '실존 혹은 참존재란 무엇인가?'라는 질문을 던져보게 된다. 잘 생각해보면 우리 삶이 어떤 목적이나 인과관계의 산물이 아니라 그저 있는 것, 살아가는 것, 주어진 것이라는 점도 드러난다. 실존이란, 약을 올리듯 내 주변을 배회하면서도 좀처럼 곁을 주지 않는 어장관리녀처럼 본질에 가 닿을 수 없는 그 무엇이다.

이렇듯 삶은 정의되고 규정됨으로써 본질을 드러낼 수 없는 것이며, 본질에 앞서서 존재한다.[*] 최근 들어 청년들에게는 사랑과 연애라는 본질에 앞서 어장관리나 썸타기 같은 유사사랑의 실존 양상이 삶의 일부가 되

---

[*] 이 글의 논증과 이론적 구도는 장 폴 사르트르의《존재와 무》(동서문화사, 1994)를 참고했다.

고 있다. 그래서 '왜 사느냐?'는 질문에 답하지 못하고 '그저 웃지요'라는 식의 반응을 보이는 사람이 많다. 물론 혹자는 '사랑 때문에 산다'고 대답할지도 모르지만 그 역시 삶의 원인과 결과를 밝혀주는 대답은 아니다.

'삶이 무엇인가?'라는 질문에 답하고자 했던 대표적인 사람이 바로 사르트르였다. 어쩌면 삶은, 병원에서 진료 순서를 기다리며 멍하니 텔레비전 화면을 응시하고 있는 무망한 순간과도 같은 것이다. 한편으로 삶은 그 자체로 하나의 세계를 개방하는 것이기도 하다. 21세기의 위대한 철학자인 들뢰즈Gilles Deleuze는 '한 사람의 죽음은 한 세계의 소멸이다'라고 어디에선가 말한 적이 있다. 삶이 열리는 순간은 스티븐 호킹 박사가 말했던 '시공간의 차원이 시작되는 특이점(=빅뱅)'이라는 우주적 시간으로도 사유될 정도의 순간이지만, 그것이 바로 삶의 목적이나 본질을 결정하지는 않는다.

구약성서에서는 인간이 신의 목직에 의해 창조되었다는 창조론을 제기한다. 신이 인간을 창조했다는 생각은 신을 초월적 지위에 두고 인간에게 내재한 신의 본질을 찾는 사유의 작업을 신앙이라는 이름으로 수행하게 한다. 사실 우주에서의 빅뱅의 순간을 창조의 순간으로 보는 해석도 있을 정도로 물리학이나 천문학 등 다양한 분야에 창조론적 해석이 적용된다. 여기서 한번 질문을 던져보자. '신이 만약 인간을 창조했다면 그 목적은 무엇이며, 그렇다면 인간에게는 신이 부여한 본질이 있어야 하지 않는가?'라는 질문이다. 사르트르는 종교에서 말하는 목적론처럼 '본질이 실존에 앞서는 상황'이 우리가 살아가는 동안 얼마나 있을 것인가를 반문한다. 예를 들어 나이프의 본질은 그것을 만든 장인이 가졌던 목적에 따라 이미 결정되어 있다. 그러나 우리 삶의 본질이라고 여겨지는 것들은 마치 사형장에서 집행유예를 받아 죽지도 살지도 못하는 사람처럼 끊임없이 지연되고 즉각적으로 드러나지 않는다. 이런 점이 무척 부조리한 현실이라고 할 수 있다. 우리는 어디에서 왔든 기다리고 또 기다리는 무료한 삶에서 벗어날 수 없다. 실존은 그렇게 다가온다.

물론 자본주의적 노동은 신을 대신해 우리에게 군인, 노동자, 간호사 등의 역할을 부여한다. 그러나 어디에도 소속되지 않으며 어떤 일도 하지 않는 사람이라면 어떠할까? 그들에게는 무상하고 무료한 실존적 삶이 본질보다 먼저 다가올 것이다. 우리는 직분, 역할, 기능 속에서 삶의 본질을 찾으려 노력하지만 사실 삶이라는 것은 본질 이전에 선행되었으며 불현듯 우리에게 선택과 결단을 요구한다. 마치 중년의 퇴직자 앞에 갑자기 다가오는 선택의 순간처럼 말이다. 그들에게 삶은 아무것도 할 것 없는 무위無爲의 시간처럼 느껴지겠지만, 사실은 '나는 누구인가?' '무엇을 할 것인가?'라는 질문이 아니라 '어떻게 살 것인가?'라는 자유로운 선택과 결단의 문제제기 앞에 비로소 선 것이다. 이처럼 실존과 대면하는 사람이라면 누구나 매우 불안하면서도 그만큼 자유로운 상황을 느끼게 된다.

> 불안은 있는 것으로부터의 끊임없는 이탈이라는 방식으로 자기가 존재하는 한, 그보다는 차라리 이런 자로서 자기가 자기를 존재하게 하는 한, 자기의 파악으로 나타난다.(장 폴 사르트르, 《존재와 무》, 93쪽, 동서문화사, 1994)

우리에게 실존이란 무엇일까? 그리고 실존적인 위기와 불안, 선택은 어떻게 다가올까? 사르트르는 이런 질문들을 던지면서 우리가 자신의 삶을 스스로 만들고 있다고 말한다. 우리가 살아가는 것은 스스로 주춧돌을 놓아 징검다리를 만들면서 동시에 개울을 건너는 과정과도 같은 것이다. 어떤 사람은 심리적인 측면에서 정신이 역동적으로 움직여 삶의 문제를 결정할 것이라고 보기도 한다. 하지만 사르트르는 정신분석학에서 말하는 '무의식'이나 '욕망' '충동'이라는 개념을 받아들이지 않았다. 그 대신 삶은 끊임없이 선택하고 대면해야 할 자유로운 과정이라고 보았다. 이런 점은 한 번의 깨달음과 해탈이 영원히 지속된다는 대승불교가 아닌, 찰나의 선택과 수행을 중시하는 소승불교의 전통을 연상케 한다. 그것을 돈오점수頓悟漸修의 논쟁이라고 했던가? 실존주의는 자신과의 끊임없는 대면과 선택, 그리고 불안하지만 자유로운 상황을 제시한다. 그렇기 때문에 삶, 즉 실존을 맞이하고 그 다음에 부조리한 세상에 던져지는 과정이 남아있다. 이것은 '자신의 본질이 무엇인지'를 묻는 것이 아니라 '내가 주어진 삶에 대해 끊임없이 선택하면서 자유로운지'를 묻는 것이다. 물론 인간의 삶은 유한하며 끝나는 시점이 있지만 그마저도 대면과 응시가 요구된다. 삶에 끝이 있기 때문에 인간은 불안하지만 자유로운 것이며, 그래서 현재의 삶에 대해 끊임없이 질문을 던져야 하는 것이다.

≪ 자유롭기에 한없이 불안한 ≫

실존주의는 '자유'라는 개념에 대한 풍부하고 예외적인 사례들을 제시한다. 예를 들어 《구토》의 주인공 로캉탱이 따분하기 그지없는 상태에서 세상과 접촉하고 사물을 다시 응시하면서 삶의 무료함을 표현하는 것처럼 말이다. 그러나 무료하고 지루한 의식은 도리어 자유의 무상성과 우연성을 나타내기도 한다. 만약 결정론적인 시각에서라면 '나는 어떤 목적을 향해 이렇게 준비하고 행동해야지'를 생각하느라 자유가 모습을 드러내지 못할 것이다. 마치 취업 준비에 나선 20대가 스펙 쌓기나 그룹 스터디, 영어 공부 등에 매진하다 보면 사실은 자유롭게 사색하고 결단할 수 있는 자신만의 시간이 다가오지 않는 것처럼 말이다. 자유는 무료하고 아무것도 하지 않는 여백에 잠깐 모습을 드러낸다. 그런 의미에서 자유는 게으름과 무료함, 무상성을 특징으로 한다.

자유로운 시간은 상상력의 시간이다. 침대에 누워 이것도 저것도 하지 않고 빈둥거릴 때 상상력은 우리 자신의 삶을 구성하며, 이럴 때 삶을 대면하고 창조하는 능력이 생긴다. 무료한 삶의 시간, 즉 실존은 예술을 창조하듯 삶을 구성하고 생산하는 것이다. 만약 '나는 이것을 해야 한다'는 목적의식을 갖고 본질을 추구한다면 실존은 나중에 따라온다. 한 예로 중년의 퇴직자들이 뒤늦게 실존을 대면하면서 겪게 되는 실존적 위기 상황을 상상해볼 수 있다. 또한 노동조합 조합원이나 좌파 이론가 등이 실존을 표현할 때, 고용불안이나 해고와 같은 위기와 파국의 상황으로 인식하는 이유도 알 수 있다.

이런 측면에서 보면 실존주의의 '자유'에 대한 개념을 금리생활자들이나 부르주아만이 누릴 수 있는 무료하고 지겨운 자유로 오해할 수 있다. 그러나 우리가 열심히 일하고 공부하다가 몸이 아파 병원에 갔다고 상상해보자. 진료를 기다리며 대기실에 앉아 있을 때 무료함과 무상함, 지겨운 시간들이 다가온다. 또는 수능을 마치고 발표를 기다리며 대기하는 시간을 생각해보라. 이럴 때 모든 것이 무료하고 따분하게 다가올 수 있는데, 그것이 바로 자신의 삶과의 대면을 위한 실존적 차원의 시간이다.

마을, 공동체, 협동조합 등에 대한 최근의 관심은 실존의 재건이라는 성격이 있다. 즉, 이러한 운동들은 '어떻게 살 것인가?'라는 실존적 물음에 대한 대답의 성격을 띠며, 실존과의 대면을 창조와 생산으로 만들어낸다.

혹시 살아가면서 세계에 대한 아무런 의미와 책임도 갖지 않는 그런 자유를 느껴본 적이 있는가? 예를 들어 요즘 젊은이들이 '연애도 안 하고, 결혼도 포기했고, 육아도 신경 쓸 필요 없는 삼포세대지만 세상에 대해 어떤 책임도 갖지 않으므로 나는 자유롭다'고 말한다는데, 기존의 자유 개념으로는 파악되지 않는 차원의 자유다. 이러한 자유는 '자유롭도록 저주받은 자유'에 가깝다고 할 수 있다.

우리가 속칭 잉여나 루저라고 부르는 무상한 삶의 과정이 실은 실존적인 자유와의 마주침을 내포하고 있다. 사람들은 대부분 어딘가에 소속되어 노동을 함으로써 자신의 본질을 만들어내려고 노력하는 삶의 궤적을 따른다. 그 통속적인 궤적은 사다리처럼 등급과 레벨을 갖고 있다. 여백이나 빈틈이 전혀 없는 통속적인 삶의 과정에서도, 주변부와 가장자리에는 반드시 자유롭도록 저주받은 존재들이 존재한다. 이런 사람들을 만나면 기성세대는 걱정 반 훈계 반으로 대하기 일쑤다. 그러나 세상에 어떤 의미나 책임도 갖지 않는 그런 자유가 사실은 우리 삶의 일부이며, 그러한 무상함과 대면하는 것이 우리에게 주어진 숙제이기도 하다.

삶은 그저 살아가지는 것이라고 누가 얘기했던가? 자유는 그 살아가지는 삶과의 대면이다. 그래서 어디에도 속하지 않고 목적과 의미와 책임으로부터 자유로운 잉여나 루저로 불리는 자유인들이 사실은 누구나 선택하고 대면할 수밖에 없는 실존의 상황을 의미한다고, 사르트르는 부지불식간에 털어놓는 것이다.

> 이처럼 나는 나 자신과 모든 사람에 대해 책임이 있으며, 내가 선택하는 어떤 인간의 개념을 창조한다. 즉, 스스로를 선택함으로써 나는 '인간'을 선택한다. 이것은 우리에게 불안이라든가 고독이라든가 절망이라든가 이런 조금은 과장된 용어들이 지닌 뜻을 이해시켜준다. (…) 실존주의자들은 사람은 불안한 것이라고 즐겨 단언한다.(장 폴 사르트르, 《실존주의는 휴머니즘이다》, 21쪽, 문예출판사, 2012)

군대에서 차렷 다음으로 오는 열중쉬어가 가장 편한 자세라고 착각해본 적이 있는가? 사실 이런 규격에 맞춰져 있는 사람들에게 자유란 너무나도 무상하게 여겨질 것이다. 정년퇴직을 한 사람들은 자신에게 주어진 의미, 책임, 목적으로서 존재했던 직업의 틀이 삶에서 모두 거두어질 때, 무엇을 해야 할지 전혀 모를 상황에 대면하게 된다. 얼마 전 '해고는 살인이다'라는 제목의 글에 어떤 생태주의자가 '해고는 또 다른 삶의 시작이다'라는 댓글을 달았다가 비난을 받은 적이 있다. 그러나 인간으로 하여금 실존을 느끼고 대면하게 만드는 자유는 실제로 아무것도 주어진 틀이 없고 대가나 보상도 없는 순간이라고 할 수 있다. 무언가에 예속되기를 원하는 사람들은 자유가 주어지면 무엇을 해야 할지 몰라서 방황하고 불안해하는 경우가 많다. 자유는 스스로 선택하고 결정해야 하는 단독자로서의 대면과 같은 것이다. 키에르케고르S. Kierkegaard는 '신 앞의 단독자'라는 개념을 제시했는데, 자유는 그만큼 외롭고 불안한 상황을 의미하는지도 모른다.

자유로운 사람은 규정되고 정의된 존재가 아니기 때문에 오히려 존재에 상상력을 불어넣어 색다른 의미의 세상을 재창조할 능력을 지녔다고 생각해볼 수 있다. '실존이 본질에 앞선다'는 사르트르의 말은 실존적인 자유가 존재의 본질을 초월해 있다는 것을 의미한다. 자유인의 상상력은 사물, 상황, 인물, 자연, 생명 등에 완전히 색다른 의미를 부여할 수 있는 예술창조의 능력을 내포한다. 사르트르가 말한 자유가 얼마나 무료하고 무상한 것인가, 그와 동시에 그 무상함을 창조의 원동력으로 삼아 예술이 세상을 바꿀 가능성도 있다는 것이 느껴지지 않는가? 자유가 주는 상상력은 기존의 의미좌표를 뒤흔들어 거기에 색다른 의미를 부여한다는 점에서 긍정적인 삶의 원동력이 되어준다. 마을만들기나 공동체운동이 실존과의 대면을 통해서 색다른 삶을 재건하고 구성하는 데 의미를 두는 것은 그 때문이다. 이쯤 되면 자유롭도록 저주받은 자들이 다름 아닌 세상을 재창조하는 예술적 상상력의 보유자로 다시 보일 법도 하다.

《 선택들이 쌓여 삶을 이룬다 》

사르트르는 '넘어섬으로서의 초월'의 개념을 독특하게 사용한다. 흔히 그러하듯 신이 가진 초월성을 긍정하는 개념이 아니라, 유일한 입법자로서 인간이 갖는 자유에 초월이라는 개념을 부여한다. 자유라는 대면과 선택의 상황은 우리에게 매순간 다가온다. 그럴 때마다 우리는 자신의 삶을 구성하는 입법 행위를 하는 셈이다. 자신의 삶을 결정하고 선택하는 것은 바로 자신이라는 점에서, 인간도 신과 마찬가지로 초월적이다. 사람들이 신을 초월적인 존재로 여기는 이유는 우리가 서로 사랑하도록 만들어주기 때문이다. 그런데 인간에게는 스스로 사랑을 선택하고 구성할 능력이 없는 걸까? 사르트르가 말한 '자유롭도록 저주받은 사람들'은 스스로 삶을 선택하고 결정할 자유를 가진 사람들이다. 이 말은 즉, 인간이 감히 신적 영역이라고 할 수 있는 자유로운 선택의 능력을 가진 존재라는 것이다. 이런 사람들이 주로 관심을 갖는 영역은 전쟁과 폭력, 증오 등 굉장히 부조리한 세상과의 대면이자 현실참여다. 부조리한 상황을 대면하고 선택하고 결단할 수 있는 능력이 인간에게는 분명히 존재한다. 그런 점에서 인간은 감히 신과 같은 초월적인 능력을 가졌다고도 할 수 있다.

사르트르에게는 초월적인 신이 대신 선택하고 결정해주기를 바라는 영혼의 요청과 마음의 기도 같은 것이 들어설 자리가 없다. 그런 점에서 실존주의는 가장 유물론적인 휴머니즘이다. 사르트르의 무신론은 인간에게 대면과 선택의 자유를 부여함으로써, 모든 사람의 삶에 신의 영역과도 같은 초월의 순간이 내재되어 있음을 설명한다. 그 반면에 동양 철학자인 장자의 경우에는 초월-내재적인 철학*을 전개한다. 만물이 변화하는 지혜와 대면하고 응시한다는 점에서 초월적이며, 그런 대면의 능력과 만물 자체가 우리 자신에게 있다는 점에서 내재적이다. 이런 관점에서 사르트르의 초월성에 대한 논의도 재구성해볼 수 있다. 실존주의는 마음이라는 심리적 요소를 완벽히 배제한 채 자유에 대해 언급하기 때문에 종교

---

* 초월성이 '우리를 넘어서 있는 것'이라면, 내재성은 '우리 안에 있는 것'이다. 장자의 초월-내재적인 철학은 우리를 넘어선 것이 우리 안에 있다는 역설적인 사유방식이며, 우리 안에 우주가 있고, 우리 밖에 우주가 있다는 아이러니를 의미한다.

적이고 영성적인 논의로부터는 완벽하게 벗어나 있다.

인간이 신만큼이나 초월적이라는 얘기는 인간 각자가 하나의 세계를 구성하는 입법자라는 것을 의미한다. 사르트르는 그런 점에서 철저히 예속인이 아닌 자유인으로서의 인간을 조명했다고 볼 수 있다. 사르트르의 이러한 사상은 인간의 신체나 마음에 욕망과 무의식이 내재해 있음을 발견하고 거기에서 해방의 가능성을 추구했던 스피노자의 전통으로부터 완벽히 반대편에 서 있다. 즉, 사르트르는 욕망과 무의식이라는 역동적인 생명에너지의 잠재력을 전혀 응시하지 않았다. 실존주의는 모든 인간이 초월적인 자유 능력을 갖고 있다는 점에서 모두의 삶이 신의 수준으로 존중받아야 한다는 점을 지적한다. 이 지점에서 우리는 아직 의식적인 능력이 없는 아이, 동물, 광인 등에 대해서 실존주의가 어떤 태도를 취하는지 질문을 던지게 된다. 지극히 이성적이고 합리적이며 인간중심주의적인 결론이 실존주의로부터 도출되리라는 우려가 생기기 때문이다. 그런 면에서 실존주의는 휴머니즘이지만 생명권에 대해서는 공백을 갖고 있다. 사실상 인간의 실존 자체가 위기를 맞았던 1차 세계대전과 2차 세계대전 사이에 살았던 사르트르의 문제의식은 생명위기 시대에 살아가고 있는 현 세대의 문제의식과는 다를 수밖에 없었을 것이다.

우리가 인간의 실존에 대해 생각하게 되는 순간은 언제일까? 자신이 세상에 던져진 존재라는 것을 깨달을 때, 불안하지만 자유롭도록 저주받은 존재라는 것을 깨달을 때, 스스로 삶을 선택하고 만들어야 하는 입법자임을 알게 될 때, 부조리한 현실과 대면해야 할 때 등일 것이다. 우리는 삶과 죽음의 경계에서 실존을 맞이한다. 그러나 실존은 매순간 우리 삶이 직면하는 것이기도 하다. 매순간 자신이 삶을 살아가도록 선택하는 것은 그 자체로 자유를 의미하며, 스스로 삶을 구성하고 만들어가는 것도 자유이다. 그런 점에서 실존주의가 그려낸 인간은 부조리한 세상에 맞서 철저하게 자유를 선택하고 앙가주망engagement*하고자 하는 의지적인 인물이라고 생각된다. 이 대목에서 사르트르가 현실참여적인 실천과 마르크스주의와 기꺼이 동거를 했던 이유도 이해할 수 있다. 실존주의가 그려낸 삶의 형태를 선택할 사람은 누구일까? 그 역시 지금 자유의 영역에 서 있음은 분명하다.

《 창조적 시간을 찾아서 》

우리의 인생은 실존적인 상황들로 가득 차 있다. 눈살을 찌푸리게 하는 어장관리녀의 경우도, 사랑이라는 본질 앞에 다양한 선택의 자유가 존재한다는 실존적 상황을 직감한 사람이라고 좋게 해석해볼 수도 있다. 물론 실존적 상황은 실직과 가난, 질병과 고통, 죽음과 자살, 무의미와 무위, 부조리한 현실, 고독과 소외, 상실감, 불안감 등 다양한 모습으로 나타난다. 그런데 우리가 정작 실존적인 위기 상황에서 선택을 기다릴 때, 일순간 무위와 무료함이 뒷덜미를 감싸오는 것을 느끼는 경우가 있다. 사실 그런 순간은 삶을 살아가는 것이 무엇인지를 우리에게 알려주는 효과가 있다. 삶은 자유로우면서도 권태롭고, 부조리하면서도 지연되는 과정

---

* 앙가주망의 원뜻은 사회참여이다. 사르트르는 앙가주망, 즉 사회참여를 통해 사회에 던져진 우리의 삶과 실존에 대면하고 우리의 미래를 스스로 결정해야 한다고 주장했다.

에 있다. 우리는 실존적인 문제에 빠졌을 때 삶의 여백과 여유를 만나고, 이런 무료한 순간에 자유롭게 상상하고 창조할 수 있어야 함을 깨닫는다. 그런 의미에서 마을을 만들고, 공동체를 만들고, 협동조합을 만들면서 우리 삶의 색다른 면모를 발견하게 되는 것이다. 우리 삶을 만들어나가는 것은 바로 우리 자신이기 때문에 실존적 선택의 자유도 고스란히 떠안게 된다.

사르트르는 이런 얘기도 했다. '나는 혼자여서 자유롭다. 그러나 이 자유는 죽음과 닮아 있다'라고 말이다. 자유는 매순간 우리에게 주어지지만 우리는 우리 자신이 자유롭게 선택하고 결정해야 할 주체라는 점을 망각하기 쉽다. 그래서 상상력을 발휘해 우리 삶을 만들어내는 창조적인 순간보다는 자본주의적 노동에 삶을 의탁하는 경우가 많다. 자유인이 된다는 것은 무위와 무료함, 우발성으로 가득 찬 세계 속에서 창조와 생산의 과정을 만드는 쪽을 선택한다는 것을 의미한다. 어찌 보면 실존은 무겁고 딱딱한 것이 아니라, 상상력과 자유로 가득 찬 유쾌한 것일 수도 있다. 예를 들어 마을에서 처음으로 동일한 장소성에 기반한 사람들과 만나는 것은 매우 재미있고 유쾌한 일이다.

다시 말하지만 실존주의는 '실존은 본질에 앞선다'는 경구를 통해, 우리에게 실존과 대면해보라고 제안한다. 실존과의 대면이란 자신이 '왜 이것을 해야 하는지'보다 '이것을 어떻게 하며 그 과정은 어떠해야 하는지'에 대해 더 생각하는 것이다. 그런데 실존주의는 욕망과 무의식을 철저히 배제함으로써 인간을 의식적이고 초월적인 지위로 옮겨다놓는다. 의식적으로 굉장히 부조리한 상황과도 대면할 수 있는 성숙하고 의지적인 인간의 모습이 여기서 등장한다. 바로 이런 점 때문에 인간은 자유롭도록 저주받았지만, 동시에 자유로 인해 자기 인생의 입법자가 되며 세상을 재건하고 창조하는 주체가 된다. 물론 인간은 언젠가 죽음을 맞는 유한한 실존자이기에 그 선택이 무한대로 지속될 수는 없다. 그런 면에서 보면 인간은 신을 대신할 수 없다. 다만 인간 존재가 자유를 선택할 수 있는 능력을 갖고 있기 때문에 신과 비슷한 위상으로까지 고려되는 초월적 지위를 가지고 그 존엄성을 고귀한 차원에서 발휘할 수 있다. 그런 점에서 강력한 휴머니즘이 등장하게 된다.

실존주의는 자유의 여러 가지 색깔에 대해 언급하면서 자유인으로서의 인간이 세상을 만들고, 재창조하고, 선택하고, 대면할 수 있는 능력을 지닌 유일무이한 존재라고 주장한다. 그러나 역설적이게도 자유는 무료하고 지루한 삶과의 대면으로부터 시작된다. 집행유예를 선고받고 법정에서 대기하는 사람들의 무료함처럼 자유는 무無와 무위의 실존을 전제로 한다. 우리는 그 무료함을 색다른 창조로 바꿀 상상력을 지닌 존재이며, 그런 의미에서 우리 삶의 입법자로서 삶을 꾸려갈 수 있다는 게 사르트르의 전망이었다. 우리가 만약 자신의 유한한 삶과 실존을 응시하면서 자유를 선택하는 순간에 서 있다면, 우리는 이미 실존주의자인 셈이다.

유치원
입학경쟁
이탁오

《 잃어버린 아이의 마음 》

"자, 시간 됐습니다. 문 닫아 주세요."

10시 정각이 되자 여지없이 강당 문이 닫혔다. 병설유치원 입학 추첨장은 학부모와 아이들로 발 디딜 틈 없이 빼곡했다.

겨울방학이 시작되면서 집에서 빈둥대던 K씨는, 아내를 따라 얼떨결에 처제 큰아이의 유치원 추첨에 참석하게 되었다. K씨 아내가 세상에서 둘째가라면 서러울 조카바보인 탓도 있지만 요즘 공립유치원 입학이 하늘의 별 따기여서 이모 고모는 물론이고 할머니 할아버지까지 유치원 입학 작전에 총동원되고 있다는 것이다.

한발 늦게 헐레벌떡 도착한 한 아이엄마가 닫힌 유리문을 두드리며 난감해하고 있었다. K씨의 앞자리에서 엄마 품에 안겨 있던 아이가 손가락으로 문 쪽을 가리키며 물었다.

"엄마, 저 아줌마는 여기 못 들어와? 불쌍해, 문 열어주면 안 돼?"

아이엄마는 물론 주변 사람들 모두 애써 그쪽을 외면하고 있었다. 한 명이라도 경쟁자를 줄이고 싶은 마음이겠지만 이미 경쟁률은 18:1을 넘었다. 여기저기서 '되면 로또'라느니 '서울대 정시 경쟁률의 3배'라느니 하는 볼멘소리가 터져 나왔다. 그 옆에 앉은 노부인이 아이에게 말을 걸었다.

"아주 똑똑하구나. 넌 몇 살이니?"

"다섯 살이요. 내년에 여섯 살 형아 되면 유치원 갈 거예요."

아이는 자랑스러운 듯 어깨를 으쓱하며 대답했다.

"어머, 너도 여섯 살 반 지원했니? 우리 손주랑 경쟁자네!"

노부인은 말해놓고 쑥스러운지 멋쩍게 돌아앉아 혼잣말로 중얼거렸다.

"어휴! 이건 전쟁이구만. 내 자식 대학 보내면 고생 끝인 줄 알았더니 손자 유치원 보내기가 더 힘드네. 쯧쯧."

노부인의 한숨이 주위에 전염이라도 된 듯 여기저기서 한숨이 터져 나왔다. 뒷자리 아이엄마들이 수군거리는 소리가 들렸다.

"우리 앤 여기가 벌써 네 번째예요. 어제 성당 유치원 떨어지고 나니까 어찌나 눈물이 나던지…."

"저도요. 남들처럼 애 낳자마자 유치원 대기신청부터 해놓을 걸 엄청 후회되더라고요. 다른 덴 몰라도 여긴 꼭 됐으면 좋겠는데…."

"여기가 마포에서 경쟁률 탑5 안에 든대요. 왜 이렇게 인기가 많지요?"

"공립이라 비용이 싼 것도 있지만, 그보다 시설이 좋고 프로그램이 잘

되어 있어서 옆 동네 엄마들까지 다 보내고 싶어 안달이잖아요."

"그래도 사립만 하겠어요? 난 여기 떨어지면 그냥 사립 보낼까 봐요. 보육비랑 간식비, 통원버스, 특기비까지 월 오륙십만 원씩 든다지만 거기 나온 애들은 다들 초중고대학까지 라인이 쫙 이어진다니까. 일단 유치원부터 레벨이 다르게 시작하는 거잖아요."

"아휴. 언니넨 좋겠어요. 시아버님이 아이 교육비 대주기로 하셨다면서요? 요즘 좋은 대학 가려면 엄마의 정보력, 아빠의 무관심, 할아버지의 재력이라는 3박자를 갖춰야 한다잖아요. 아이가 엄마 말대로 잘 따라와만 주면 서울대는 문제없겠어요."

아직 유치원도 들어가지 않은 아이들을 두고 대학까지 걱정을 하다니. 엄마들 머릿속에는 아이의 인생 설계가 벌써부터 꼼꼼하게 기획되어 있는 모양이었다.

진행자가 방송으로 '5세 반 추첨 시작'을 알리자 주변이 조용해지면서 모든 시선이 무대에 집중되었다. 분위기 탓인지 K씨는 자기도 모르게 몸에 힘이 들어갔다. 아내도 긴장이 되는지 슬며시 K씨의 손을 잡더니 한숨을 푹 내쉬었다.

사람들이 번호 순으로 무대에 나가 큰 통에 손을 넣어 탁구공을 하나씩 뽑아들었다. 탁구공이 흰색이냐 오렌지색이냐에 따라 희비가 엇갈렸다. 불합격 탁구공을 들고 속상해서 우는 사람이 있는가 하면, 합격 탁구공을 뽑은 후 감격의 눈물을 흘리는 사람도 있다. 이래저래 눈물바다였다.

그때 누군가 소리쳤다.

"이거 무효야! 탁구공 색깔별로 질감이 다르잖아. 저기 저 사람 손으로 만져보고 꺼내는 거 내가 다 봤어. 미리 알고 있었던 거 아냐?"

촉감으로 감별이 된다는 말에 주변이 웅성거리기 시작했고 어디선가 고성이 오갔다.

"무효야, 무효!"

"처음부터 다시 하자!"

"말도 안 돼. 결과에 승복해야지, 이게 장난이야? 아이들이 보고 뭘 배우겠냐고!"

어른들 세계의 미묘한 변화를 눈치 챘는지 아이들 울음소리가 터져 나오기 시작했다. 조금 전까지 '여섯 살 엉아가 되면 유치원에 간다'고 우쭐해 있던 앞자리 아이도 표정이 어두워졌다.

"엄마, 유치원 가려면 친구들이랑 저렇게 싸워야 하는 거야? 나 싫어. 유치원 안 다니면 안 돼? 그냥 집에 가자. 응?"

그러면서 엄마의 옷자락을 잡아당기는 아이의 눈에 눈물이 그렁그렁 매달렸다. K씨는 문득 '아이의 마음으로부터 배운다'는 동심설을 설파했던 이탁오 선생을 떠올렸다. 친구들과 싸우기 싫다는 아이의 목소리가 오래도록 귓가를 맴돌았다.

≪ 시대의 이단아, 이탁오 ≫

공자는 "중용의 도리를 갖고 행하는 사람을 얻어서 가르치지 못한다면, 나는 반드시 기질이 광견한 사람을 얻어서 함께 할 것이다! 광자狂者는 인의仁義의 실현에 진취적이고, 견자犬者는 불의不仁한 일을 범하지 않을 것이기 때문이다"라며 광사론狂士論을 주장했다. 중국 역사에서 미친 선비처럼 기질이 광견한 사람을 찾아보면, 그 한 사람으로 이탁오李卓吾, 1527~1602를 만날 수 있다.

이탁오는 명나라 시기의 사상가로 본명은 이지李贄이다. 그는 오랜 세월 동안 관직에 복무하다가 어느 순간 그만두고 유불선의 경계를 넘나들며 도道를 찾는 학문활동에 전념했다. 그러나 도에 대한 그의 탐색은, 공자의 정명론定名論처럼 도를 어떤 것으로 규정하고 정의해 거기에 맞춰 실천하는 것과는 거리가 멀었다.

그는 유교에 기반한 당대의 제도와 관습, 도덕을 넘어서고자 했다. 그는 《장서藏書》《분서焚書》《설서說書》 등을 출간하면서 색다른 사상에 대한 탐색으로 나아갔는데, 그 사상이 탄압의 빌미가 되어 감옥에 갇히고 결국 감옥에서 자결해 생을 마감했다.

명나라 말기의 중국사회는 근대화로 향할 것인가, 쇄국을 선택할 것인가의 갈림길에 서 있었다. 이런 시기에 태동된 이탁오의 사상은 중국에서 근대적인 사상의 내재적 발전을 보여주는 대표적 사례다. 먼저 그는 사私와 욕慾을 긍정하는 사상을 전개했다는 점이 특이하다. 즉, 근대에 나타난 개인을 긍정함과 동시에 욕망을 긍정하는 사상을 설파했다. 그는 근대적인 개인성을 긍정함으로써 중국 사상의 면면에 흐르던 이타주의보다,

이기주의적인 본심을 감추고 있는 주체성을 돌연 등장시킨다. 이는 근대화가 진행되어 개인성이 확립되기 훨씬 이전의 저작들에서 이미 드러난 사상으로 시대를 앞선 통찰이 엿보인다.

그와 동시에 이탁오는 욕망을 긍정했는데, 욕망을 금기시하면서 도덕적으로는 위선적인 행태를 보이던 당대의 상황을 한 단계 넘어서서 욕망을 통해 개인이 자유를 누릴 수 있다는 생각을 품은 것이다. 이탁오의 책을 요즘에 읽으면 '특별한 얘기도 아닌데 뭘!' 하고 가벼이 넘길 수도 있다. 그러나 당대의 도덕적이고 규범적인 분위기 속에서 완전히 다른 생각을 펼쳤다는 점에서, 그가 광견한 기질을 가진 모험가라는 생각을 하지 않을 수 없다.

이탁오는 성인들의 가르침 속에서 도를 찾으면서, 이전까지 자신들의 공부가 얼마나 부질없고 덧없는 것인가를 느꼈다. 그는 〈성인의 가르침에 대해〉라는 편시글에서 다음과 같이 얘기한다.

> 속담에 나오듯 이른바 난장이가 (키 큰 사람 틈에 끼어) 굿거리를 구경하는 것과 같이, 남들이 좋다고 소리치면 (제대로 보지도 못하고) 그저 따라서 좋다고 소리치는 격이었다. 나이 오십 이전까지 나는 정말 한 마리 개와 같았다. 앞의 개가 그림자를 보고 짖어대자 나도 따라 짖어댄 것일 뿐, 왜 그렇게 짖어댔는지 까닭을 묻는다면 그저 벙어리처럼 아무 말 없이 웃을 뿐이었다. (이탁오, 《분서》, 321쪽, 홍익출판사, 1998)

이 유명한 구절에서 그는 성현들의 가르침의 본뜻을 알지 못한 채 중원의 개처럼 그저 따라하는 것이 공부라고 생각했던 당대의 분위기를 비판하고, 스스로도 뼈아픈 반성을 하고 있다. 자신이 몇 십 년 동안 공부한 것을 결산하면서 '나는 개였다'고 과감하게 일갈할 수 있는 사람이 몇이나 될까? 이탁오는 당대에 틀 지워진 공부법이나 고정관념, 도덕적인 생활에서 한 치도 벗어나지 못하던 자신을 그렇게 묘사했다. 사실 성현들의 가르침을 외우기 전에 그 이유가 무엇인지를 파악해야 그들을 존경할 수 있는 것인데, 당대의 공부법에서는 그것을 따지기가 불가능했다.

이탁오는 명나라 유학자인 왕양명王陽明이 개방했던 양명학파와 접속하면서 자신의 사유를 더욱 풍부하게 만들었다. 그래서 이탁오를 두고 '양명학의 좌파'라고 규정하는 사람도 있다. 그러나 그의 사상을 자세히 살펴보면 양명학의 전통에만 머물지 않고 유불선을 넘나들고 있는 지점을 발견할 수 있다.

이탁오의 사상은 그 생각이 자유롭게 횡단하고 넘나든다는 점에서 마치 '소요유逍遙遊'라는 노장사상의 핵심을 꿰뚫는 것 같기도 하고, 개인의 욕망을 모두에게 깃든 불성처럼 보는 불교사상의 원리를 따른 듯한 느낌도 준다. 그러나 그의 사상적 기초는 뭐니 뭐니 해도, 당대에 전개되었던 주자학의 '성즉리性卽理' 사상에 맞선 왕양명의 '심즉리心卽理' 사상이었다. 격물치지格物致知의 방법으로 사물의 본성을 통해 이치를 탐구했던 주자학을 넘어서서, 왕양명은 욕망이나 심상, 생각, 사유 등의 마음을 수양함으로써 세상의 이치를 파악할 수 있다고 보았다. 이를 통해 개인의 마음의 자율성과 욕망을 긍정하는 근대적 사유의 기반이 마련되었다. 그리고 이러한 양명학의 전개와 흐름의 극한에 이탁오가 있었다.

≪ 아이의 마음으로 바라보면 ≫

　이탁오 사상의 핵심은, 양명학파가 따른 참된 마음인 진심眞心에 대한
논의에서 아이들의 마음인 동심童心에 대한 논의로 이동했다는 점이다.
동심이란 인간이라면 누구나 갖고 있는 아이 때의 마음이다. 이탁오는 공
자, 맹자와 같은 성인들의 가르침의 정수는 바로 '동심으로 돌아가는 것'
에 있다고 보았다. 이것은 심학心學에서의 예외적인 일탈이라고도 할 수
있다. 당시의 교육적 분위기는 아이들이 어른들의 가르침에 따라 성장해
야 바른 성인이 될 수 있다는 것인데, 이탁오의 사상에는 그에 역행하는
교육관이 깃들어 있었다. 오히려 배움이 아이의 마음을 상실케 하는 것에
불과하며, 성인들의 가르침은 배움이 아닌 아이의 마음 상태에서 행위하
라는 것이라는 결론에 도달한다.

　이전의 양명학자들은 생각지도 못했던 색다른 마음에 대한 이론이 이
탁오에 의해 전개되었다고 할 수 있다. 마르크스가 수첩에 쓴 11항목의
테제인 〈포이어바흐 테제〉에는 "교육자도 교육받아야 한다"는 구절이 있
다. 이탁오라면 이렇게 대답하지 않았을까? '교육자도 아이에게 배워야
한다'라고 말이다.

　공맹사상은 본성론적 차원에서 인간은 선하다는 성선설로 곧잘 이해
되고는 한다. 그러나 본성의 의미를 곧 마음으로 해석하는 이탁오의 입장
에서는 '아이의 욕망이 선하고 자유롭다'는 아주 색다른 결론으로 나아간
다. 이는 공맹사상이 품고 있던 의미를 훨씬 더 확장한 것이다. 당대의 분
위기에서 아이들의 욕망은 짐승과도 같아, 도덕적이고 윤리적인 성정性
情에 닿으려면 혹독한 교육과 훈육이 필요하다고 여겼다. 이런 상황에 아

이들의 마음, 즉 욕망으로 돌아가자는 얘기는 매우 이단적인 발상이 아닐 수 없었다. 그러나 이탁오는 유불선 성인들이 남긴 교훈과 가르침의 핵심에 바로 동심설이 있다고 해석하면서 당대의 공부론을 완전히 부정하는 위치에 선다. 이 입장은 흥미롭게도, 빌헬름 라이히라는 오스트리아 사상가가 1950년대에 발표한 욕망이론과도 공명한다. 라이히는 1차적 욕망인 자연스러운 생명에너지가 금기와 터부에 가로막혀 변형되고 굴절된 2차적 욕망으로 변질된다고 지적하면서, 1차적 욕망이 자연스럽게 흐르는 상태를 '욕망해방'이라고 말했다. 라이히가 말한 1차적 욕망은 아이에게서 보이는 생명에너지이자 활력으로, 통속적인 자본주의적 욕망이나 탐욕과 결여의 욕구와는 차이가 있다. 라이히의 욕망이 바로 이탁오의 동심과 같은 위상에 서 있다. 라이히와 이탁오가 비슷한 점은 또 있다. 이들의 생각이 당대에 이단적인 사상으로 몰려 두 사람 모두 감옥에서 비명횡사했다는 점이다.

동심설은 사실상 반문명운동 혹은 반문화운동이라는 사상과도 맞닿아 있다. 교육학의 발달이론 또는 성장단계이론에서와 같이, 아이들이 이성적인 존재가 되기 위해서 거쳐야 할 공부가 별도로 있는 것이 아니라 아이 본연의 욕망으로 돌아가는 것이 바로 공부라는 의미에서 그렇다. 이는 현대사회에서도 굉장히 이단적인 생각이 아닐 수 없다. 그러나 이탁오가 보기에는 사람들을 동심 상실에 이르게 하는 문명화된 도덕과 규칙 등이 문제다. 문명의 규칙이나 도덕으로부터 자유로운 아이의 마음으로 돌아가면 문명이 만들어낸 다양한 부작용과 범죄로부터 벗어나 자연스럽게 욕망이 발현되고 생산되는 길이 열린다는 것이다. 아이의 욕망으로 돌아가는 것은 유치해지는 것과는 다르다. 유치한 행동과 마음은 보통 아이들의 것이 아니라 어른들의 것이기 때문이다. 또한 생명의 탄생 시점에서 그리 멀어지지 않은 아이들의 마음 상태는 생명 자체가 주는 다채로운 상상력과 영감, 창조성을 품고 있다고도 할 수 있다. 결국 이탁오의 사상은 도덕이니 윤리니 하는 문명화된 규칙을 넘어서 자연과 생명의 본성에 가장 가까운 아이들의 마음으로 돌아가자는 것이 핵심이었다.

이탁오의 동심설이 바라는 대로 세상이 아이들의 욕망을 통해 재조직된다면 어떤 일이 벌어질까? 프로이트는 그의 말년에 욕망을 충동impulse으로 격하시키면서 어릴 때는 누구나 반사회적인 충동과 준범죄적인 마음을 갖고 있다고 주장했다. 하지만 아이들과 함께 생활해본 사람이라면 그들이 얼마나 순수하며 창조적인가를 잘 알 것이다. 세상에 대한 고정관념이 하나도 없는 동심을 회복하는 것이 어쩌면 현대사회가 가진 갖가지 문제를 풀 해법이 될 수도 있겠다는 생각이 든다. 이 사회에서 가장 이성적이고 합리적인 교육관과 도덕관을 가졌다는 사람들은 성장기 아이들에게 '어서 빨리 아이의 마음으로부터 벗어나라'고 훈계한다. 그들은 성장과 지식 발전, 발달 단계의 과정을 통해 아이 적 마음으로부터 멀어질수록 좋다고 주장한다. 그러나 사실은 동심이 우리가 나이 들수록 벗어나야할 것이 아니라 오히려 회복해야 하는 것이라면 어떻게 하겠는가?

《 동심이 바로 진심 》

이탁오는 《분서》라는 책에서 동심童心이 바로 진심眞心이라고 말하면서, 양명학이 주장한 진심의 결론이 바로 동심에 있다고 주장했다.

동심은 참된 마음(眞心)이다. 만약 동심이 있으면 안 된다고 하면 이는 참된 마음이 있으면 안 된다고 하는 것과 마찬가지이다. 최초 일념(一念)의 본심(本心)이다. 동심을 잃으면 참된 마음을 잃는 것이며, 참된 마음을 잃으면 '참된 사람'(眞人)을 잃는 것이다. 사람이 참되지 않으면 최초의 본심은 더 이상 전혀 있지 않게 된다.(이탁오,《분서》, 179~180쪽, 홍익출판사, 1998)

이탁오에게 있어 동심은 참된 마음과 참된 사람으로 만들어주는 원천적인 마음이다. 여기서 들뢰즈와 가타리의 '아이 되기'*가 떠오르는데, 그것 역시 이탁오의 동심설과 매우 공명하는 철학이기 때문이다. 아이의 마음은 이성, 규범, 도덕과 같은 것이 아닌 욕망으로 구성된다. 욕망의 주체인 아이가 기성질서에서 마치 한정치산자나 금치산자와 같은 무권리자로 다루어지는 이유는 무엇일까?

욕망이 기존 질서에 대한 문제제기를 하고 고정된 가치, 도덕, 윤리를 파괴하는 원동력인 반면, 그 권리를 갖는 주체는 대부분 이성과 합리성을 가진 사람으로 생각되기 때문이다. 아이의 마음인 욕망은 심지어 문명을 파괴하고 혼란에 빠뜨리는 잠정적인 적대자와 같은 것으로 간주되는 경우가 있으며, 욕망의 주체성은 대부분 아이, 동물, 광인과 같은 소수자의 모습을 띤다. 이제까지 문명의 기본 구도는 이성과 합리성, 도덕과 규범으로 욕망을 지배하는 모양을 보여왔다. 그래서 혹자의 말처럼 아이들은

---

* 아이 되기는 아이처럼 고정관념 없이 여러 의미와 놀이를 횡단하고, 호기심에 따라 색다른 문제제기를 할 수 있는 능력을 회복하는 것을 의미한다. 특히 가타리는 갓 태어난 유아들이 나와 너를 구별하지 않고 자신과 세계를 구분하지 않는 상태에 주목했다. 아이 되기는 그러한 흐름의 사유를 회복하자는 의미도 담고 있다.

혹독하게 다루고 엄하게 야단쳐야 한다는 것이 문명의 규범을 만드는 기본 원리처럼 받아들여졌다.

한편, 아이들의 마음이 어떤 특징을 보이는지를 살펴보아야 동심설의 진가가 드러난다. 아이들의 생각에는 '책상은 책상이다'라는 고정관념이 없다. 그래서 책상을 보면 마법의 기차, 수술대, 은신처, 보물 상자 등 여러 가지 상상이 가능하다. 2~6세 아동들은 호기심이 굉장히 많아서 "왜요?" "그게 뭐지요?"하면서 고정관념에 대해 끊임없이 물음표를 던진다. 기존의 학교가 A＝A라는 고정관념을 심어주기 위해 노력한다면, 아이들의 마음에서 A는 B이기도 하고, C이기도 하고, D이기도 하다. 아이들에게 한 시간을 주어 놀이를 하자고 하면 처음에 시작한 놀이에서 5~10번은 놀이 모델을 바꾸게 된다.

이렇듯 고정관념이 없고, 호기심이 넘치며, 생각의 자유로운 횡단 능력을 갖고 있는 것이 아이들의 마음이다. 만약 이이가 어떤 것에 대해 호기심을 보인다면 그것은 고정관념을 체득하기 위해서가 아니라 대지를 유영하듯 생각을 횡단하기 위한 것이다. 말하자면 학문질서에서 말하는 '정의definition의 방법론'의 정반대에 아이들의 '문제제기의 방법론'이 있다. 이것만 보더라도 이탁오의 동심설이 공자의 정명론正名論과 얼마나 큰 차이가 있는지 알 수 있다.

아이들이 '~은 ~이다'라는 식의 정의된 질서(고정관념)를 벗어나 '~일 수도 ~일 수도' 있는 횡단하는 주체라는 점을 잘 보여주는 것이 놀이다. 놀이는 어떤 정의로 고정할 수 있는 세계가 아니라 순전히 재미를 위한 행위이다. 놀이는 너와 나 사이의 정확한 구분을 없애는 탈경계화 현상을 보인다. 마치 도술을 부리고 마법을 부리듯이 너도 아니고 나도 아닌 어지러움의 세계가 펼쳐진다. 지금은 놀이공원의 '어지러움'으로 제도화되었지만 사실은 놀이에서 유발되는 독특한 탈자아脫自我 현상이 있다. 철학자 카이와Roger Caillois에 따르면, 놀이는 금을 그어놓고 금기와 터부, 죽음과 삶을 넘나드는 어떤 설정을 만들어놓고 운, 경쟁, 어지러움, 모방 등의 구성요소로 재미를 더한다. 이탁오가 동심설을 통해 바라본 것은 횡단과 흐름을 통해서 세상을 재창조하는, 놀이하는 아이들의 모습에서도 잘 드러난다.

아이들의 마음에서 특이한 지점은, 그들이 공부할 때 (기존의 공부법이 알려주는 대로) 객관적인 표상, 진리, 의미를 따라 배우는 것처럼 보이지만 사실은 각자 자신만의 세계를 따로 구축하고 있다는 점이다. 기존의 공부법은 아이들의 본성과는 상당히 괴리되어 있다. 아이들은 대화하고 놀면서 대부분 각자의 세계관과 마음속의 질서를 따라 각자 다른 세상을 만들어낸다. 심지어 자기만의 가상적인 인물을 만들어 대화하고 놀기도 한다. 동심은 객관적인 표상으로서의 진리와 도를 공부하고 따르지 않으며, 각각이 이미 자기만의 진리와 도를 갖고 있는 셈이다. 그러니 진정으로 진심과 도를 알기 위해서는 공부하고 책을 읽고 규칙에 따를 것이 아니라 각자 동심으로 돌아가 자기가 만든 세상의 이치에 대한 깨달음에 도달해야 한다. 세상의 이치에 대한 깨달음은 바로 세계를 재창조해내려는 욕망의 자율성을 통해서 가능하다. 이 지점에서, 우리가 자유로운 정신을 갖기 위해서는 우선 아이의 마음 상태로 돌아가야 한다는 이탁오의 생각이 어느 정도 설득력을 갖는다.

≪ 황폐해진 어른의 세계 ≫

이탁오의 《분서》를 명나라에서 조선으로 몰래 수입해온 사람은 당시 광해군의 비자금을 담당하던 허균이었다. 그는 광해군이 비자금으로 숨겨둔 은괴를 몰래 횡령해서 중국으로부터 책을 사 모았는데 그중에 《분서》를 비롯한 이탁오의 책들이 있었다. 그는 동심설을 읽고 깊은 감명을 받아 이를 소설화할 구상에 이른다. 허균은 조선시대 신분사회의 주변부에 머물러 있던 서자들의 삶에 주목해 그들이 겪은 차별과 신분 상승의 봉쇄를 소재로 상당히 이단적이고 반역적인 생각을 소설화한다. 그는 자신이 생각한 혁명과 유토피아에 이르는 실천 과정을 요즘의 판타지소설과 같은 책으로 묘사하는데, 그것이 바로 《홍길동전》이다. 홍길동전의 주인공은 '아버지를 아버지라고 부르지 못하는 아이'였으며, 어지러운 놀이처럼 도술을 부리는 신통방통한 아이였고, 기성제도에 대한 반란을 일으킨 혁명적인 아이였다. 또한 율도국 건설을 위해 떠나가는 아이이기도 했다. 허균의 《홍길동전》은 동심설에 대한 깊이 있는 통찰을 담은 문학적 서술이었다고 할 수 있다.

요즘 동심설을 다시 생각해보면, 현대문명 속에서 사는 아이들의 마음이 얼마나 식민화되었는지를 느낄 수 있다. 예를 들어 아이들이 다양한 놀이 모델을 횡단하는 모습을 보일 때, 어른들은 바로 ADHD(주의력결핍 과잉행동장애)라는 의료적인 틀을 갖다 댄다. 사실 생각이 이리저리 횡단하며 다양한 의미좌표를 넘나드는 것은 동심의 자연스러운 속성이다. 《홍길동전》에서는 그것을 도술로 표현했지만, 도술과도 같은 신묘한 원리가 아이들 마음에 존재한다.

어른들의 세계인 기존 문명은 이런 아이들의 마음을 받아들이기가 쉽지 않다. 어른들의 세계는 고정관념을 통해 등가교환을 하고 기성 제도를 유지하려는 속성을 띠기 때문이다. 그래서 아이들이 어지럽게 놀고 시끄럽게 울어대면 어른들의 마음속에서는 이를 빨리 원상 복구하고 질서를 바로잡아야 한다는 생각이 스멀스멀 올라온다. 그리고는 마치 옛 성인들이 통제만이 교육이라고 가르쳤다는 듯 아이들을 똑바로 앉혀놓고 어른과 같은 행동을 하도록 훈육한다. 현실교육은 이렇듯 동심에 대해 체계적이고 기계적인 억압을 가한다.

이탁오의 동심설은 사실상 근대사회에서 받아들이기 어려운 이단적 사상이었을 것이다. 현대사회에서 일어났던 사회현상 중에 동심설에 가장 가까운 것으로는 아무래도 '욕망해방'을 기치로 내걸었던 68혁명*을 들 수 있지 않을까? 68혁명 과정에 생성된 반문명적, 반문화적 생태공동체운동이나 뉴에이지운동이 바로 동심설과 맥을 같이 한다. 그러나 지금도 68혁명이 제기했던 욕망의 슬로건들을 그대로 받아들이기 어려운데, 이탁오가 살았던 명나라 시대에는 어땠을까 생각해보라. 이탁오에 대한 사법적 살인이 이루어진 것은 이런 배경 때문일 것이다. 이탁오는 감옥에서 비명횡사를 하면서도, 색다른 세계가 우리 안에 있고 미래에는 그것이 구체화되리라 전망했을지도 모른다. 그의 욕망은 그 자신이 열망하고 꿈꾸었던 세상으로 향했을 것이다.

---

* 68혁명은 1968년 프랑스에서 5월 학생봉기를 기점으로 일어나 전 유럽에 전파된 혁명운동이다. 비교적 안락했던 유럽사회를 지루하고 권위적인 사회로 규정하고, '모든 권력을 상상력에게로'라는 슬로건을 통해 욕망의 해방을 주장했던 역사적인 사건이다.

'아이들의 마음으로 돌아가라'는 아주 간단하고 쉬운 명제를 앞에 두고 여러 가지 이론과 생각을 떠올리게 된 것은, 그것이 사실은 문명화된 나 자신을 되돌아보게 만드는 중요한 지점이기 때문이다. 만약 우리가 동심 상실의 문명과 문화에서 벗어나 동심이 세상을 밝히는 이치라고 받아들이게 된다면, 우리의 마음도 다시 아이 적 마음으로 돌아갈 수 있을까?

내 몸을 어떻게
다루어야 할까?

3

~~~~~~~~~~

몸과 마음, 생명을
돌보는 법

길냥이
피터 싱어

《 버림받은 것들의 친구가 되는 법 》

K씨의 아내는 요즘 K씨가 '두 집 살림'을 하고 있다고 빈정대곤 한다. K씨 혼자 조용히 글을 쓰고 공부하기 위해 마련한 연구실을 두고 하는 소리다. 아침에 집을 나설 때마다 아내가 "애인 집에 가나?"며 놀리는 데는 또 다른 이유가 있다. 사실 연구실에는 정말로 숨겨둔 애인이 있다. 이름은 '대심이'. 5~6세로 추정되는 미모의 암컷 고양이다.

대심이를 처음 만난 것은 연구실 앞 작은 마당에서였다. 동네 길냥이들의 놀이터였던 마당에 K씨는 급식소를 차려놓고 고양이 사료를 한 줌씩 놓아두곤 했다. 대심이는 그곳의 단골손님이었다. 아구아구 먹다가도 K씨가 나타나면 도망치기 바쁜 여느 길냥이들과 달리, 녀석은 식사를 끝낸 후에는 꼭 K씨 주변을 두어 차례 돌다가 골목 안으로 사라졌다. 그리고 며칠 후에는 도도한 걸음걸이로 천천히 다가와서 K씨의 바짓가랑이에 등을 비벼대기까지 했다. 그 옛날 영화 속 ET와 엘리어트의 손가락 접촉이 이런 느낌이었을까? K씨는 그 등을 쓰다듬으며 조용히 말했다.

"와! 넌 다른 아이들처럼 소심하지 않구나. 그래, 이제부터 네 이름은 대심이다."

대심이는 하루도 빠짐없이 급식소를 찾았다. 고양이 여러 마리가 몰려들어 밥그릇 싸움을 하는 동안, 녀석은 K씨의 발밑에서 조용히 기다리다가 마지막에 천천히 다가가 만찬을 즐기곤 했다. 대심이가 마당에 머무는 시간은 점점 길어졌다. 낮에는 연구실 창문 옆 양지바른 계단에 앉아 오수를 즐겼고, 밤이면 연구실 문 앞에 놓인 분리수거용 종이박스 안에 들어가 잠을 잤다. 날씨가 추워지자 K씨는 박스 안에 헌 스웨터를 깔아주었다. 출근하면서 문 앞에 서서 열쇠를 쩔렁이면 어김없이 대심이가 발밑에서 '야옹' 하며 아침인사를 했다. 가끔은 연구실 안까지 마실을 오기도 했다. 매일 10시간 이상을 좁은 연구실에 앉아 책과 씨름하며 외롭게 지내는 K씨에게 대심이는 유일한 친구였다.

가능하면 연구실 안에서 키우고 싶다는 욕심이 나기 시작할 때 아내에게 넌지시 말을 꺼냈다. 아내의 반응은 단호했다.

"안 돼!"

그녀에게 있어 길냥이는 더럽고 시끄럽고 그저 털이나 날리는 존재였던 것이다. 대한민국 최고의 공처가인 K씨는 아내의 불호령에 한마디도 토를 달지 못했다. 하지만 연구실은 온전히 K씨 혼자만의 공간이었기에 대심이와의 우정은 그 후로 오랫동안 비밀리에 이어졌다.

그러던 어느 여름날, K씨와 그의 작은 애인에게 위기의 순간이 찾아왔다. 대심이가 며칠째 기운이 없고 푸석푸석해 보인다 싶더니 털이 한 움큼씩 빠지고 피오줌까지 싸는 것이었다. 깜짝 놀란 K씨는 서둘러 대심이를 안고 동네 동물병원으로 달려갔다. 고양이 방광염이라고 했다. 의사 말로는, 길냥이들은 평소 염분이 많은 음식물쓰레기를 먹고 깨끗한 물을 공급받지 못하기 때문에 방광염에 걸려 죽는 경우가 종종 있다고 했다.

K씨는 공처가의 본분을 망각한 채 아픈 대심이를 연구실 안에서 돌보겠다고 아내에게 일방적으로 통보했다. 아내는 짐짓 태연한 척했지만 심기가 매우 불편해 보였다. 그러던 어느 날 아내가 연구실에 나타났다. 드디어 올 것이 왔구나! 갑작스런 조강지처의 출현에 K씨는 바짝 긴장을 하지 않을 수 없었다. 퇴근길이어서인지 아내는 지친 표정이 역력했다.

"어휴, 고양이털 날리는 것 좀 봐. 도대체 청소를 언제 한 거야?"

날카롭게 곤두선 목소리가 예사롭지 않았다. 대심이도 숨을 죽여 그녀의 눈치를 살폈다. 그런데 아내의 표정이 심상치 않았다. 갑자기 땅이 꺼져라 한숨을 푹 쉬더니 소파에 다리를 쭉 뻗고 누워버렸다.

"나, 회사 때려치울까…?"

아무래도 직장에 무슨 문제가 있는 모양이었다. 아내의 목소리에는 동조해주기를 바라는 간절한 마음이 묻어 있었다. 하지만 원고 마감에 쫓기며 열심히 키보드를 두드리고 있던 K씨는 "그래, 사표 던져. 돈은 내가 벌면 되지" 하고 멋지게 말할 타이밍을 놓쳐버렸다. 아내가 곧 '색색' 소리를 내며 잠이 든 것이다. K씨는 그녀의 몸에 조용히 담요를 덮어주었다.

한 시간쯤 지났을까? 원고를 마무리해서 발송까지 마친 후 슬슬 아내를 깨우기 위해 돌아섰을 때였다. K씨 얼굴에 빙그레 미소가 번졌다. 어느새 대심이가 소파 위에 올라가서 아내의 겨드랑이 아래 머리를 묻고 누위 있는 것이었다. 아내는 이미 깨어 있었다. 고양이의 어깨가 오르락내리락하는 것을 지켜보던 아내가 조용히 입을 열었다.

"이 녀석, 내가 저를 미워한다는 거 알고 더 이러는 거 아냐? 요망한 것 같으니…!"

투덜대는 말투와 달리 그녀의 입가에는 이미 미소가 살짝 걸려 있었다. 그리고 조용히 말을 이었다.

"음… 뭐랄까? 이 녀석이 나눠주는 따뜻한 체온이 묘한 위안을 주네. 게다가 여기 옆구리에서 작은 심장이 뛰는 게 느껴져. 엄청 작은데 힘차게 뛰는. 삶에 대한 의지라는 게 이런 걸까?"

아내는 가벼운 한숨과 함께 대심이의 털북숭이 어깨를 살짝 쓰다듬었다. K씨 집안의 묵은 불화가 조용히 막을 내리는 순간이었다.

요즘도 아내는 '나 회사 때려치울까?'를 입버릇처럼 달고 다니면서도 감히 실행에 옮기지 못하고 있다. 대신 K씨의 연구실에 들르는 횟수가 은근히 늘었다. 와서 한바탕 잔소리를 늘어놓고는 소파에 누워 토막잠을 청했다. 물론 그 한쪽에는 대심이가 갸르릉갸르릉 행복한 소리를 내며 누워 있다. 그 모습을 지켜보노라면, K씨는 어쩌면 자신이 피곤한 아내에게 절친을 만들어준 것은 아닐까 싶다. 한때 누군가로부터 버림받았던 유기묘와 거친 세상으로부터 상처받은 한 여자가 마치 동갑내기 친구처럼 사이좋게 누워 서로의 상처를 토닥토닥 다독여주는 것만 같기 때문이다. 자신의 상처뿐 아니라 다른 존재의 고통까지도 느끼고 공감할 줄 아는 존재, 그것이 과연 인간만의 능력일까? 피터싱어가 말한 '유정성有情性'의 의미에 대해 K씨는 곰곰이 생각해보았다.

《 동물도 고통을 느낄까? 》

피터 싱어Peter Singer의 《동물해방》인간사랑, 1999만큼이나 세상에 파문을 일으킨 책도 드물 것이다. 그는 동물에 대한 분류나 특성을 다루는 기존의 동물학이 아니라 윤리적인 측면에서 동물을 다루는 학문으로 획기적인 전환점을 마련한 사람으로 평가받는다. 그렇다고 그가 동물애호나 펫 문화와 관련된 것은 아니다. 사실 동물을 애완용으로 보는 문화산업이 오늘날 대단히 확산되어 있지만, 그 동물의 일생과 죽음까지 함께 책임져야 하는 반려동물 문화는 그 역사가 무척 짧다. 한국사회에서 매년 유기되는 동물의 수가 10만 마리에 이르다 보니, 길을 걷거나 차를 운전하다가 거리를 방황하는 유기동물을 마주치는 일도 흔해졌다. 피터 싱어는 우리 인간의 권리처럼 동물의 기본 권리도 보호되어야 하며, 동물에게 고통을 가하거나 해를 끼쳐서는 안 된다고 주장한다. 미국에 있는 한 교도소에서 조사한 바에 따르면 이곳의 죄수들 대부분은 유년기에 동물학대를 했던 기억이 있었다. 유년기의 동물학대 경험은 생명감수성에 치명적인 영향을 주어 결국 범죄와 폭력으로 이어지는 결과를 낳는다.

그런가 하면 반려동물을 키우면서도 정작 자신이 먹는 햄버거나 삼겹살, 치킨, 소시지 등이 어떻게 만들어지는지 모르는 사람들이 많다. 육류는 사실상 동물의 시체다. 대부분의 육류 가공품은 공장식 축산 방식을 거쳐 만들어진다. 피터 싱어는 《동물해방》을 통해 공장식 축사에서 동물들이 얼마나 잔혹하게 고통받는지를 고발한다. A4 한 장 크기도 안 되는 케이지에서 살아가는 닭, 꼬리도 이빨도, 그리고 수컷인 경우에는 생식기도 잘린 채 좁은 철제 구조물에 갇혀 살아가는 돼지, 마블링을 위해 줄에 메여서 꼼짝도 하지 못한 채 살아가는 소, 선명한 분홍빛의 호텔 특급 요리로 거듭나기 위해 태어나자마자 빈혈에 걸리는 송아지 등…. 이런 사례를 통해 동물들이 얼마나 심각한 학대 상황에 처해 있는지를 알려준다. 그렇다면 동물은 그저 고기를 만드는 기계에 불과한 것일까, 아니면 그들도 인간처럼 스트레스와 고통을 느끼면서 살아가는 존엄한 존재일까?

　피터 싱어는 동물도 고통을 느낄 수 있다고 말한다. 이른바 유정성이라는 개념이 여기서 등장하는데, 동물도 고통을 느낄 뿐 아니라 다른 동물의 고통에 공감하는 능력도 있다는 것이다. 실제로 도살장에서 동료 동물이 죽어가는 모습을 본 동물들은 심각한 충격과 공포를 느끼고 발버둥을 친다. 그래서 도살장에는 대기중인 동물이 다른 동물이 죽는 것을 보지 못하도록 하는 매뉴얼이 있을 정도다. 동물이 고통을 느낄 수 있다는 것은, 길가다가 다친 개나 고양이가 고통에 울부짖는 모습만 봐도 금방 알 수 있다. 그런데 약간 생소한 질문이지만 무척추동물이니 식물도 고통을 느낄까? 가장 기본적인 신경세포만 가진 말미잘이나 굴과 같은 생물도 고통을 느낄까? 만약 무척추동물에게도 유정성이 있다면 그것을 먹는 것은 문제가 되지 않을까?

　피터 싱어는 무척추동물도 고통을 느낀다는 점에서 완전채식을 권했다. 하지만 그처럼 고통의 여부만을 척도로 삼아 모든 생명체에 대해 같은 태도를 적용하는 방식에 대해서는 논란이 많다. 그것이 가장 극단적인 완전채식을 권장하기 때문이기도 하지만, 고통의 여부라는 단 하나의 명제로만 동물의 권리를 해명하기는 힘들다고 보기 때문이다. 사실 유정성은 단지 고통을 느끼는 능력뿐 아니라 복합감정과 정서, 공감의 능력까지로 확장해서 바라볼 필요가 있다. 동물의 경우에는 그저 고통에 반응하는 것만이 아니라 희로애락을 느끼며 인간과 교감한다는 점에 주목해야 할 것이다. 예를 들어 인간과 교감하면서 2만 년 동안 공생 진화한 개들은 고통을 느낄 뿐 아니라 다채로운 감정을 표현하고 교감할 줄 안다.

한편, 동물도 고통을 느낀다면 그것을 최소화하는 것이 생명윤리적으로 좋을 것이라는 점은 매우 설득력 있게 다가온다. 미국 학생들을 대상으로 한 어느 연구조사에서 '가장 어려운 일에 처했을 때 누구와 먼저 대화하느냐?'는 질문에 많은 학생들이 '반려동물과 먼저 얘기할 것'이라고 답했다. 오늘날 사람들에게 반려동물과의 관계는 그만큼 중요하고 막역하다. 만약 개와 고양이에 관한 생각을 공장식 축사에서 사육되는 동물들에게까지 확장한다면 어떨까? 동물해방을 옹호하는 사람들은 농장동물을 먹는 것 역시 자신의 반려동물을 먹는 것과 크게 다르지 않다고 주장한다.

《 동물의 이익도 동등하게 》

공리주의자인 제러미 벤담에 대해 이야기하자면 떠오르는 것이 네 가지 있다. 먼저 '최대 다수 최대 행복'이라는 슬로건이 그것이다. 이는 다수의 행복과 쾌락을 중시하는 반면 소수에 대한 고려가 없다는 점에서 권력을 가진 소수에 의한 다수의 지배로 논리가 전도되는 역현상을 일으킬 수 있다. 두 번째는 그가 다수의 안녕과 행복을 위해 설계한 판옵티콘이다. 이 원형감옥 설계는 푸코에 영향을 주어 《감시와 처벌》이라는 규율권력의 작동방식에 대한 탐구로 나아가게 했다. 세 번째로, 그가 동기를 중시하는 칸트주의에 비해 동기보다 결과를 중시하는 공리주의를 따랐다는 점이다. 마지막으로 동물도 고통을 느낄 수 있다는 관점이다. 피터 싱어는 특히 이 마지막 부분에 주목했다. 그래서 '공리주의를 극한까지 밀어붙인다면 어떻게 될까' 하는 구상이 떠올랐을지도 모른다.

그러면 제러미 벤담은 동물을 어떻게 생각했을까? 제러미 벤담은 인간과 마찬가지로 동물의 이익도 동등하게 고려되어야 한다는 점을 밝혔다. 그리고 이것이 피터 싱어의 중요한 원칙인 '이익 동등 고려의 원칙'으로 계승된다. 즉, 동물의 고통을 최소화하고 줄이려는 이유는 동물도 인간과 똑같이 고통을 느끼는 능력이 있기 때문이라는 것이다.

> 폭군이 아니라면 그 누구에게도 빼앗기지 않을 권리를 인간 아닌 동물이 획득하게 될 날이 올지도 모른다. … 설령 다리의 숫자, 피부에 융모가 있는지의 여부, 또는 천골의 끝모습 등에서 차이가 있나 하더라도 그런 차이가 감각을 느낄 수 있는 존재의 고통을 방관하는 이유가 될 수 없음을 깨닫게 될 날이 올지도 모른다. … 문제는 그들에게 이성적으로 사고할 능력이 있는가, 또는 대화를 나눌 능력이 있는가가 아니다. 문제는 그들이 고통을 느낄 수 있는가이다.(피터 싱어, 《동물해방》, 45쪽 재인용, 인간사랑, 1999)

이 원칙은 인간이 동물에게 위해를 가하고 고통을 입히는 것에 대해 도덕적으로 용납할 수 없다는 윤리적 명제로 나타난다. 예를 들어 2011년에 광화문 세종로 공사부지에서 일어났던 개 학대 사건을 보자. 공사장에서 두 남자는 개가 시끄럽고 말썽을 피운다는 이유로 40분간 2킬로그램 무게의 돌을 수 십 개 던져 개를 죽이려고 했다. 소망이라는 이름의 이 개는 두개골이 손상되고 우측 안구가 돌출되는 중상을 입었지만 기적적으로 살아났다. 두 남자는 동물보호법 위반으로 처벌받았다. 동물이 인간과 다르게 생겼다고 해서 함부로 죽이거나 학대하는 행위에 정당성이 있는 것은 결코 아니다. 피터 싱어는 이를 명백한 '종차별주의'라고 설명한다.

동물학대가 대부분 동물과 인간의 차이로 인해 발생하는 차별 행위일 것이라는 생각과 달리, 인간과 동물이 생물학적으로나 유전적으로 비슷하다는 전제 하에 차별이 일어나는 경우도 있다. 바로 동물실험이다. 영국의 임상시험 대행 전문기관인 헌팅턴 라이트 사이언스에 근무하는 한 과학자는 인간과 동물의 독성 반응 편차가 5~25%나 되기 때문에 실제로 동물을 대상으로 한 독성실험에서 유의미한 결과를 낳을 수 없다고 고백했다. 그럼에도 마치 인간과 동물이 동등한 생물학적 기반을 따르는 것처럼 여겨 동물실험을 계속하고 있다. 인간과 동물의 유전적 형질이 달라서 동물실험으로 잘못된 결과를 얻을 수 있다는 것은 '탈리도마이드의 비극'*에서도 잘 드러난다. 렌츠** 박사는 실험을 통해 대상동물에게는 이상이 없던 이 약품이 1만여 명의 신생아에게 심각한 기형을 일으킨 원인이 되었다고 고발했다. 이런 상황을 볼 때 인간과 동물 사이에는 '종간 차별'과 함께 '종간 차이'의 영역도 분명히 존재한다는 것을 알 수 있다. 하

---

* 탈리도마이드는 1957년 독일에서 개발된 입덧개선제로, 동물실험을 통해 안전하다고 홍보되었지만 1만 명의 기형아이를 발생시켰다. 동물실험에서는 이상이 없었지만 인간에게는 이상이 발생한 대표적인 사례로 보고되고 있다.

** 비디쿤트 렌츠는 독일의 소아과 의사이며, 탈리도마이드와 선천적 기형 간의 상관관계를 고발한 인물이다.

지만 피터 싱어가 문제 삼은 것은 이 부분이 아니라 동물실험 자체가 갖고 있는 잔혹성이다. 피터 싱어는 실험동물을 바라보는 측면에서도 동물이 인간처럼 고통을 느끼는 존재라는 '이익 동등 고려'의 관점에만 머물러 있다.

물론 동물실험은 윤리적으로 잔혹하다. 예를 들어 반수치사실험은 대상 동물의 절반이 죽음에 이를 때까지 독성물질을 주입하는 실험이다. 이런 끔찍한 실험을 금지할 방법은 없을까? 이 지점에서 제도화된 공리주의가 등장한다. 동물실험에 적용되는 윤리기준인 3R이 그 예인데, 3R은 개체수를 줄이고reduction 고통을 경감하며refinement 대체 방법을 찾는다replacement는 뜻이다. 이미 많은 동물 실험실에서 3R을 채택하고 한국사회에도 적용되고 있다.

그러나 여기에도 문제가 있다. 3R이라는 제도화된 공리주의는 동물실험이 차악이지만 그래도 해야 한다는 입장인 반면, 피터 싱어의 공리주의는 동물실험을 전면금지해야 한다는 입장이다. 바로 이 지점에서 피터 싱어의 공리주의가 갖는 비제도적인 측면이 발견되며, 이는 아주 색다른 공리주의라고 평할 수 있다. 특히 요즘은 대안적 방법으로 무척추동물을 실험에 사용하는 경우가 많은데, 피터 싱어는 무척추동물 역시 기본적인 고통을 느낀다는 점에서 완전철폐를 주장한다. 그러나 일단은 척추동물보다는 무척추동물을 실험하는 방향으로 바꿔 나가면서 점차 완전폐지를 모색하는 것이 동물의 권리를 증진하는 데도 더 효과적인 과정이 아닐까 한다.

≪ 종차별, 성차별, 인종차별 ≫

동물실험에 대한 이야기를 조금 더 하자면, 전 세계에서 실험동물의 숫자는 약 1억 2천만 마리에 달하며, 한국의 경우 2010년 기준 150만 마리를 실험에 사용했다. 동물실험은 보통 의학적인 목적에서 이루어진다고 알려져 있지만 군수산업을 위한 탄환실험, 방사능실험, 폭발실험, 우주실험 등에도 동원된다. 이 과정에서 동물들이 엄청난 고통과 공포를 느끼게 되는 것은 두말할 나위가 없다. 인간과 동물 사이에 엄연히 존재하는 종간 차이에도 불구하고 동물실험은 늘 인간과 동물의 유전자적, 생물학적, 생체적 반응이 같다는 전제를 갖고 있다. 이에 대해 피터 싱어는 인간과 동물이 고통을 느낀다는 점에서는 같다고 말해버린다. 그래서 그의 논증은 오히려 동물실험을 긍정하는 공리주의로 빠질 위험이 있다고 말하는 사람도 있다.

동물복지 문제를 대함에 있어 종간 차이는 논외로 하고 종차별주의에 대해서만 주장한다면 그 논리의 극한에는 무엇이 올까? 그것은 인간과 동물, 반려동물과 농장동물, 고등동물과 하등동물, 척추동물과 무척추동물 등의 사이에 존재하는 많은 차이를 무시하고 그저 '고통을 느끼냐'의 여부로만 일반화하는 오류를 저지를 위험이 있다. 따라서 우리는 종차별주의에 반대하면서도 종간 차이에서 나타나는 윤리성을 규명할 필요가 있다.

피터 싱어는 《동물해방》의 서문에서 19세기 중반에 살았던 호사가들의 말을 언급하는데, 여성과 흑인이 권리를 갖는 것이 어떻게 가능하냐는 질문이 그것이다. 그 시대에 여성과 흑인은 최소한의 인권도 보장받지 못한 무권리한 존재들이었기 때문이다. 전 세계적으로 여성의 참정권이 인정된 것도 겨우 100년을 넘었을 뿐이다. 과거에 노예로 팔려왔던 사람들의 후예인 흑인을 같은 권리가 있는 인간으로 받아들이는 관점 역시 그와 비슷한 시기에 구체화되었다. 피터 싱어는 과거 여성해방과 흑인해방이 점차적으로 이루어진 것처럼 앞으로 동물해방도 그런 방식으로 이루어져야 한다고 주장한다. 그가 말하는 동물해방이란 성차별, 인종차별과 같이 인간과 동물 사이에 존재하는 종차별주의를 극복하고, 동물을 인간과 동등한 존재로 봄으로써 삶에 대한 기본권을 인정하는 단계를 의미한다. 그리고 이것은 우리가 일상적으로 동물을 도구로 이용하는 모든 행위의 정당성에 대해 문제제기를 한다.

동물해방운동은 동물의 권리를 지켜주기 위해서 인간이라는 대리자들의 행동과 실천을 필요로 한다. 억압받는 동물이 직접 행동에 나설 수는 없기 때문이다. 그런 점에서 '동물해방 운동가'라는 동물 대리인의 행동과 실천이 무척 중요한데, 이들은 종종 모피 반대, 동물실험 화장품 반대, 공장식 축산업 반대 등의 슬로건을 걸고 거리에 나서 대대적인 캠페인을 벌인다. 2012년 미국의 한 동물실험실은 실험동물인 유인원을 자연에 풀어주기로 결정했다. 실험실 문을 열고 나온 침팬지가 자연을 처음으로 접하면서 느낀 기쁨이 당시 촬영된 영상자료에 잘 담겨 있다. 피터 싱어는 실험동물들 중에서도 특히 유인원의 권리를 먼저 찾아주자며 운동을 시작했다. 그의 저서 《유인원 계획》은 출간된 1990년 초부터 세간의 논쟁거리가 되었는데, 인간의 지능이나 감성과 가장 가까운 유인원부터 동물실험이나 학대로부터 해방시키자는 것은 당연한 순서였다.

한편 일부 과격한 동물보호 운동가들은 잔혹한 동물실험을 자행하고 있는 기업과 실험실에 대해 폭탄 설치 등의 테러를 저지르기도 했다. 피터 싱어는 인간의 생명권 역시 존중할 의무가 있다는 점을 들어 그런 행동에 반대했으며, 그런 과격함이 동물해방운동에 하등 도움이 되지 않는다고 말했다. 사실 동물을 도구화하는 인간의 문명이 일대 전환을 이루기 위해서는 동물을 우리와 동등한 존재로 인정해줄 만큼 영성적으로 성숙한 사회가 먼저 만들어져야 한다. 피터 싱어는 동물의 고통에 대해 귀 기울이고 공감한다면 생활 속에서 채식을 실천하고, 동물실험을 하지 않은 약품이나 제품을 골라 쓰고, 모피 옷을 입지 않는 등 직접적인 실천을 해나가자고 제안한다. 만약 이런 생활습관이 동물에게 이롭다면 인간에게도 이로울 가능성이 매우 높다. 왜냐하면 인간과 동물은 지구의 아이들로 오랫동안 함께 교감하며 살아왔기 때문이다.

《 채식 외에 다른 대안은 없을까? 》

피터 싱어는 《동물해방》이라는 책에서 동물의 권리를 지켜주기 위한 대안으로 채식주의를 언급했다. 채식에는 여러 유형이 있는데 완전채식인 비건vegan, 우유를 먹는 오보ovo, 달걀을 먹는 락토lacto, 우유와 달걀을 모두 먹는 락토오보lacto-ovo, 생선까지 먹는 페스코pesco 등이다. 이는 채식의 발전 단계라기보다는 개인의 취향에 따라 선택할 수 있는 종류라고 보면 된다. 그런데 피터 싱어는 그중에서도 가장 어렵다는 완전채식(비건)을 통해 동물의 권리를 지키자고 제안한다. 사실은 우유와 달걀, 생선도 공장식 축산업의 그늘에서 완전히 벗어난 식재료는 아니기 때문이다. 인간의 먹거리 문제와 관련해 동물의 고통을 최소화하는 가장 좋은 방법은 공장식 축산업과 완전히 결연하고, 적어도 고통을 느끼지 않는다고 생각되는 채소만 먹는 것이다. 실제로 《동물해방》을 읽고 나서 채식을 선택했다는 사람이 많을 정도로, 피터 싱어는 채식이라는 대안을 윤리적인 측면으로 아주 잘 설득하고 있다.

그러면 채식 외에 다른 대안은 없을까? 차선으로 제시된 것은 바로 동물복지 원칙을 지킨 육류를 소비하는 방법이다. '제 값을 주고, 가끔, 조금씩, 제대로 알고' 육류를 소비하는 습관이 바로 그것이다. 동물복지 기준을 지켜서 생산된 축산물은 대부분 가격이 비싸기 때문에 저소득층이나 빈곤층이 실천하기는 어렵다는 문제가 있다. 그러나 아주 가끔, 조금씩 먹는 습관을 들인다면 그리 비싼 것도 아니다. 피터 싱어는 《죽음의 밥상》(산책자, 2008)이라는 책에서 완전채식을 하는 사람과 육식을 하는 사람, 동물복지 원칙을 지킨 육류만 조금씩 소비하는 사람, 이렇게 세 경우를 예로 들어 음식물의 미시적인 경로를 추적하면서 먹거리문화를 다룬다. 한편, 좀 더 확실하게 윤리적 소비를 실천하는 사람들은 동물복지 축산물을 소비하는 것에 대해 그저 스스로 '웰빙'하는 노력에 불과할 뿐이라고 평가절하하기도 한다.

> 자신의 먹거리 선택 행위를 정치 행위의 하나로 여기는 사람들이 늘고 있다. 이 책에서 우리가 인터뷰한 어느 '양심적 소비자'는 이렇게 말한다. "나는 돈을 냄으로써 투표를 합니다. 세상을 해치는 인간들이 더 부유해지지 않도록 하는 거죠.(피터 싱어, 《죽음의 밥상》, 18쪽, 산책자, 2008)

동물복지 축산물은 대개 무항생제 축산, 유기 축산, 친환경 축산, 동물복지 축산 등의 종류가 있다. 그리고 이런 축산물을 생산하는 동물복지 농장은 공장식 축산 시설과 비교해 가축들이 제법 윤리적으로 살 수 있는 공간과 환경, 시설, 배치를 갖고 있다는 것이 특징이다.

동물권 운동도 크게 세 갈래로 나뉜다. 첫째는 완전채식을 주장하는 공리주의 계열로 피터 싱어의 '동물해방'으로 대표되는 입장, 둘째는 피터 싱어와 마찬가지로 완전채식을 주장하며 생명을 도구적 가치로 보지 않고 삶을 살고자 하는 내재적 가치로 인식해 의식 있는 존재로 봐야 한다는 동물권리론자 톰 리건Tom Regan의 입장, 그리고 또 한편으로는 점진주의, 제도주의, 공리주의를 채택하는 동물복지의 입장이 있다. 피터 싱어는 공리주의 좌파라는 측면에서 동물복지 진영과 좌우 날개를 형성하지만 경우에 따라 동물복지론자로도 분류된다. 그중 어떤 생각이 더 옳다고는 말하지 않겠다. 다만 우리가 동물복지와 권리에 대해 외면하지 않고 고통받는 생명과의 공생공존을 추구한다면, 우리의 삶은 곧 피터 싱어의 생각과 통할 것이라는 생각이 든다.

살다가 가끔 아주 가까이에 있는 생명들의 숨소리에 귀 기울여보라. 어쩌면 지구의 아이들이 공통으로 갖고 있는 화음이 그 속에도 숨어 있을지 모른다.

성형수술
카프카

《 외모 레벨 지수가 올라갔습니다 》

"아이고, 우리 셋째 사위 왔구먼! 어여 와. 밥 아직 안 먹었지?"

K씨가 처갓집에 간 날이다. 장모님은 온갖 산해진미를 차려놓고 K씨 부부를 맞아주었다. 그런데 K씨는 처갓집에 올 때마다 늘 궁금해지는 것이 하나 있다. 아내에게는 미안해서 한 번도 물어본 적이 없지만, 어떻게 장모님에게서 아내와 같은 딸이 나왔을까 의문이다. 요리 솜씨는 후천적으로 계발된다 치더라도 여성스러운 성격이나 나이를 의심케 하는 미모 등, 장모님이 가진 장점 중 단 1%도 물려받지 못한 딸이 있다는 것이 실로 미스터리하고, 하필이면 그 딸이 바로 아내라는 점이 개탄스러울 뿐이다.

아내의 자매들을 만나면 의문은 더욱 커진다. 아내는 사녀일남의 딸부

잣집 셋째 딸이다. 그녀의 두 언니와 여동생은 장모님을 그대로 빼다 박아서인지 큰 눈에 진한 쌍꺼풀, 얼굴 윤곽을 뚜렷하게 살려주는 높은 콧대, 갸름한 얼굴형의 현대적인 미인들이고, 셋 다 복사기로 찍어낸 듯 꼭 닮았다. 하지만 아내는, 물론 미의 기준에 따라 다르게 얘기할 수도 있겠지만, 툭 까놓고 말해서 미인이라고 하기는 어려운 외모다. 일단 쌍꺼풀 없이 두툼한 눈두덩에 축 처진 눈매, 튀어나온 이마, 두꺼운 뿔테 안경이 하루에도 수십 번씩 미끄러져 내려오는 낮은 콧대, 몽골인종임을 드러내는 뭉툭한 콧망울 등, 자매들과는 정말 딴판인 외모다. 셋째 딸은 얼굴도 안 보고 데려간다는 옛말이 무색할 지경이다. 그렇다고 해서 아내가 장인어른을 닮은 것 같지도 않다. 혹시 그녀에게 말 못할 출생의 비밀 같은 게 숨어 있는 것은 아닐까?

K씨의 상상력이 흘러 흘러서 막다른 곳까지 다다랐을 때, 거실장 구석에 진열된 작은 액자들이 눈에 들어왔다. 긴 생머리에 학사모를 쓴 앳된 얼굴의 아내가 거기서 웃고 있었다. 화장기도 살짝 있는 것이 꽤 귀염성 있어 보였다. 그 옆 액자로 천천히 눈길을 돌렸다. 거기에도 또 한 명의 아내가 학사모를 쓰고 단발머리를 한 채 웃고 있었다. 그 옆에도, 그 옆에도 그녀였다. 이게 무슨 일이지? 아내의 대학 졸업사진이 왜 이렇게 많은가 싶었는데 자세히 보니 조금씩 다른 버전이었다. 표정이나 헤어스타일에서 세월의 차이가 미묘하게 느껴졌다. 가만 보니 숏커트에 안경을 쓰고 화장기 없이 고집스럽게 입을 다문 채 카메라를 노려보는 가운데 사진 속 주인공만이 진짜 아내라는 것을 알 수 있었다.

그렇다면 이 많은 도플갱어들은 다 누구란 말인가? 당황한 K씨가 액자를 집어 들려고 손을 뻗다가 액자 한 귀퉁이를 건드렸고 그 바람에 액자

다섯 개가 도미노처럼 넘어져버렸다. 와장창! 주방에서 장모님을 돕던 아내가 쪼르르 달려왔다.

"옴마야, 이 사람이 처갓집 살림을 다 깨먹고 있네. 어, 이게 뭐래? 아하하하. 이 액자 깨졌네! 당신 우리 자매님들한테 영웅대접 받겠군. 울 엄마가 끝까지 버리지 않고 있던 딸내미들 흑역사의 마지막 증거를 싸그리 인멸해주셨으니 말이야. 조카들이 외갓집에 와서 제 엄마 성형 전 사진 알아볼까 무섭다고 늘 투덜댔었거든. 당신 오늘 한 건 했네!"

결국 액자들은 유리 파편과 함께 쓰레기통으로 들어갔고, 문제의 학사모 사진들만 가족 앨범 속에 고이 모셔졌다. 장모님은 못내 아쉬운 표정이었지만 사위에게 모진소리를 하지는 않으셨다.

"맨 처음에 둘째 언니가 첫 월급 받고 수술했었나? 그 뒤 상태가 확 좋아진 걸 보더니 큰언니랑 동생까지 앞 다퉈 하더라고. 나? 난 뭐… 사실 우리 자매들이 외모에 신경을 많이 쓰는 편인데 나만 좀 별종이었지. 지금도 언니들이 내 얼굴 볼 때마다 막 경기를 해. 과거로 돌아가서 거울 보는 것 같다면서…. 사실 그녀들 흑역사의 마지막 증거는 바로 나지. 살아 있는 명백한 증거! 냐하하."

얘기를 듣고 보니 아내가 어쩐지 '화석인간' 같아 보여서 K씨는 마음이 조금 짠해졌다.

"처형들이나 처제 보면 어때? 예쁘잖아. 당신만 성형수술 안 한 거 후회되지 않아? 지금이라도 내가 시켜줄까?"

아내는 전혀 고려한 적 없다는 듯 콧방귀를 뀌었다.

"쳇, 그럴 돈 있으면 우리집 냉장고를 바꾸겠다. 물론 예쁘긴 하지. 근데 개성이 없잖아. 난 예쁜 것보다 개성 있는 사람이 좋더라. 우리 자매들

성형외과에서 찍어낸 마론인형들처럼 생겼잖아. 하기야 우리 자매들의 원산지인 엄마마저도 성형외과에서 찍어낸 미인이니까. 하하하."

"장모님도…?"

하긴 따님들의 외모 변천사를 보건데 충분히 짐작하고도 남음이 있었다. 아내는 뭐가 그리 재밌는지 계속 키득거렸다.

"그런데 정말 재밌는 건 있잖아. 다들 성형외과도 다르고 수술한 시기도 다 다른데 꼭 빼닮은 가족이 다시 형성되더라는 거야. 물론 원판이 비슷하니까 그렇겠지만, 일반적으로 인정하는 예쁜 얼굴에 맞춰 수술하다 보니까 다들 비슷비슷한 얼굴이 되어가는 거야. 강남에서는 길 가다 보면 아까 봤던 사람이 또 지나가고 또 지나가고 한다잖아. 남보다 예뻐지려고 수술하는 건데 결국은 남들이랑 똑같은 표준형 얼굴이 되어가는 거지."

그러고 보니 요즘엔 남자들도 취업 준비용으로 성형을 많이 한다는 뉴스를 본 기억이 났다. 어떤 성형외과에는 '취준생' 표준 셈플까지 있어서 기업에서 선호하는 스타일에 맞춰 너무 튀지 않고 호감 가는 인상을 권한다는 내용이었다. 매부리코는 범죄자형 마스크이고, 찢어진 눈은 너무 독해 보이고, 처진 눈은 소심해 보이고, 쌍꺼풀 없이 눈두덩이 두꺼운 눈은 졸리거나 의욕이 없어 보이기 때문에 최종면접에서 외면받을 수 있다는 것이다. 만약 성형수술을 하지 않은 자연산 외모가 그런 식으로 불이익을 받는다면 미래에는 모두가 성형수술을 할 수밖에 없는 사회가 될지도 모른다. 이런 상상을 하다 보니 수술하지 않은 아내의 얼굴이 정말 정겹게 느껴졌다.

《 낯설게 바라보기 》

카프카Franz Kafka는 1883년 오스트리아-헝가리 제국령인 프라하에서 유태인으로 태어났다. 어린 시절 프라하에 있는 독일어 학교를 다녀 이중 언어를 사용한 점이 그를 소수문학으로 이끈 이유 중 하나였다. 그는 파시즘 사회가 태동하기 시작한 유럽사회에서 질식할 것 같은 관료주의를 체감하고 그 주변부에 자신이 고독, 부조리, 소외된 인물로 존재하고 있다는 것을 문학작품을 통해 표현했다. 유태인이면서 이중 언어 사용자라는 소수성이 그의 문학 집필에 실존적인 동기로 작동한 것 같다. 그의 유명한 저작《성》과《변신》등에서 주인공들은 늘 고독하고 주변을 떠돌면서 탐색하는 인물이다.

카프카가 그려낸 세계는 아주 낯설고 이질적인데, 그 이유는 주류와 다수자의 시선으로 세상을 통속적이고 뻔하게 보는 것이 아니라 주변인과 소수자의 시선으로 색다르게 재구성해내기 때문이다. 카프카 작품 속의 유럽사회는 속인Das Man으로 가득 차 있으며, 안전하고 평화로운 삶으로 이루어진 듯 보이지만 사실은 욕망을 억압하고 소수자를 배제하는 관료주의적인 모습으로 그로테스크하게 그려진다. 마치 이방인이나 떠돌이, 은둔자가 세계를 바라보는 시선이 이중 언어 사용자이며 유태인인 카프카를 통해 재구성된 듯하다. 세상을 낯설게 들여다보는 색다른 시선은 카프카 문학의 원천이기도 하다.

카프카의 소수문학은 '세상은 늘 뻔하고 저절로 움직인다'는 식의 무덤덤한 자세가 아니라 세상에 숨겨진 비밀을 캐내듯, 주변부와 소수성의 욕망이 억압된 모든 관료적인 체계에 대해 기괴하게 묘사하는 것이었다.

프랑스 철학자인 질 들뢰즈와 펠릭스 가타리는 카프카의 소수문학이 가진 가능성과 잠재력을 《소수집단의 문학을 위하여》문학과지성사, 1997라는 공동저작을 통해 타진하기도 했다.

관료화 사회를 그려내는 카프카의 시선은 마치 주변 지형지물을 살펴 지도를 그리는 것과 비슷하다. 여기서 한번 생각해보자. 관료화의 상징인 성城을 알기 위해 우리가 취할 수 있는 방법은 두 가지다. 하나는 성 안으로 들어가서 본질을 파악하는 본질주의적인 방법이고, 두 번째는 성의 주변 상황, 즉 인물과 지형지물 등을 살펴서 성에 대해 알아가는 것이다. 사실 성의 주인이거나 성 안에 들어갈 권한이 있는 사람이라면 첫 번째 방법을 쓰겠지만, 성에 들어갈 권한이 없는 소수자라면 그 주변을 지도 그리듯 살펴보는 방법밖에 없다. 바로 후자의 경우가 카프카의 문학적 시선이라고 할 수 있다.

> (…) K는 말을 끄집어냈다. "그 점은 아직 확실치 않소. 먼저 내가 할 일이 뭔지 알아봐야 하지 않겠습니까?(…) 무엇보다도 성 같은 곳에서의 생활은 내 성미에 맞질 않아요. 나는 어디에서건 자유인으로 지내고 싶은 사람이라오.""선생님은 성을 잘 모르시군요." 주인은 나지막한 목소리로 말했다.
> (프란츠 카프카, 《성·변신》 중 〈성〉, 17쪽, 오늘, 1993)

여기서 사르트르의 '실존은 본질에 앞선다'는 명제를 떠올리는 사람이 있다면, 그는 역사적으로 실존주의 사상에 영향을 준 카프카의 면모를 이미 간파했다고 할 수 있다. 소수집단의 시선으로 세상을 보면 평범하거나 일상적으로 진리라고 여겨지던 것들의 또 다른 이면을 발견할 수 있는데,

카프카는 소수적인 존재들의 색다른 프리즘에 비춰진 그 이질적이고 낯선 세상을 문학을 통해 재창조해낸 것이다. 생태철학자인 가타리가 '이질 생성'에 주목한 이유도 그와 비슷할 것이다. 이질 생성이란 동질적이고 통속적인 것의 생산이 아니라, 낯설고 색다른 것끼리 마주쳐서 만들어내는 또 다른 색다름의 창조를 뜻한다.

카프카는 철저히 국지적이고 유한하며 가까이에 있는 현실과 접촉하며 살아온 지방 사람이었다. 그래서 그는 지방사회와 지방인의 시선이라는 소수성마저 갖고 있다. 그가 문학을 처음 접한 것도 어느 대가의 수업을 들었다거나 문학작품을 읽고 나서 그 비평을 섭렵하는 등의 방식이 아니었다. 그는 당대의 유명한 문인들과 전혀 교류하지 않았고, 주로 친구들로 이루어진 작은 공동체 안에서 지적 여정을 펼쳤다.

사실 그가 문학작품을 쓴 이유 중 하나가 '친구들을 기쁘게 해주기 위해서'라는 말이 있을 정도로, 그는 가장 가까이에 있는 친구들과의 교류를 소수문학의 원동력으로 삼고 있었다. 이런 점은 네덜란드 헤이그의 시골 마을에서 안경알을 깎으며 친구들과 작은 공동체를 만들었던 스피노자와 유사하다. 카프카는 41세였던 1924년 결핵으로 요절하기 전에 친구들에게 자신의 작품을 모조리 태워달라고 요청했지만, 그가 죽자 친구들은 그것을 책으로 만들어 일반에 보급했다. 사실 카프카의 책이 대중의 손에 도달할 수 있었던 큰 이유 중 하나는 그의 친구들이 그것을 재미있게 읽고 아꼈기 때문이다. 그리고 사후 그의 문학작품은 유럽인들에게 색다른 사유의 지평을 열어주었다.

≪ 한낱 부품이 된 사람들 ≫

카프카는 14년간 프라하의 보헤미아왕국 노동자재해보험협회*에서 근무했는데, 이는 관료제의 심장부에서 그 비밀을 파헤치고 싶다는 욕망을 느낄 법한 경험이었다. 당대의 관료제는 사실은 합리화된 민주주의 방법론으로 채택된 제도였다. 유럽사회에서 신분, 계급 등의 봉건적 제도를 철폐시킨 원동력 중 하나가 관료제였다는 점은 역설적으로 다가온다. 그러나 결과적으로 관료제는 더욱 복잡한 지층으로 서열화된 신분과 계급 질서를 만들고 만다. 여기에 관료제의 역설이 있다. 카프카는 마치 악성 바이러스처럼 관료제 내부에 침투해 소수자의 시선으로 그 세계를 묘사한다. 관료제로 재편된 유럽사회에서는 가족생활마저 그 시스템을 작동시키는 부품으로 작동했다. 카프카는 그가 아주 사랑한 약혼자 펠리체와 5년간 교제하며 약혼과 파혼을 3회나 반복했는데 그 이유는 가족주의와 연애, 성性 문제로까지 침범해 들어온 관료제에 회의를 느꼈기 때문이다. 그는 어쩌면 가족주의로 향하는 에로스의 본능을 펠리체에게서 발견했는지도 모른다.

당대의 유럽사회는 질식하리만치 경건한 합리주의와, 관료제로부터 유래된 권위주의와 가부장제가 시스템으로 동시 작동하던 사회였다. 사람들의 욕망은 극도로 억제되고 소수성과 주변성은 철저히 관리를 받던

---

* 1908년 보헤미아왕국 노동자재해보험협회 직원이라는 카프카의 이력은 어찌 보면 굉장히 단조롭고 딱딱한 인상을 준다. 그러나 직장에서 카프카는 성실한 직원으로 인정받았으며, 182cm의 건장한 키와 경쾌한 몸놀림으로 다양한 스포츠를 섭렵했다고 한다. (《서울신문》 2010년 2월 28일자 〈카프카의 삶〉 참조)

사회 형태였다. 어떤 사람은 '복지와 안전, 권위를 바탕으로 관리되는 관료제가 왜 나쁜가?'라고 반문한다. 그러나 잘 조직된 관료사회는 똑같은 유형의 인간을 주조해내고 그런 사람들이 사회 안에서 건전지 같은 부품처럼 작동하도록 유도한다. 만약 자유와 자율 같은 것을 주장하는 사람이 있다면 관료제의 정반대 편에 서는 것으로 간주될 것이다.

특히 욕망과 소수성의 시각에서 볼 때 관료제는 가장 강력한 적이다. 예를 들어 장애인들이 시설을 벗어나 그룹 홈Group Home과 같은 형태의 독립된 삶으로 자율성을 얻기를 그토록 바라는 것은, 관료제에 의해 관리되지 않고자 하는 인간의 욕망을 잘 보여준다. 더욱이 당대의 유럽사회를 지배한 합리주의와 관료주의는 파시즘을 배태한 시스템이었다고 말할 수 있다.

권위주의와 가부장제의 억압이 강화되어 소수자와 민중의 욕망이 굴절되면 오히려 '억압을 욕망하는 마조히즘'으로 전도될 수 있다. 카프카의 누이와 가족들이 나치 수용소 가스실에서 생을 마쳤다는 기록이 있는 것을 보면, 카프카는 문학을 통해 파시즘의 전야였던 유럽사회의 모습을 조명하려 했던 것 같다.

관료제의 가장 큰 문제점은 '자신이 무엇을 하는지 모르면서 하게 되는 것'이다. 즉, 시스템이 잘 구축되어 있기 때문에 사람들은 기계부품처럼 자동화되어 움직인다. 관료주의에 물든 대중은 자신이 그것을 선택한 이유도 모른 채 주어지는 일 자체를 '빨리, 효율적으로' 수행하는 데만 급급하게 된다. 카프카가 관료제의 핵심이 무엇인지 탐색하는 과정을 문학 작품으로 남겼던 이유도 그 때문이다. 관료제 시스템은 효율적이고 수직적이며 위계적으로 작동하면서도 그 이유와 근거가 되는 생활세계와는 괴리된다. 바로 이런 점에서 독일 철학자 위르겐 하버마스Jurgen Habermas가 '생활세계의 식민화'라는 명제를 유럽사회에 제출했는지도 모른다. 카프카는 프라하의 보헤미아왕국 노동자재해보험협회에서 자신이 처리하는 서류들이 누구로부터 왔는지, 또 누구에게 가는지를 알지 못한 채 행정 처리만 해야 하는 부조리한 상황에 직면한다. 그리고 '왜 이것을 해야 하지?'라는 의문도 허락되지 않는 규칙적인 일과 속에서 '관료제의 심장부에는 과연 무엇이 있을까'라는 의문을 품으며 그 주위를 서성이고 배회한다.

관료제사회에서 소수자는 관리의 대상이며 행정서류의 한 귀퉁이에 도장이나 찍으면 그만인 존재들이다. 관료제가 소수집단과 소수성에 무척 적대적인 이유는 그 자체로 자율성의 정반대인 자동성의 영역에 있기 때문이다. 물론 소수자가 자동적인 시스템 내부로 들어와서 아무 생각 없이 살아간다면 큰 문제는 생기지 않겠지만, 만약 그 외부를 보려 하거나 스스로 무언가를 선택하려 든다면 당장 배척의 대상이 된다. 특히 소수자의 욕망이나 자율성을 위한 실천, 소수집단의 문학활동 등은 관료제가 철저히 주변부로 배치하고 가능하면 배제하려는 영역이다. 카프카는 관료제가 소수자의 욕망을 포획하고 관리하려는 이유가 무엇인지를 탐색했으며 그 방법으로 '낯설게 보기'를 수행한다. 그래서 마치 성 주변의 지형지물로 지도 그리기를 시도하는 사람처럼 관료제사회의 주변을 배회하고, 때로는 그 속에 침투한 악성바이러스와 같은 모습을 보이는 것이다.

《 어느 날 아침, 벌레가 되었네 》

카프카의 소설 중 《변신》은 관료제의 일부로서 노동을 담당하는 기능 연관이 고장 났을 때 어떤 결과가 초래하는지를 잘 보여준다. 소설 속에서 흉측한 벌레로 변한 주인공 그레고르는 관료제 사회에서 벌레만도 못한 취급을 받는 해고자, 실직자, 퇴직자, 질병이 있는 사람 등을 은유한다. 카프카 특유의 문학적 상상력이 만들어낸 독특한 캐릭터인 것이다. 영업직 사원인 주인공은 출근하지 않고 늦잠을 잔 어느 날 벌레로 변해 있는 자신을 발견한다.

> 어느 날 아침, 뒤숭숭한 꿈자리에서 깨어난 그레고리는 자신이 침대 속에서 한 마리의 흉측한 벌레로 변해 있는 것을 알게 되었다. 그는 갑옷처럼 딱딱한 등을 밑으로 하고 위를 쳐다보며 벌렁 누워 있었다. (…) 여러 개의 다리가 힘없이 그의 눈앞에서 불안스럽게 꿈틀거리고 있었는데, 커다란 몸체에 비해 다리는 어이없을 만큼 가늘었다.(프란츠 카프카,《성·변신》중〈성〉, 417쪽, 오늘, 1993)

그 후로 주인공을 중심으로 한 가족과 인물들의 태도가 바뀌어 그는 완전히 벌레만도 못한 취급을 받기 시작한다. 소설의 내용은 매우 기괴하지만 사실은 우리 주위에서 종종 벌어지는 일을 우화적으로 표현했을 뿐이다.

현대사회의 노동자와 시민들에게는 꼬리에 꼬리를 물고 이어지는 악몽 같은 걱정거리가 있다. '내가 취업이 안 된다면' 혹은 '내가 어딘가 아프기 시작한다면' 또는 '내가 갑자기 우울해진다면' 하는 걱정들이다. 그리고 그 생각이 현실이 된다면 실제로 《변신》의 주인공 그레고르와 유사한 경험을 하게 될 확률이 무척 높다. 즉, 현대사회에서 자동적인 기능연관의 일부로 쓰이던 역할을 잃어버리면 그때까지 그를 둘러싸고 있던 모든 인간관계가 완전히 다른 태도로 바뀔 가능성이 크다. 이럴 때 가족이 지지대가 되어주면 좋겠지만 소설에서처럼 가족들이 오히려 기능 정지된 그를 구박하고 공격할지도 모른다.

이렇게 생각해보면 어떨까? 결국 건전지 하나까지 완전히 닳아서 기능이 정지되는 때가 반드시 찾아오는 것이 이 사회를 살아가는 사람들의 일반적인 결론이라고 말이다. 관료제를 움직이던 자동기계인 자신의 역할이 멈췄을 때 완전히 다른 반응에 직면해본 사람이라면 공감할지 모르겠다. 그런데 만약 가족이 관료제의 일부로 기능한다면 더욱 심각한 상황을 맞는다. 예를 들어 취업을 못해 집에서 책을 읽거니 게임을 하며 빈둥대는 젊은이들에게 가족은 어떤 의미일까? 그들의 가족 역시 벌레가 된 그레고르를 대하듯 하지 않으리라는 보장은 어디에도 없다. 왜냐하면 관료제의 일부로 작동하는 가족이라면 시스템 내부로 들어오지 못하는 소수성을 용납하지 않을 것이기 때문이다. 이런 측면에서 보면 관료제와 가족은 서로 맞물려 돌아가는 크고 작은 기계장치와 같으며, 우리 삶을 장악하고자 하는 관료제의 기획과 기능 속에 가족이 위치해 있는 듯하다. 카프카가 왜 사랑하는 연인과 세 번이나 약혼을 했으면서도 결국 결혼하지 못했는지를 이해함직하지 않은가?

관료화된 시스템의 일부가 된 가족제도는 기괴하기 짝이 없다. 최근의 삼포세대가 결혼도 연애도 육아도 포기하는 것은 대부분 경제적 이유에

서지만, 시스템 내부에서 획일적인 삶을 살아갈 수 있는 사람의 수가 아주 적다는 점도 그 배경이 된다. 젊은이들은 자동적인 시스템 내부로 들어가기 위해 공무원이나 정규직 같은 안정적인 일자리를 찾지만 그 문턱이 굉장히 높고 경쟁도 치열하다. 이런 상황에서 가족과 함께 있으면 더 작아지고 스스로 벌레만도 못한 존재처럼 느껴지기 때문에 일찍이 1인 가구로 독립하는 젊은이들이 점점 늘어가는 것은 아닐까?

자동장치들의 기능연관으로 이루어진 사회 시스템은 개인의 욕망과 자율성을 완전히 억압하고 소멸시킨다. 비록 이미지-영상을 향유하고 환상을 횡단하면서 자신이 직면한 상황을 망각하는 것이 어느 정도는 가능할지라도, 결국에는 현실을 대면하게 된다. 그래서 사람들이 선택하는 것이 바로 성형수술과 같은 변신이다. 특히 여성의 경우 외모 경쟁력이 있는 사람만이 대기업이나 정규직이라는 자동화된 시스템 내부로 들어갈 수 있다는 현실 인식이 팽배해서 성형 충동에 쉽게 빠진다. 그런데 이런 변신은, 사실은 카프카의 소설 속의 변신과 같은 상황을 맞이하지 않기 위한 변신이라는 점에서 역설적이다. 체제와 시스템이 요구하는 기준에 맞게 스스로를 바꿈으로써 관문에 진입하려는 필사의 노력인데, 그 과정에서 개성과 특이성은 철저히 배제되고 규격에 따라 빵을 찍어내듯 비슷비슷한 사람들이 만들어진다.

자본주의 사회의 관료화된 시스템은 병들고, 지치고, 고장 나고, 늙고, 뚱뚱한 소수성을 배제하려 한다. 이런 분위기에서 사람들은 자기관리를 철저히 하지 않으면 그레고르와 같은 상황에 직면할 것이라는 불안을 느끼게 되는데, 이는 사실 시스템의 혹독한 명령이 끊임없이 주입된 결과다. 그 반면에 소수자들은 결코 관료제의 내부로 들어가지 못하고 주변을 서성이다가 쫓겨나며 '을乙'로서만 존재한다. 소수자의 특이하고 이질적인 행동은 자동화된 시스템에서 잘 받아들여지지 않는다. 이런 상황에서 성형수술 같은 변신을 통해 스스로 자동화된 관료체제 내부의 틀에 맞춰 들어가려는 필사적인 행동이 이어지는데, 정말 덧없는 것은, 그럼에도 대부분 사람들이 그레고르가 직면한 또 다른 변신의 상황을 피할 수 없다는 점이다. 이러한 실존적인 상황을 삶의 일부로 수용하지 못한다면 우리는 결국 삶의 무거운 짐을 짊어지기 어려워질 것이다. 기억하자. 우리 안의 소수성을 수용할 때 관료제의 환상이 얼마나 덧없는 것인가를 비로소 깨닫게 된다. 그것이 바로 카프카가 소수문학을 통해 우리에게 던져주고자 한 의미일 것이다.

《 시스템이 빼앗은 것들 》

공동체에서 재미로 시작했던 실천도 의미를 띠면 바로 일이 되고, 일이 되면 결국 자동적인 시스템을 짜게 된다. 그러면 애초의 재미는 거의 사라지고 똑딱거리는 일과만이 남는다. 관료제는 모든 부분에서 놀이와 재미의 자율성을 배제하고 철저히 의미와 일의 자동성을 추구하는 체계이다. 사회집단이나 공동체에서 자율이 아닌 효율에 의해 회의나 토론을 조직할 때 자동주의가 뿌리를 내린다. 그것이 더욱 체계화되어 시스템을 갖추기 시작하면, 바로 카프카가 바라본 거대한 구축물과도 같은 관료제 형태가 된다. 관료제는 동질적인 체계를 만들어 그 외부나 주변에 있는 소수자와 같은 이질적인 것을 철저히 배제시킨다. 카프카가 헝가리어와 독일어를 함께 쓰는 이중 언어 사용자였다는 점, 그리고 양쪽 사회 어디에도 끼지 못하는 유태인이었다는 점 덕분에 우리는 소수자의 시선으로 관료제라는 거대한 구축물을 이해하게 되었다. 관료제를 문학적으로 탐색해낸 이 시도는 소수자의 문학과 예술이 어떤 방식으로 이루어져야 하는지에 대한 시사점을 던진다. 사회를 늘 보편적이고 뻔한 것으로 보는 본질주의적 태도가 아니라 자기 삶의 특이성과 소수성의 관점에서 세상을 재창조하는 자세를 가져야 한다는 것이다. 이러한 태도는 사물과 상황의 본질만 보려 하지 않고 사물과 상황의 곁에 서식하는 생각들을 탐색해가는 과정에서 완성될 수 있다.

《변신》외에도 카프카의 소설들에는 고독, 소외, 부조리와 같은 실존적인 상황에 처한 주인공들이 등장한다. 그들은 자동화된 사회에서 고장 나거나 병들거나 지친 현대인의 자화상이다. 반면에 소수자들에 의해 움직이는 '사회적 경제' 체제는 효율이 아닌 자율에 의해 조직된다는 점에서 관료제에 대한 대안을 꿈꾸게 한다. 사회가 매뉴얼과 제도, 시스템 등의 효율만을 너무 쫓으면 소수자들은 철저히 배제되고, 서열화와 위계화가 점점 더 강화되어 구성원들은 심장이 터질 것 같은 압박감에 시달리게 된다. 이런 현실에서 우리는 우리 안의 소수성에 입각해 사랑과 욕망의 자율적인 조직화가 가능하다는 점을 생각해야 한다. 관료제에 매혹되어 기괴한 에로스의 힘을 발산하며 소수자를 배제하고 차별했던 파시즘의 역사적인 등장을 되돌아볼 때, 소수자에 대한 억압과 배제가 역설적이게도 합리화된 관료제의 효율성 논리에서 출발했다는 것은 분명하다. 사회가 경건하고 합리화되어 순수한 기능연관에 의해 자동적으로 움직이는 구조가 될 때, 파시즘은 또 다시 소수자에 대한 증오와 폭력을 들고 등장할 것이다.

위와 같은 점을 고려할 때, 공동체와 사회집단이 가능하면 자율적인 행동을 추구하면 좋겠지만 자동적인 영역이 생기는 것을 피할 수는 없다. 그래서 자율적인 행동과 자동적인 행동을 서로 결합해 배치하는 미시정치, 생활정치가 필요하다. 한편에서는 성형수술을 통한 변신과 같이 다수성으로 향하는 영역이 존재하고, 또 다른 한편에서는 《변신》의 주인공 그레고르의 변신과 같이 소수성으로 향하는 영역이 동시에 존재하는 것이 변신의 이중성이다. 물론 두 가지 변신 모두 무죄이지만 그것이 자동적인 쪽으로 향하는가, 자율적인 쪽으로 향하는가를 살펴보는 것으로 가치평가를 할 수는 있을 것이다. 사회와 집단은 '자동(효율)'과 '자율(비효율)'의 이중 집게를 지닌 가재 유형으로부터 자유로울 수 없다. 그러나 자율주의를 기반으로 자동주의를 배치하려는 공동체의 힘이 존재한다면, 우리가 변신하고자 하는 욕망의 성격이 너무 통속화되지 않고 다채로워질 수 있을 것이다. 《변신》의 주인공 그레고르처럼 우리 안의 소수성과 접속한 사람들에게는 욕망의 자율성과 사랑의 공동체가 무척 필요하다. 그 두 가지가 바탕이 되어야 비로소 자신과 세계, 우주를 재창조하는 색다른 변신이 가능할 것이기 때문이다.

다이어트

들뢰즈와 가타리

《 내 몸의 진짜 욕망에 귀 기울이기 》

'오늘부터 다시 고난의 행군이구나!' 아침 식탁에 수북이 쌓인 야채와 해조류 더미를 보면서 K씨는 이맛살을 찌푸렸다. 아내가 또 다이어트를 시작한 모양이었다. 그녀는 1년 365일 중 다이어트를 하지 않는 날이 거의 없다. 사실은 제대로 한 날도 거의 없지만 말이다. 새벽 조깅을 하겠다고 나섰다가 지독한 감기에 걸려 앓아눕는다던가, 식이요법을 하겠다고 오트밀을 잔뜩 사서 쌓아두고는 3일 만에 물려서 못 먹고 포기해버린 일이 부지기수였다. 그렇게 '다이어트 대란'이 일어날 때마다 하나씩 사서 세워둔 운동기구들이 베란다에 가득하다. 작게는 요가 매트부터 조깅화, 줄넘기, 짐볼, 고정식 자전거, 그리고 밀었다 당기면 뱃살이 빠진다고 광고하는 이름 모를 기묘한 운동기구들까지 열심히 사들여서는 며칠 못 가

베란다로 밀려나는 수순을 되풀이했다. 그러다보면 자연스레 통장 잔고만 다이어트 효과를 톡톡히 보는 것이었다.

그 정도는 애교로 봐줄 만했다. 어차피 운동은 아내 혼자 하는 것이니 K씨는 옆에서 '이번엔 며칠이나 가나 보자' 하는 심정으로 지켜보기만 하면 됐다. 하지만 식이요법은 다르다. 자신의 의지와는 무관하게 옆에서 함께 다이어트식을 해야 한다는 점에서 그에게도 큰 곤욕이었다. 아내 따라 며칠간 생고구마로만 연명한 적도 있다. 그나마 다행인 것은 이런 시도가 결코 3일을 넘기지 않는다는 점이다. 아내의 다이어트는 정기행사처럼 한 달에 서너 번씩 기상천외한 방식으로 튀어나오곤 했다. 특히 TV에서 날씬한 연예인이 다이어트 성공담을 늘어놓는 것을 본 다음이면 어김없이 식탁이 바뀌었다. 이번에는 또 어떤 연예인에 꽂혀서 애꿎은 양배추와 당근을 축내고 있는지 궁금해졌다.

"다이어트 돌입인가? 그래, 이번에는 누구야? 설현? 전지현? 아님 씨스타?"

K씨의 질문에 아내는 멋쩍게 웃으며 수북한 야채 접시를 그의 앞으로 밀어준다.

"아니 뭐, 굳이 연예인을 따라한다기보다… 근데 있잖아. 새로 시작한 드라마에 차승원이 나오는데 말이지. 그 사람은 나이가 들어도 어쩜 그렇게 멋있는지, 라인이 쫘악 빠진 게 역시 모델 출신은 다른 거 있지? 다리도 진짜 길고, 그 탄탄한 복근하며… 어쩜!"

아내가 수상한 감탄사를 연신 날리면서 K씨의 뱃살을 흘끔거릴 때 알아챘어야 했다. '차승원 복근'이 가진 아우라에 흠집을 낼 뭔가라도 찾아서 예리하게 선제공격을 가했어야 했다. 하지만 눈치 없기로 소문난 K씨는 아내의 말에 무심코 고개를 끄덕이면서 "물론 차승원 복근은 최고지. 근데 아무리 그래도 아줌마가 복근 만들어서 뭐하려고…" 하고 중얼거렸다. 그때까지만 해도 그 자신이 다음날부터 강제 새벽운동을 해야 하는 신세로 전락할 줄은 꿈에도 몰랐던 것이다.

평소 기상시간에서 정확히 한 시간 일찍 알람이 울렸다. K씨는 아내의 성화에 등 떠밀려 매일 아침 고정식 자전거에 올라탔다. 하루 종일 힘들게 일하고 나서 겨우 몇 시간 몸을 뉘는데 그 황금 같은 시간을 뺏기는 심정은 그야말로 죽을 맛이었다. 더구나 잠이 가장 달게 느껴지는 새벽 시간을 말이다.

"자전거가 얼마나 건강에 좋은데! 유산소운동이라서 살도 빠지고, 특히 무릎 관절염 환자한테 정말 좋다니까. 자자, 일어나봐! 일주일 만에 몸무게가 500그램이나 줄었잖아."

K씨 무릎이야 누구보다 건강했다. 사실 그가 운동을 해야 할 곳은 따로 있었다. 평소 늘 의자에 앉아서 쭈그린 자세를 유지하다 보니 일단 허리가 좋지 않았고, 가끔 대학에 강의를 나갈 때면 두꺼운 전공 책들을 가득 넣은 가방 때문에 어깨가 뻐근했다. 하루 8시간 이상 컴퓨터 자판을 두드리고 반복적으로 마우스를 움직이느라 오른쪽 손목 상태가 특히 안 좋았다. 그 모든 질환 부위를 놔두고 왜 굳이 유산소운동을 하고 있어야 하는지 이유를 모른 채, K씨는 페달을 밟고 또 밟았다.

어쨌든 자전거 운동이 열흘을 넘어 2주차로 접어들 무렵 심각한 문제가 발생했다. 갑자기 꿈자리가 뒤숭숭해진 것이다. '한두 번 그러다 말겠지' 하고 대수롭지 않게 넘겼지만 다음날도, 그 다음날도 어김없이 악몽을 꾸었다. 어느 날은 꿈속에서 계속 수학 문제를 풀고, 어느 날은 누군가에게 밤새도록 쫓겨 다니는 꿈을 꾸었다. 그중에서도 백미는 군대에 다시 간 꿈이다.

행정 처리에 오류가 생겨서 재입대 통지가 나왔다. 민방위 훈련마저 다 끝낸 40대 나이에, K씨는 다시 새까만 작대기 하나를 이마에 달고 내무반에 앉아 있었다. 갑자기 집합 명령이 떨어졌다. 모두들 연병장으로 쏜살같이 튀어나가는데 발걸음이 잘 떨어지지 않았다. '차렷! 열중 쉬엇! 우로 굴러! 좌로 굴러!'

유격훈련이 시작되었다. 철조망 아래를 간신히 기어 나와 물웅덩이를 건넜다. '멈춰!' 누군가 등 뒤에 총부리를 들이대는 것이 느껴졌다. 몸이 말을 듣지 않았다. 이런, 갑자기 몸뚱이가 아래로, 아래로 떨어져 내려갔다. '차렷, 차렷, 차렷…'

"…차려. 정신 차려. 정신 좀 차리라고! 무슨 잠꼬대를 그렇게 해?"

눈이 번쩍 떠졌다. 아내가 그의 몸을 흔들어 깨우고 있었다.

"뭐야? 무슨 꿈을 꿨기에 그렇게 기합이 팍팍 들어간 목소리로 잠꼬대를 해? 엄청 절도 있는 꿈이었나 보네. 어휴, 요즘 살이 빠지더니 기가 허해졌나? 보약을 해먹여야 할까 보네."

중얼거리며 방을 나가는 아내의 뒷모습을 멍하니 쳐다보다가 K씨는 다시 침대에 누웠다. 잠을 자고 싶다. 이불을 머리끝까지 뒤집어썼다. 옆으로 돌아누워서 무릎을 끌어다 가슴에 붙이고는 몸을 동그랗게 말았다. 마치 엄마 뱃속의 태아처럼 평화롭고 안락한 잠 속으로 빠져들었다. 오늘 하루만 그렇게 푹 쉬고 싶다고, K씨는 생각했다.

《 몸에 '표준'이 있다고? 》

주류 미디어는 자본주의에서 요구하는 표준화된 몸의 이미지를 잘 보여준다. 살이 쪄도 안 되고 말라서도 안 되는 이른바 '정상'이라고 불리는 범주의 이미지를 만들어 각인시킨다. 사람들은 이 표준화된 몸에서 조금이라도 벗어나면 안절부절 못한다. 성형이나 다이어트 열풍을 들여다보면 자본주의가 만들어낸 '프로크루스테스의 침대' 같다는 생각이 들곤 한다. 그리스신화에 나오는 도적 프로크루스테스는 길 가는 행인을 잡아다자신의 침대에 눕히고는 몸길이가 짧으면 늘리고 길면 자르고 하면서 죽였다. 옛날이야기에나 나올 법한 그로테스크한 상황이 오늘날에도 벌어지고 있다. 표준화된 격자에 맞추지 못하면 절단되는 신체가 있는 것이다. 예를 들어 장애인이나 뚱뚱한 사람, 마른 사람, 키 작은 사람, 배 나온사람이 이 사회에서 인정받기란 참 힘들다.

그런가 하면 마치 프로크루스테스의 침대를 부셔버린 영웅 테세우스처럼 표준화를 거부하고 몸을 꾸미지 않는 사람들도 있다. 이들도 결국은 마찬가지 신세에 처하는데, 사회로부터 자기관리를 못한 무책임하고게으른 사람이라는 취급을 받는 것이다. 그래서 목숨을 건 다이어트와성형수술의 모험이 도처에서 벌어지고 있다. 몸에 대한 '자기관리'라는말에는 자본주의 체제가 개인에게 강요해온 자기계발 논리가 숨어 있다. 여기에는 몸을 자산처럼 여기고 관리하는 문화도 포함되는데, 그래서인지 우리 사회에 몸과 관련된 상품이나 서비스가 엄청나게 많아졌다. 몸에 좋다는 것, 몸을 보조하거나 필요하다는 것들이 여러 가지 형태로 사고 팔린다.

몸의 표준화를 강요하는 것은 일종의 미시권력이다. 미시권력에 주목한 미셸 푸코의 철학이 여기서도 유효하다. 그가 주장한 학교, 감옥, 시설, 군대 등의 미시적인 권력장치 속에는 우리 몸이 생물학적으로든 전자적으로든 예속되어 있다. 마치 군대에서 '차렷'이라는 말에 몸이 빳빳이 굳어서 '열중 쉬어'를 가장 편안한 자세로 착각하게 되는 것처럼, 미시권력은 우리 몸에 부드러운 예속과 억압을 가한다. 미시권력은 기준에 맞지 않는 몸을 식별해 차별하고 배제한다. 보이지 않게 우리 몸을 지배하는, 세분화된 권력의 현대적인 모습이라고 할 수 있다. 한편으로 푸코의 미시권력에 대한 사유의 반대편에 들뢰즈와 가타리가 있다. 이 두 사람은 몸과 욕망의 자율성에 주목했다.

이제부터 할 얘기가 바로 몸과 욕망의 자율성에 대한 것이다. 그런 점에서 우리가 관심을 가져야 할 것은 몸의 잠재성이다. 요가, 아크로바틱, 무술, 호흡수련, 명상 등을 통해서 알 수 있듯 우리 몸은 광활한 잠재력을 가진 영토이다. 항상 동일한 자세를 취하던 몸의 배치를 바꾸고 다른 방향으로 움직여주면 새로운 잠재력이 드러난다. 들뢰즈와 가타리는 이런 몸의 잠재성에 주목하면서 '기관 없는 신체Body without organ'라는 다소 난해한 개념을 끄집어냈다. 기관 없는 신체란, 욕망이 매번 똑같은 배치에 머물지 않고 다른 배치로 향하고자 할 때 만나게 되는 '강렬도=0' 상태의 신체를 의미한다. 예를 들어 배탈이 나거나 체했을 때 한 끼를 굶거나 단식을 해서 0점 조절을 한 다음 새 출발을 해야 낫는 것처럼, 욕망의 재배치를 위해서도 시원적인 신체와 만나야 한다는 메시지를 던진다.

보기 위한 눈, 호흡하기 위한 폐, 삼키기 위한 입, 말하기 위한 혀, 생각하기 위한 뇌, 항문, 후두, 머리, 양다리가 벌써 견디기 힘들다고 느끼는 것은 정말 슬프고 위험한 것인가? 왜 물구나무서서 걷고, 뼈에 숭숭 난 구멍으로 노래하고, 피부로 보고, 배로 호흡하지 않는가?(질 들뢰즈·펠릭스 가타리, 《천 개의 고원》, 289쪽, 새물결, 2001)

기관 없는 신체는 몸의 자율성을 추구하는 여성운동, 성소수자운동, 문화운동, 장애인운동 등 대안운동 세력들 사이에서 주로 논의되었고, 예술가들은 신체를 묘사하는 방법론으로 특히 많이 받아들였다. 그러나 오해되기 쉬운 개념이었기에 90년대 이후에는 이 용어를 잘 쓰지 않았다. 기관 없는 신체는 욕망이 활성화된 상태의 신체가 아니라 욕망이 정지된 신체를 말한다. 그래서 왠지 폐색되고 정지된 상태를 찬양하는 것처럼 오해를 받았던 것이다. 그러나 개념적으로 기관 없는 신체는 몸을 색다른 욕망의 배치로 이끌기 위한 '준비동작으로서의 신체'를 말하기 때문에 사실은 매우 충만한 상태라고 할 수 있다. 마치 겉 표면은 매끄럽고 고요하지만 그 안에 강렬한 생명의 꿈틀거림을 품은 새알과도 같은 상태를 상상해보면 좋을 것 같다. 강렬도=0의 신체라고 해서 죽음, 폐색, 협착, 정지, 부재를 뜻하는 것은 아니다.

《 내 몸에 주목해야 하는 이유 》

우리는 왜 몸에 주목해야 할까? 실제로 누더기 옷을 입든 비단 옷을 입든 겉모습(몸)보다 마음이 더 중요하다고 주장하는 사람이 많을 것이다.

하지만 마음과 몸은 서로 떨어져 존재하는 것이 아니다. 마음이 동해야 몸이 움직이고, 몸이 움직이면서 마음이 달라진다. 더욱이 마음을 움직이기란 그리 쉽지 않다. 오히려 몸이 갖는 변용의 능력을 풍부하게 할 때 마음 상태에 변화를 가져올 수 있다. 스피노자가 개념화한 변용affection은 능동적인 사랑과 동의어로 간주된다. 그 변용을 들뢰즈와 가타리는 '되기becoming'라고 표현했다.

예를 들어 중국 무술영화에 많이 나오던 호권, 당랑권, 용권, 취권 등처럼 호랑이 되기, 원숭이 되기, 취한 사람 되기, 사마귀 되기 등, 다양한 몸의 변용을 생각해볼 수 있다. 무술의 비밀은 다양한 변용을 통해 몸의 잠재성을 끌어올리는 수련이라는 데 있다. 호랑이나 용으로 변용하려면 원래 타고난 몸으로 굳어져 있거나 머물러서는 안 된다. 무술이 도달할 수 있는 경지, 즉 도道에는 강렬도=0의 기관 없는 신체가 숨어 있는데, 이는 언제 어디서나 다른 몸으로 재빨리 변용할 수 있도록 늘 준비된 상태를 의미한다. 이렇게 볼 때 몸의 잠재성이란 무술의 극한에서 만날 수 있는 고요와 평화의 영토일 수도 있다.

비슷한 예로 요가가 있다. 요가 동작에는 비둘기자세, 독수리자세, 고양이자세, 전갈자세, 토끼자세 등 다양한 변용이 등장한다. 이런 동작으로 몸을 접고 꼬고 뒤집고 펼치면서 기존의 배치와는 완전히 다른 몸의 배치를 만들어낸다. 항상 똑같은 자세로 생활하느라 여기저기 쑤시고 아팠던 사람들은 이런 몸의 재배치를 통해 치유의 효과를 볼 수 있다. 이는 기존에 있던 방식의 욕망이 아닌 특이한 방식의 욕망을 만드는 것이 왜 중요한가라는 질문에 조금이나마 답을 줄 것이다. 우리가 표준화된 격자 속에서 똑딱거리며 살아갈 것이 아니라, 예측할 수 없는 배치를 만들어내고 색다른 욕망을 순환시킴으로써 여러 가지 문제를 해결할 수 있다는 것이다.

몸과 마음은 평행선을 달리고 있는 육상선수들과 같다. 마음을 움직이기 위해서는 먼저 상황에 뛰어들어 배치에 따라 움직이고 재배치하는 등의 몸의 변용이 필요하다. 자신의 몸에 대해 자신감이 없는 사람은 우리 몸의 잠재성이 어디까지 전개될 수 있는지를 가늠해보지 못한 사람이다. 이런 사람들은 그 대신에 구경하거나 향유하거나 소비하는 것으로 욕구를 대리충족하려고 한다. 그러나 자기 몸의 작은 변화가 세상을 재창조할 수도 있다는 것을 깨닫는 순간, 우리의 비루한 일상에 깊은 변화가 찾아온다. 그것이 우리가 몸에 더 주목해야 하는 이유다.

자기 몸의 잠재성을 깨닫기 위해 극한적인 스포츠나 예술에 사로잡히는 사람도 많다. 몸이 극한의 상태에 가 닿을 때 스릴과 쾌감을 느낄 수 있기 때문이다.

판토마임처럼 몸에도 언어가 있다. 그러므로 아프기 시작할 때는 몸이 말하는 것에 귀를 기울여야 하는데, 보통은 늘 혹사시키는 부위에서 아프고 힘들다는 신호를 보낸다. 그리고 그 언어는 우리 욕망의 시작과 끝에 몸이라는 유한한 것이 있다는 사실을 깨닫게 한다. 욕망은 몸에서 나오는 생명 에너지이며 우리 삶을 부드럽게 만드는 원천이다. 몸이 고장 나면 욕망의 부드러움도 정지된다. 몸은 큰 잠재성이 있지만 유한한 것이기에 그 한계가 분명하다. 마치 우리가 한때 무한할 것이라고 생각했던 유한한 지구처럼 말이다.

≪ 몸의 리듬과 감각 깨우기 ≫

'내 몸을 어떻게 사용할 것인가?' 하고 질문을 던지는 사람은 별로 없다. 많은 사람이 몸과 대면하기를 두려워하거나 어려워한다. TV에 나오는 연예인들의 몸에 대해서는 이러쿵저러쿵 말이 많으면서도 정작 자신의 몸을 대면하고 깊게 응시하려 하지 않는다.

우리 몸을 잘 들여다보면 각 부위가 반복적으로 움직이면서 특화된 기능을 한다는 것을 알게 된다. 위는 소화를 위해 반복적으로 움직이고, 손은 물건을 집는 운동을 반복적으로 하고, 뇌도 반복적인 사고 작용을 한다. 그러나 그 동작을 매번 반복하면 과부하가 걸리고 고장이 나기 마련이다. 동일한 반복이 아니라 차이 나는 반복이 필요하다. 예를 들어 늘 상하운동만 하던 발목을 좌우로 돌려주는 스트레칭이 바로 차이 나는 반복이다. 늘 소화만 하는 위장에게 단식을 통해 휴식을 주는 것도 차이 나는 반복이다. 이렇게 몸이 새로운 반복을 함으로써 우리 삶의 영토가 풍부해지고 충만해질 수 있다.

마우스 조작을 많이 하는 지식노동자가 손목에 통증을 느끼고, 매번 무거운 등짐을 지는 육체노동자가 허리가 아프다거나 하면 그 몸이 표현하는 언어에 귀 기울여야 한다. 이는 곧 몸이 색다른 재배치를 필요로 하는 시점이라는 징후다. 또한 매일 반복되는 일과에 자신을 던져놓는 사람이라면 색다른 배치로 몸을 표현하는 법을 익혀야 한다. 음악, 미술, 시, 놀이, 스포츠 등을 통해 몸을 새롭게 표현하고 땀을 흘리면서 즐거워지는 이유도 거기에 있다. 이런 표현이 다소 모방에 가깝다 할지라도 효과는 만점이다.

그 다음은 잠이나 휴식과 같은 강렬도=0의 시원적인 신체와 만날 차례다. 이런 상태에서 몸은 딱딱하게 굳고 정지되고 죽음의 공포에 갇히는 것이 아니라, 다음의 욕망으로 향하거나 욕망을 재배치하는 데 필요한 에너지를 충전한다. 마치 방전 직전의 스마트폰을 충전기에 꽂아놓는 것처럼 말이다. 사람들은 매우 충만한 신체로 다시 태어나기 위해 매일 밤 누워서 몸을 알처럼 둥글게 말고 잠에 빠지는 것인지도 모른다. 어떤 사람은 잠이 어머니의 자궁으로 돌아가는 행위라고 말했다. 강렬도=0의 시원적 신체는 새로운 반복을 위한 토대가 된다. 푹 자고 일어난 다음날에 색다른 반복이 기다리고 있는 것이다. 현실에서 색다른 반복을 만나기가 어렵고 늘 비슷하게 비루한 일상만 이어진다면, 잠이 아닌 다른 욕망의 재배치가 필요한 시점일 수도 있다. 수축하고 이완되었다가 다시 긴장되는 과정은 늘 반복되는 삶의 유형이다. 몸에서 나오는 생체 에너지인 욕망도 스스로 조절하고 자율적으로 관리할 필요가 있다. 무작정 앞으로만 달려갈 것이 아니라 리듬과 화음이 가득한 몸을 만들어보자.

《 똑같은 역할을 벗어던지자 》

우리는 주어진 직분과 기능에 따라 학생, 노동자, 시민, 점원 등의 역할을 하면서 산다. 그런 상황에서 몸은 역할에 맞춰 딱딱한 정체성의 갑옷을 뒤집어쓴다. '나는 학생이다' '나는 노동자다' '나는 점원이다'라는 식으로 정체가 분명한 사람이 되면 몸도 정체성의 격자에 따라 움직이게 된다. 그렇게 똑같은 역할을 반복하며 살아가다 보면 몸이 변용될 기회를 찾지 못해 우리는 몸과 욕망에 대해 매우 억압적인 상황에 처하게 된다. 우리 몸이 다양한 역할을 가로질러 변용될 수 있는 잠재력을 갖고 있음에도 하나의 역할만 계속 수행해야 한다면 금방 지치고 소진되어버린다. 그래서 세상의 모든 직업이 어느 정도는 감정노동이라는 얘기가 나오는지도 모른다. 반복되는 일상에 자신을 소진하고 몸과 욕망과 감정도 속박되기 마련이니까.

그렇다면 우리 몸을 어떻게 해방시켜야 할까? 아이들이 노는 모습에서 해답을 찾을 수 있다. 아이들에게 한 시간을 주면 놀이를 열 번도 더 바꾸면서 논다. 하나의 놀이가 실패하거나 재미없어지면 좌절하지 않고 곧바로 다른 놀이로 이동한다. 이런 현상을 가타리는 '횡단성'이라고 정의했다. 횡단성은 한 가지 상태에 머물지 않고 이리저리 가로지르며 이동할 줄 아는 성질이다. 횡단성의 반대편 끝에는 '정체성'이라는 개념이 있다. 정체성은 사람들로 하여금 학생, 군인, 아버지, 어머니 등 히나의 직분이나 역할에 충실하게 한다. 이를 테면 직장에서 사장인 아버지가 집에 와서도 사장님 얼굴을 하고 가족을 부하직원 다루듯 한다고 상상해보라. 얼마나 재미없고 스트레스 받을 일인가? 하지만 아이들은 다르다. 소꿉놀이를 하면서 엄마 아빠, 시장 상인, 선생님, 의사 등의 역할을 수시로 넘나들 듯이 누구나 뛰어난 연극배우처럼 몸을 자유자재로 변용하면서 생활할 수 있다. 사실은 우리도 아이처럼 다양한 역할과 모델을 넘나들 수 있는 잠재력을 지녔다. 그래서 직장에서는 노동자로, 집에서는 아들로, 술자리에서는 친구로, 극장에서는 관객으로 여러 가지 역할을 해낼 수 있는 것이다. 또한 새로운 모델을 창안해 이리저리 횡단할 수도 있다. 집에서 아들 역할만 하는 것이 아니라 요리를 하고 청소하는 주부 역할도 할 수 있다.

어떻게 하면 여러 모델을 횡단하는 몸을 가질 수 있을까? 먼저 스스로 '나는 누구인가?'라고 정체성을 묻는 경찰 같은 태도에서 벗어나 자유로운 몸과 욕망에 대해 생각할 수 있어야 한다. 대부분의 학교에서는 정체성이나 역할모델에 주목해 아이들이 미래에 분명한 역할을 하는 사람이 되기를 꿈꾸도록 유도한다. 장래희망 칸에 뚜렷한 직업을 적어 제출하게 만드는 것도 그 때문이다. 하지만 사람은 직업인으로서만 살아가는 것이 아니다. 더 나아가 운명처럼 정해진 남편으로의 역할, 아들로의 역할 외에도 전혀 생각지 못했던 특이한 역할을 만들어내고 그에 맞게 몸을 변용시키는 것이 얼마든지 가능하다. 역할에 따라 몸을 변화시킨다고 하니 '변신로봇'을 떠올릴지도 모르겠다. 하지만 몸의 변용은 생각보다 쉽고 간단하다. 평소 안 하던 설거지를 하겠다며 앞치마를 두르는 것도 몸의 변용이다. 좀 더 적극적인 예로는 '캣맘'의 역할을 떠올려볼 수 있다. 누가 시키지도 않았는데 길냥이들에게 밥을 주는 역할을 하겠다고 자임하면 몸은 자연히 그 일에 맞는 예민한 관찰력과 섬세한 감수성을 갖게 된다.

몸을 유연하고 횡단할 수 있는 능력으로 가득 차게 만든다는 말에서 자칫 '유연화'라고 하는 기업의 구조조정을 떠올리는 사람도 있을지 모르겠다. 하지만 그런 유연화는 우리 몸을 변용할 수 없게 만든다는 점에서 완전히 반대 개념이다. 기업의 유연화는 동료에게 무관심하고 서로 사랑하지 못하게 함으로써 우리 몸을 무기력과 우울함으로 가득 차게 만든다. 그와 반대로 '유연하고 횡단하는 몸'이란 수많은 경계를 가로질러 색다른 삶의 경로를 개척하는 모험과도 같은 의미를 지닌다. 단정적으로 '나는 누구인가?'라고 묻지 말고 '나는 이것일 수도 저것일 수도 있다'는 식으로 잠재성에 대해 주목하는 자세를 갖자. 그랬을 때 우리 몸이 더욱 풍부해지고 성숙해진다. 욕망의 재배치를 위해 횡단의 과정을 만드는 '기관 없는 신체'의 중요성은 아무리 강조해도 지나치지 않다.

《 기관 없는 신체 》

'기관 없는 신체가 현실에서 가능할까?' 그 개념이 다소 실험적이어서 많은 사람들로부터 의혹과 의심을 받았던 것이 사실이다. 몸에 기관이 없다니, 말 그대로만 생각하면 그로테스크한 예술작품이 연상되기도 한다. 하지만 요가나 수면, 명상을 통해 늘 똑같은 것만 반복하던 몸의 기능 중 일부를 멈추거나 재배치할 때, 아주 잠시 동안이지만 기관 일체가 유기적으로 움직이지 않는 것과 같은 상황에 놓이게 된다.

> 아르토는 분명 기관들에 맞서 싸운다. 그러나 이와 동시에 그가 싸움을 걸고 싸움을 걸려 한 것은 유기체에 대해서였다. 〈몸은 몸이다. 몸은 혼자이다. 또한 기관들을 필요로 하지 않는다. 몸은 결코 유기체가 아니다. 유기체는 몸의 적이다.〉(질 들뢰즈·펠릭스 가타리, 《천 개의 고원》, 305쪽, 새물결, 2001)

한 개인의 몸뿐 아니라 공동체를 하나의 신체로 보았을 때도 마찬가지이다. 관계망이 다양하고 풍부한 공동체에는 늘 똑같은 일을 반복하는 공무원 같은 캐릭터가 없다. 역할과 직분이 고정되지 않기 때문이다. 물론 어떤 역할은 노동의 형태를 띠면서 기관처럼 작동하기도 하지만 대부분은 기관이 미리 정해지지 않은 신체의 상태로 만나기 때문에 자율성을 더 보장받을 수 있다.

기관 없는 신체를 우리가 일하는 노동의 영역에 적용해 조금 다르게 해석해볼 수도 있다. 같은 일을 오래 하다 보면 매너리즘에 빠져서 일을 생각 없이 자동적으로 처리하는 경우가 종종 생긴다. 하지만 정말로 의미 있고 우리 사회에 필수적인 일이라면 초심을 잃지 말아야 한다. 초심으로 돌아가라는 말은 맨몸뚱이로 처음 그 일을 대면했을 때의 신선함과 어색함, 사전준비, 방황 등의 복잡다단한 감정과 자세를 가지라는 얘기다. 문제는 항상 세상을 뻔하게 대할 때 생긴다. 자기가 맡은 일을 그저 그런 익숙한 업무로 여기고 초심을 잃어버리면 자신의 정신세계까지 좀먹게 된다. 또한 '초심을 가지라'는 말은 그 처음의 마음과 평행하게 존재하던 '기관 없는 신체'의 상태로 돌아가라는 의미일 수도 있다.

일을 하다 보면 가끔 주변을 살피지 않고 맹목적으로 앞으로 달려갈 때가 있다. 특히 성공주의나 승리주의를 추종하는 문화는 우리가 그 일을 해야 할 이유와 동기 등 처음에 했던 질문들을 잊어버리고 허겁지겁 눈앞의 일만 해치우게 만든다. 그러다가 갑자기 과부하에 걸리거나 실패해서 무너져버리면 또 다른 의미에서 기관 없는 신체의 상태에 빠져든다. 보통은 우울, 멘붕, 좌절이라고 하지만 그 말 속에는 무작정 달려갔던 현실을 재배치해야 한다는 과제가 담겨 있다. 기관 없는 신체는 양극단의 요소가 함께 있어서 우리를 삶의 재배치로 이끌 수도 있고, 삶이 소진되도록 몰아칠 수도 있다. 어쩌면 이런 상태에서 강렬도=0의 몸을 잘 응시하고 성찰한 사람들이 나눔과 연대를 위한 사람으로 재탄생하는지도 모르겠다. 자신의 삶의 가치와 의미를 되찾기 위해서는 익숙한 성장주의 욕망으로부터 벗어나 욕망의 재배치를 직접 피부로 느껴야 한다. 그럴 때 '기관 없는 신체가 정말 있는가?'라는 질문에 스스로 답할 수 있게 될 것이다.

기관 없는 신체는 더 이상 욕망이 작동되지 않지만 욕망의 잠재성이 충만하고 풍부해진 신체를 말한다. 혹자는 이를 광인들이 직면하는 밑바닥으로 떨어진 신체에 비유하기도 하는데, 욕망과 몸의 재배치를 필요로 한다는 점에서는 비슷하다고도 할 수 있다. 자신의 몸에 대해 자신감을 갖고 있는 사람이라도 한번쯤 몸의 유한함에 대해 생각해볼 필요가 있다. 우리는 우리 몸에 죽음, 광기, 욕망이라는 유한한 것들이 아로새겨져 있음을 발견해야 한다. 기관 없는 신체는 인생을 전환하는 하나의 계기, 혹은 색다른 삶을 시작할 때의 초심일 수 있다. 당신 삶의 시작과 끝에는 분명히 기관 없는 신체가 있다.

인스턴트식품
플라톤

《 진실이라 믿은 것들의 뒷모습 》

K씨는 요즘 하루에도 몇 번씩 달력을 들여다보며 날짜를 확인하는 버릇이 생겼다. 해외출장으로 한 달간 집을 비운 아내가 돌아올 날을 헤아리는 것이다. 처음엔 아내와 떨어져 지내는 게 휴가를 얻은 것처럼 신이 났다. 친구들과 밤늦게까지 술자리를 갖고, 일요일엔 늦잠도 자고, 캔맥주를 쌓아놓고 소파에 누워 야구중계도 볼 수 있었다. 아내의 잔소리로부터 벗어났다는 해방감은 8·15광복 못지않게 가슴 벅찬 것이었다. 하지만 열흘이 채 지나지 않아 집안 곳곳에서 아내의 빈자리가 크게 다가왔다.

특히 힘든 것이 먹는 문제였다. 아내가 자리를 비우자 외식을 하거나 인스턴트식품으로 대충 때우는 수밖에 없었다. 그날도 맥 빠진 입맛을 추스르기 위해 집 근처 편의점을 찾았다. 이리저리 기웃거리며 매장을 헤매고 다니는 그에게 편의점 점원이 다가왔다.

"손님, 찾으시는 게 있어요?"

"아, 아니요! 그게 아니라…"

K씨는 까다로운 입맛을 들킨 것처럼 화들짝 놀라서 주춤거렸다. 잠시 망설이고는 마치 죄를 지은 사람이 고해성사를 하듯 낮은 목소리로 점원을 향해 입을 열었다.

"저, 혹시 요리 못하는 사람도 쉽게 조리해 먹을 수 있는 국이나 찌개 같은 게 있나요? 시원한 국물을 먹고 싶어서요."

"음, 라면은 저쪽에 있고요, 이쪽에 보시면 간편식으로 나온 인스턴트 식품이 다 있거든요. 물만 넣고 끓이면 되는 즉석국이랑 햇반이 있고요, 냉장고에는 전자레인지에 돌려서 드시면 되는 냉동식품들도 있어요."

과연 편의점은 인스턴트식품의 천국이었다. K씨는 눈이 휘둥그레져서 매장 안을 둘러보았다. 진열대 위에 김밥, 스파게티, 피자 같은 간편식은 물론이고 미역국, 된장국, 청국장, 된장찌개, 김치찌개, 시금칫국 등의 가정식이 당당하게 한 코너를 차지하고, 심지어는 추어탕, 삼계탕도 완전 조리 상태로 간편하게 포장되어 있었다. 그러고 보니 언젠가 인스턴트커피처럼 뜨거운 물에 타서 바로 먹는 된장국이 있다는 얘기를 들은 기억이 났다.

K씨는 한 치의 망설임 없이 즉석북엇국을 골랐다. 사실 그가 북엇국을 각별히 좋아하게 된 데는 사연이 있다. 결혼 전 혼자 자취할 때 지독한 감기에 걸려 며칠 동안 앓아누운 적이 있는데, 당시 막 연애를 시작한 아내가 그의 자취방까지 물어물어 찾아와서 북엇국을 정성스레 끓여주었다. K씨는 그날 먹었던 북엇국 맛을 잊을 수가 없다. 어쩌면 그 일로 더 애틋

한 마음이 생겨서 아내와 결혼에까지 이르게 되었는지도 모른다. 매사에 덤벙대고 선머슴처럼 털털한 성격의 아내에게 의외로 여성스러운 면이 있다는 사실을 발견한 날이었기 때문이다.

그런데, 편의점에서 사온 즉석북엇국을 개봉해 포장지에 적힌 대로 끓여서 맛을 보니, 뭐랄까? 그 모양이나 맛이 어쩐지 무척 낯이 익었다. K씨는 문득 아내의 얼굴이 떠올랐다. 그제야 아내가 출장 떠나기 전날, 국을 사다 채워놨으니 선반에서 찾아 끓여먹으라던 말이 번뜩 떠올랐다. 그땐 '국을 냄비가 아니라 선반에서 찾으라니 무슨 소리야?' 하고 생각하며 한 귀로 듣고 흘렸던 것이다.

아차 싶은 마음에 서둘러 싱크대 선반을 뒤졌다. 그리고 평소 아내가 식료품을 넣어두던 칸에서 방금 사온 인트턴트 즉석국을 발견했다. 북엇국뿐 아니라 시래기국, 미역국, 된장국까지 종류별로 살뜰히도 쟁여놓았다. K씨는 북엇국에 밥을 말아 후루룩 먹은 후 아내에게 국제전화를 걸었다. 안부를 묻다가 슬쩍 국 이야기를 꺼냈다.

"저, 북엇국 말인데… 우리 평소에 먹던 것도 혹시 즉석국이었나?"

"왜? 마누라가 맨날 인스턴트 음식만 해주나 해서?"

아내는 피식 웃으며 되물었다.

"아니, 그런 건 아니고… 오늘 먹어보니까 즉석국 맛이 어쩐지 익숙하길래."

K씨는 괜히 민망한 질문을 한 게 멋쩍어서 말꼬리를 흐렸다.

"뭐 그렇게 자주 먹이지는 않았어. 당신이 국 짜다고 할 때 많았잖아."

"그럼 짠 게 당신이 끓인 거야?"

"거 참, 마누라가 이렇게 예쁘고 능력 있고 유머 감각까지 갖췄는데 요리마저 잘하길 바라는 거야? 욕심이 너무 과하시군!"

K씨는 전화를 끊고는 인스턴트커피 한 잔을 타서 베란다로 나왔다. 담배를 한 개비 꺼내 무니, 세상이 담배 연기와 함께 눈앞에서 하얗게 흩어지는 기분이었다. '과연 나는 진짜 북엇국을 먹어본 적이 있었나?' 하는 질문이 머릿속을 맴돌았다. 식품산업이 고도로 발달하면서 식품첨가제가 실제보다 더 실제 같은 맛을 만들어낸다는 얘기를 들은 적이 있다. 고향집 어머니가 끓여주던 칼국수도 이제는 '엄마손칼국수' 한 팩으로 손쉽게 재현할 수 있게 되었고, 옛날에는 1년에 한두 번쯤 힘들게 면을 뽑아서 먹었다던 냉면도 지금은 라면처럼 가정에서 사시사철 먹을 수 있다. 심지어 MSG가 만들어낸 감칠맛에 길들여져 옛날식으로 만든 정통 음식이 오히려 심심하고 맛없게 느껴질 때도 있을 정도다.

마치 거대한 매트릭스 속에 사는 느낌이다. 진짜 음식은 멀리 다른 곳에 있고, 진짜를 그럴듯하게 모방한 가짜 음식들에 둘러싸여 실제 음식 맛을 잊어버린 지 오래다. 사실 K씨는 아내가 끓여준 북엇국의 진실을 알고 나니 그녀와의 아름다운 추억도 진실이 아닌 것처럼 느껴지는 중이었다. 그는 달짝지근한 인스턴트커피를 한 모금 홀짝이고는 씁쓸하게 입맛을 다셨다. 빨간 약과 파란 약 중에서 이미 빨간 약을 선택해버린 네오의 후회가 이런 것이었을까? 진실을 알게 된 자의 고뇌가 묻어나는 목소리로 K씨는 조용히 중얼거렸다.

"파란 약을 먹을 걸…."

《 진리는 저기 저편에 실재한다? 》

플라톤Plato, BC 427~BC 348은 그의 나이 28세 때 소크라테스가 젊은이들을 현혹시킨다는 죄목으로 사형 판결을 받고 독배를 마시는 과정을 목격하고는 철학의 길에 입문했다. 그가 대화 형태로 다루었던 글 대부분은 소크라테스를 등장시켜 용기와 우정, 절제, 분별, 아름다움, 신에 대한 공경과 불경, 올바름, 훌륭함(=덕), 좋은 것 등의 개념에 대해 '그것이 과연 무엇인지'를 정의내리는 것이었다. 〈소크라테스와의 대화편〉으로 알려진 이 글들은 사람들이 저기 저편의 이상적인 이데아 세상으로부터 내려왔기 때문에 진리를 이미 알고 있다는 전제 하에, 대화 즉 특유의 변증술을 통해서 그 진리를 상기시킨다. 그래서 소크라테스가 구체적인 현실의 차안此岸에서 이루어진 대화를 통해 '지혜'를 좇은 반면, 플라톤은 이상향인 피안彼岸의 '진리'를 좇았다고 평가하는 사람들이 있다. 플라톤은 철학자의 정치, 즉 철인정치를 주장하고 실험하기도 했지만 당시의 정치권은 싸늘한 반응을 보였다. 그러나 철학의 역사는 플라톤의 각주에 불과하다는 말이 있을 정도로, 그의 사상은 근대와 현대에 이르기까지 큰 영향을 미쳤다.

플라톤은 이데아Idea라는 개념을 통해 동시대를 철학적으로 '참견'*하는 철인정치를 꿈꾸었다. 이데아란 감각의 세계로부터 독립된 원형이자

---

* 플라톤은 철인정치로 당대에 개입하고 '철학의 참견'을 수행했지만, 사실은 정의(Justice), 즉 올바름에 대한 규정에서 '합당한 것을 갖는 것', 혹은 '자신의 몫을 다하는 것'이라고 보면서, 철학의 참견과는 다른 노선을 주장하기도 했다.

원본인 '이상적인 실재'를 의미한다. 예를 들어 우리가 손으로 삼각형을 그린다면 어떤 것도 완전한 형태일 수 없고, 어딘가 비틀어지거나 정확하지 않을 것이다. 그러나 어딘가에는 분명 진정으로 완전한 삼각형이 존재할 것이라는 생각이 들지 않는가?

플라톤은 바로 이런 논리 구조를 덕, 미, 선, 진 등의 가치명제에 그대로 적용했다. 구체적인 훌륭함(=덕)이 있다면 좀 더 완벽한 덕도 있고, 그런 덕의 이상향은 원형 그대로 존재하는 피안의 세계에 있을 것이라는 논리이다. 그는 유명한 저작 《국가》서광사, 1997를 통해, 우리가 현실에서 올바름에 대한 정의를 내릴 수 있다면 이상적이고 원형적인 올바름의 세상도 반드시 존재할 것이라는 논증을 펼치고, 이에 따라 좀 더 완벽하고 이상적인 이데아 세상을 구체화한다. 이데아 세상은 현실과 닮았지만 현실보다 더 완전하고 완벽한 저기 저편의 세상이다. 예를 들어 오늘 우리가 먹는 인스턴트식품을 서기 서편에 존재하는 '맛의 이데아'라고 은유적으로 표현할 수 있을 것이다. 물론 각각의 맛을 내는 재료가 어우러진 차안의 음식이 아니라 이상적으로 만들어진 피안의 음식이라는 의미에서 말이다.

플라톤은 맛, 촉감, 색채, 음향 등 감각의 세계는 변화하기 때문에 학문의 영역이 될 수 없다고 주장했다. 그는 감각의 세상을 헤라클레이토스Heraclitus, BC 540~BC 480가 말한 흐름의 공간으로 이해했다. 헤라클레이토스는 '한 번 발을 담근 강물에 두 번 담글 수 없다'고 말하며 흐름을 사유했던 플라톤 이전의 고대 철학자이다. 플라톤은 변화하는 감각의 세상과 흐름의 공간에 대해서는 학문적으로 주목하지 않은 한편, 불변하고 고정적이며 정의할 수 있는 존재만을 학문의 대상으로 삼았다. 그러나 우리는 현실 세상에서 고정적이고 불변한 것보다 변화하는 흐름의 과정에 있는 것을 더 많이 접촉한다. 이를 테면 공동체에서 '너이면서도 나인' 또는 '너도 맞고 나도 맞는' 사랑과 욕망, 정동, 돌봄 등의 상태를 대면하게 되며, 이런 흐름이 '내 것도 네 것도 아닌' 공유자산, 집단지성, 공통의 아이디어를 만들어내는 원동력이 된다. 물론 자본주의 사회에서는 '이것은 내 것이다' '책상은 책상이다'라는 식의 고정적이고 불변하는 논리가 있어야 등가교환이 가능하고 이를 통해 사회체제가 유지된다. 사물에 대한 소유관계가 분명하고 그 용도와 기능이 명확해야 등가교환이 가능한데, 바로 이런 고정된 의미의 구축물을 만드는 곳이 아카데미였다. 오늘날 아카데미의 시발점이 플라톤의 '아카데미아'*였다는 것은 잘 알려진 사실이다. 그리고 플라톤의 그 유명한 실재론realism이 아카데미의 기초가 되었다.

플라톤의 실재론은 '책상은 책상이다'라는 방식의 의미화 작업을 수반한다. 이는 변화하는 세상에서 다양한 책상들의 차이를 제거하고 '보편적인 책상'의 정의가 저기 저편에 실재한다고 주장하는 것에 다름 아니었다. 조금 달리 생각해보자. 똑같은 모양으로 대량생산된 책상이라 할지라도 사용자와 배치에 따라 다른 의미를 가질 수 있다. 같은 책상이라도 아이에게는 그것이 우주선일 수도, 마법의 상자일 수도, 기차일 수도 있다. 예를 하나 더 들자면, 손으로 만든 도자기는 아무리 비슷해 보여도 제각각 다르

---

* 플라톤이 설립한 아카데미아는 기원전 387년부터 기원후 529년경까지 존속되었다. 아카데미아에서의 교육과 지적 전통은 근대 이후의 대학에 반영되어 지식교육과 생산의 모델이 되었다.

다. 비슷하게 생긴 찻주전자나 술병이라도 조금씩 손잡이 위치가 다르고 모양이 다를 것이다. 만약 이 도자기를 만든 사람에게 그 차이들을 제거하고 공산품처럼 똑같이 찍어내라고 한다면 어떤 반응을 보일까? 도자기를 만드는 일에 자부심을 가진 사람이라면 단호히 거부할 것이다.

플라톤의 실재론은 세상의 모든 사물에 대한 철학적 참견의 시조始祖였으며, 그것이 철학적 사유의 원형으로서 수천 년 동안 우리 의식을 장악해왔다. 근대의 분석적 실재론이나 박물학과 같은 데서도 그 뿌리를 발견할 수 있는데 우리가 참새, 기러기, 오리, 닭 등을 보면서 '새'라는 동일한 동물 분류 개념을 생각해내는 것이 그 예다. 동물이나 어떤 생명을 종種이나 류類라는 보편적인 묶음으로 정의내려 파악하고 분류하려 드는 것이 바로 실재론이다. 이렇게 하면 각 생명체들이 갖는 유일무이하고 고유한 특성은 쉽게 배제된다. 특이성은 저기 저편의 이데아 세상에는 존재하지 않기 때문이다.

플라톤은 저기 저편에 불변하는 보편적 개념이 실재한다는 것을 검증하기 위해 아름다움을 사례로 들었다. 우리가 다양한 사람들의 각기 다른 아름다움을 인식한다면, 보편적이고 한결같은 아름다움이 존재할 것이라고 믿는 것도 당연하다는 논리이다. 플라톤의 이러한 진선미眞善美 논증은 저기 저편의 이데아 세상에 보편적이고 완성된 진선미가 따로 실재할 것이라는 주장으로 귀결된다. 이는 어쩐지 표준화된 미의 기준을 만들어 그에 맞는 미인을 선발하려는 미스코리아대회를 연상시키기도 한다. '과연 보편적인 미가 존재할 수 있을까'라는 질문은 어제오늘의 것이 아니었다. 플라톤의 실재론은 이처럼 차이 나고 변화무쌍한 감각의 현실을 '~은 ~이다'라고 하는 틀에 가두어 정의함으로써 의미를 고정시키는 과정을 수반한다.

> 아름다운 것 자체라든가 언제나 똑같은 방식으로 한결같은 상태로 있는 미 자체의 어떤 본모습(이데아)을 전혀 믿지 않으면서 많은 아름다운 것(사물) 은 믿는 고지식한 사람, 누군가가 아름다움은 하나이며 올바름도 하나이고 그 밖의 다른 것들도 그러하다고 말하면 도저히 참지 못하는 저 구경을 좋 아하는 사람(…)에게 물어볼 걸세.(플라톤,《국가》, 479쪽, 서광사, 1997)

오늘날에도 플라톤처럼 이상적이고 보편화된 개념이 저기 저편에 실 재한다는 생각을 가진 사람들이 있을까? 있다면 아마도 현존 아카데미를 움직이는 개념–실재론자들 안에서 찾아야 할 것이다. 아카데미에 속한 학 자들 중에는 많은 개념에 대해 '~은 ~이다'라고 선무당처럼 규정 내려 놓고, 논리적인 게임이나 개념 정의를 통해 모든 복잡하고 다양한 현실을 설명할 수 있다고 생각하는 부류가 많다. 들뢰즈와 가타리는 제국이론가 와 유목과학을 비교하면서 "철학함은 '정의내리는 것'이 아니라 '문제제 기'에 달려 있지 않나?"라고 반문했다.* 예를 들어 나는 2~6세 아이들이 호기심 어린 눈빛으로 "이건 뭐예요?"라고 물어보는 모습을 볼 때 이들이 야말로 '꼬마 철학자'가 아닌가 감탄하게 되는데, 철학은 이처럼 아주 가 까이에 있는 생활 속에서 문제의식을 발견하고 재의미화하는 과정을 보 여줘야 하지 않을까?

---

* 질 들뢰즈·펠릭스 가타리,《천 개의 고원》, 새물결, 2003, 〈12장 1227년 – 유목론과 전쟁 기계〉 참조.

가끔 아카데미에서 개최하는 토론회에 가보면 개념의 정의에 대해 논쟁하며 '네가 옳네, 내가 옳네' 갑론을박하는 사람들을 쉽게 볼 수 있다. 어쩌면 이들은 플라톤의 철학에 사로잡힌 포로들이 아닐까? 이들은 왜 가까이 있는 사람들의 지혜보다 저기 저편에 있을 진리에 대해 더 열중하는 것일까?

플라톤의 이데아 개념에 의거한다면, 현실에서 만나는 사람이나 사물, 개념들 역시 저기 저편에 그 원형이 따로 존재하는 것처럼 사유될 수 있다. 플라톤의 '동굴의 비유'는 그런 상상을 자극한다.

> 지하의 동굴 모양을 한 거처에서, 즉 불빛 쪽을 향해 길게 난 입구를 전체 동굴의 너비만큼이나 넓게 가진 그런 동굴에서 어릴 적부터 사지와 목을 결박당한 상태로 있는 사람들을 상상해보게.(같은 책, 514쪽)

동굴에 묶인 사람들은 이데아의 빛에 비추어진 그림자만을 볼 수 있다. 플라톤은 일단 우리가 이런 노예 상태에 처한 것은 감각의 포로가 되었기 때문이라고 말한다. 레테의 강을 건너면서 빛으로 가득 찬 저기 저편의 이데아 세계에 대한 기억을 잊어버렸기 때문에 감각의 포로가 되었다는 것이다. 그래서 사람들은 그림자를 보고도 그것이 현실이라고 착각하는 감각의 포로 상태에 머물러 있으며, 결국 참된 지식과 올바른 개념을 알리기 위해 철학이 필요하다는 것이다. 바로 이 지점에서 진리란 추론과 논증 과정의 결과라는 식으로 엘리트 철학자들을 옹호하는 논리가 등장한다.

《 삶은 물음표를 품고 있기에 의미 있는 것 》

플라톤은 자기주도 학습이나 구성주의가 말하는 '무지한 스승'*이 아니라, 무지몽매의 어둠으로부터 구출할 논증과 추론 능력을 갖춘 똑똑한 스승을 요구한다. 똑똑한 스승은 우리를 그림자와 어둠으로부터 구출해 참모습을 드러내고 빛으로 인도할 사람을 말하는데, 여기서 이른바 엘리트가 장악한 세상을 떠올리게 된다. 우리는 플라톤의 생각에서 이미 계몽주의적 사유의 단서를 발견할 수 있다. 계몽의 과정은 '탈주술화'를 수반하게 마련이며 이는 곧장 자연, 생명, 민중을 도구화해온 역사를 다시금 생각하게 만든다. 아리스토텔레스의 '엔텔레키아'**처럼 생명과 동물이 신비롭고 영적인 능력을 가진 존재임을 인정하는 것이 아니라, 그들 역시 '~이다'라고 정의내릴 수 있는 뻔한 존재로 만들어 결국 인간을 위한 도구로 전락시키는 것이다.*** 성서 속의 아담Adam은 '이름을 붙이는 자'라는 의미를 갖고 있으며, 창세기 2장 18절에는 "아담이 동물 하나하나에게 붙여준 이름이 그대로 그 동물의 이름이 되었다"는 이야기가 서술되어 있다. 이데아 사상이 조명한 이런 보편적인 정의는 생명을 뻔하게 보고 그에 대한 주술과 환상의 요소를 완벽히 제거함으로써 이성과 합리성이라는 근대의 정신으로 연결시킨다.

---

* 자크 랑시에르, 《무지한 스승》, 궁리, 2008, 본문 참조.

** 엔텔레키아(entelechy)는 생기론의 개념으로 생명력, 활력 등을 지시한다. 즉, 생명과 사물을 구분하는 데 사용되는 개념으로, 모든 생명에 영혼이 깃들어 있다고 본다.

*** 본인의 졸저, 《갈라파고스로 간 철학자》, 서해문집, 2013, 〈1장 플라톤의 이데아와 동물실험실〉 참조.

플라톤의 실재론은 근대철학의 원형이다. 근대철학이 합리적인 인식을 발전시켜 나가게 된 기원에는 플라톤의 아카데미적인 사상이 있었다. 오늘날 전문가와 지식인이라는 사람들이 스스로 의미화하고 정의한 것들 속에 틀림없이 답이 있다고 발언하는 것은, 바로 이런 실재론의 영향이다. 그러나 다채롭고 복잡한 우리 삶을 전문가의 의미화나 모델화로 다 설명해낼 수 있을까? 더욱이 우리의 삶은 답이 정해진 것이 아니라 물음표를 품고 있기 때문에 더 의미 있는 것이다. 진리 모델을 구성하는 전문가들이 생명의 호기심과 삶에 대한 문제의식에 모두 답할 수 있는 것은 결코 아니다. 전문가의 모델화는 달리 말해 의미화 작업이며, 플라톤 철학에서는 보편적으로 정의내리는 것을 뜻한다. 그리고 그렇게 정의내리고 단정할 수 있다는 것은 바로 권력을 갖고 있다는 반증이며, 이는 플라톤의 철인정치가 갖고 있던 권력에 대한 열망을 설명해준다.

이 시대에 철학은 플라톤이 말한 대로 '저기 저편에 진리가 실재한다'고 주장하면서 정의와 의미의 구축물을 만들어나가는 데 복무해야 할까, 아니면 삶과 공동체적 관계망에서 발생하는 문제의식으로부터 다시 철학함을 시작하는 것이 좋을까? 철학은 너와 나 사이에서 생성되는 지혜의 산물이어야 할까, 아니면 관계와는 별도로 존재하며 대상 외부의 관찰자와 관조자에 의해 만들어진 지식이어야 할까? 플라톤은 분명 강단권력의 주춧돌이다. 혹자는 소크라테스가 관계 속에서 '지혜'의 철학을 했다면 플라톤은 관계 밖에서 '진리'의 철학을 했다고 그 차이를 규정한다. 플라톤이 저기 저편에 진실이 있다고 말한 것은 진리의 공간이 철저히 관계 외부에 존재한다고 믿었기 때문이다. 플라톤이 공동체 외부에 아카데미 공간을 만들었던 것 역시 그 이유에서라는 생각이 든다.

≪ 복작복작한 이곳이 '리얼' ≫

플라톤은 개와 고양이, 인간, 진리, 덕, 진, 선, 미 등의 보편자Universals 가 실재한다는 생각을 그의 이데아 이론에 담았다. 이는 각각의 다른 사물, 인간, 생명, 가치를 일거에 포섭할 수 있는 보편적이고 공통적인 것이 존재한다는 뜻이다. 플라톤은 차이 나는 감각의 세계가 아니라 그 차이를 제거하는 공통의 것에 주목했다. 도덕 교과서에서 막 빠져 나온 듯 바른생활을 설파하는 사람들을 볼 때 플라톤을 떠올리게 되는 것은 이 때문이다. 그들 역시 올바른 것이 어디엔가 분명히 존재하며 자신들이 실천하고 행동하는 바가 옳다는 생각에 사로잡힌 경우가 많다. 게오르크 루카치 Georg Lukacs의 《역사와 계급의식》거름, 1999에는 특수한 계급으로서의 프롤레타리아트가 보편적인 계급으로 바뀌어 역사의 주인이 되는 변증법적 역사관이 서술되어 있다. 이런 도식에 빠져들었던 노동운동가들은 저기 저편에 있는 보편적 노동자 계급으로 구성된 공산주의 사회를 이상향으로 생각했다. 물론 마르크스와 플라톤은 엄연히 다르며, 플라톤의 이데아 이론은 개별-특수-보편의 변증법에 대해서는 얘기하지 않는다. 그 대신 플라톤에게는 개별적인 것은 감각적인 것이고 그 차이를 완전히 제거해야 보편적인 것이 된다는 고정된 사유가 자리 잡고 있는데, 어쩌면 변증법은 이런 이데아론의 현대화된 모습에 불과하다는 생각도 든다.

만약 '보편적인 것은 실재하는가?'라는 질문을 던진다면 국가주의자들은 정색을 하며 보편자로서의 국가의 역할과 임무, 국민의 의무 등을 설파할 것이다. 플라톤의 보편자는 바로 국가주의 사상으로 직결된다. 모든 차이 나는 특이성을 배제하고 보편자의 현존을 보여주는 것이 바로 국가다. 플라톤은 국가를 유기적인 신체에 비유해 손은 장인, 발은 검투사, 머리는 철학자 등으로 묘사했는데, 이런 각 부분이 유기적으로 결합해 하나의 보편성을 갖는 전체를 구성한다는 것이 플라톤의 국가론이다. 들뢰즈와 가타리는 《앙띠 오이디푸스》민음사, 1998에서 유기체적인 국가주의 사상을 거부하며, 설사 보편이 있다 하더라도 보편을 자임하는 부분에 불과할 뿐이라는 색다른 사유를 보여주었다. 두 사람이 말한, 유기적인 전체로서의 신체를 넘어선 '기관 없는 신체'는 어찌 보면 국가라는 낭만적인 저기 저편의 보편자를 잃어버린 현대인들과 고향 잃은 부랑아, 정상성으로부터 벗어난 광인, 장애인, 아이 등의 상황을 적시한다. 플라톤이 유기적인 전체로서의 국가를 꿈꾸었다면 그 정반대에 선 사람이 들뢰즈와 가타리였다고 할 수 있다.

이데아 논증의 허점은 바로 이데아라는 보편자를 검출하기 위한 과정에 '관여하다' 혹은 '유사하기 때문에 관계가 있다'는 유비추리를 이용할 수밖에 없다는 점이다. 즉, 어떤 한 이데아의 보편성을 말하기 위해서는 개체의 부분에 관여하는 '닮았다'는 설명으로 논리를 이끌 수밖에 없는데, 이는 '감각과 실재의 이원론'을 극복할 수 없으며 결국 '무한퇴행 논증'으로 나아가게 된다. 아리스토텔레스는 《형이상학》에서 이 무한퇴행 논증에 대한 비판을 다루었는데, '완벽한 인간의 이데아와 구체적인 인간의 이데아 사이에는 이를 매개하는 또 하나의 더 상위에 있는 인간의 이데아가 있을 수밖에 없고, 이 매개한 이데아와 완벽한 인간의 이데아가 또 한 번 매개하는 식으로 무한히 소급된다'는 논증을 그 내용으로 한다. 보편자로 향하는 논증은 결국 무한히 닮은 것들을 나열함으로써 술어를 전개할 수밖에 없으며, '~은 ~이다'라는 깔끔한 정의를 통해 딱 맞아떨어지지 않는 허점을 보인다. 사실 개념 실재론의 어디에도 무한퇴행 논증을 피할 수 있는 길은 없다. 아주 합리적이고 옳은 얘기만 할 것 같은 아카데미의 토대도 사실은 이렇게 허술한 유사성의 주춧돌에 이론적 구조물을 구축하는 자의성을 피할 수 없는 것이다. 그런 면에서 차라리 이론적인 실재론을 포기하고 무한한 자의성에 입각한 상상력에 의한 철학을 꿈꾸는 편이 나을 수도 있지 않을까?

플라톤의 이데아 세상에 기초한 아카데미의 지식 또는 진리는 '바로 지금 여기'가 아니라 '저기 저편 어딘가'로 시선을 고정시킨다. 아카데미의 각 분과는 그 자신을 보편자로 정립하기 위한 학문적 태도를 보이며, 더 나아가 자율적인 주변부 영역까지 함께 포섭하려 든다. 동시에 아카데미의 모든 학문은 스스로 '보편학'이라 전제함으로써 독자들을 주눅 들게 만들고 제 콧대만 무한히 높인다. 보편적 지식학은 그 구성 과정에서 대부분 저기 저편에 있는 세상을 드러내 보이는데, 그것은 들쑥날쑥한 요철과 다채로운 차이로 가득한 세계의 의미를 고정시켜 편편하게 만든 지평으로 이루어져 있다. 예를 들어, 답을 내리기를 주저하고 문제제기에 사로잡혀 결론을 유보하는 분열적인 글쓰기는 아카데미에서 결코 인정되지 않으며, 정의에 의한 명제들이 서로 연결되어 편편한 공리계를 구성함으로써 개념들이 전체에 유기적으로 연결되어 있는 단단한 논리적 구조물을 구축한다. 이에 따라 거대한 패러다임과 같은 보편학의 모델화가 이루어지는 것이다. 플라톤에 의해 구조화된 아카데미는 현장의 살아 있는 목소리나 생명의 숨결, 사랑과 욕망의 흐름의 반대편에 서 있다는 점에서 반동적이다. 의미는 곧 권력이며, 의미화 작업은 '저기 저편'의 권위 아래 '지금 여기'를 살고 있는 사람들을 종속시키는 과정이라고 할 수 있다.

그와 반대로 가타리는 《카오스모제》동문선, 2003에서 문제제기를 중심으로 다양한 모델을 횡단하는 주목할 만한 구도를 보여주는데, 플라톤의 모델화에 맞서 이를 '메타모델화'라고 표현한다. 메타모델화는 마치 몽타주 기법처럼 각기 다른 모델의 본질이 아닌 주변에 대한 지도 그리기를 시도한다. 따라서 정의와 모델화를 통한 의미화가 아니라 다양한 모델들을 넘나들면서 문제의식을 지도처럼 그려 나가려는 재의미화가 존재하게 되는 것이다.*

들뢰즈는 30년 동안 아카데미에서 오로지 연구에 빠져 생활하면서《의미의 논리》한길사, 1999와 《차이와 반복》민음사, 2004이라는 두 저서를 통해 반실재론과 반플라톤주의의 지평을 개척했다. 들뢰즈는 원본이자 원형이고 이상화된 이데아 대신 순수차이의 세계인 '시뮬라크르simulacre' 개념을 창안한다. 그는 플라톤이 주장했던 '감각적인 세상은 학문의 대상이 될 수 없다'는 생각을 단번에 넘어서서, 감각의 논리에 따라 구성된 현실 세계를 개념화하려고 시도했다. 혹자는 플라톤이 제시한 감각과 실재라는 이원론의 거울상에 들뢰즈가 머물러 있다고 딴죽을 걸기도 한다. 즉, 들뢰즈가 말하는 차이와 다양성의 질서에는 여전히 저기 저편의 이데아가 거울 이미지로 실재하고 있다는 논리이다. 시뮬라크르는 원본으로부터 멀어져 더 이상 원본의 의미로는 파악될 수 없는 사본의 세계를 의미한다. 들뢰즈는 "시뮬라크르는 관찰자가 지배할 수 없는 거대한 차원들,

---

* 펠릭스 가타리의 《카오스모제》에 나오는 분열분석적 메타모델화라는 개념은 의미를 고정시키는 의미화가 아니라, 각 모델을 넘나들어 의미를 횡단하며 지도 그리기를 하는 재의미화를 주장하고 있다.

깊이들, 거리들을 함축한다. 관찰자가 유사성을 인정하는 것은 시뮬라크르들을 제대로 지배하지 못하기 때문이다"라고 말했다. 들뢰즈에게 시뮬라크르라는 차이의 세계는 허구이자 거짓이 아니라 잠재성으로 가득찬 영역이었다.

플라톤이 그려냈던 '동일하고 원본이며 원형이고 참 존재인 이데아' 대신에 '복제물이며 순수차이인 시뮬라크르'로서의 세상을 보는 것은 무엇을 의미할까? 그 세상은 특이하고 차이나는 것들로 이루어져 있다. 예를 들어 동물, 미생물, 버섯, 새, 식물 등을 각기 생태학적 분류에 따라 식별하는 대신 지금 여기에서 보고 만지고 느낀다면 각각의 유일무이하고 고유하며 특이한 속성을 발견할 수 있다. 플라톤은 생태계, 우주, 삶, 생명의 영역 안에서 유한하면서도 단 한 번 실존의 시간을 갖는 이런 것을 현실이라 생각하지 않고, 그 대신 영원히 변치 않는 의미와 진리의 세계인 이데아 세상을 좇고 이야기했다. 그런 점에서 플라톤의 이데아 세계는 감각의 논리에서 벗어난 인공조미료와 같은 세상이다. 플라톤은 인공적이고 가상적으로 저기 저편에 존재하는 이데아 세상을 꿈꾸면서 현실에 존재하지 않는 신과 영혼에 대한 논증도 함께 수행했다. 사실 시뮬라크르의 세계인 현실이 더 풍부하고 다양하고 복잡함에도 불구하고, 사람들은 많은 개념 정의와 의미화로 이루어진 이데아에 대한 탐구가 고도로 지적인 작업이라는 환상을 갖기 쉽다. 마치 인스턴트식품에 빠져 진짜 맛을 잃어버린 사람들처럼 말이다. 그러나 의미화의 논리로 이루어진 이데아 세계가 언어적 구성물에 의해 편편해지고 중화되고 살균된 영역이라

＊ 질 들뢰즈, 《의미의 논리》, 412쪽, 한길사, 1999, 본문 참조.

면, 차이와 다양성으로 가득 찬 시뮬라크르의 세계는 풍부한 잠재력과 다양한 가능성을 품은 영역이라고 할 수 있다.

플라톤은 예술, 특히나 미술을 경멸했는데 그것이 복제물에 대한 또 하나의 복제물이라는 인식 때문이었다. 즉, 플라톤은 시뮬라크르 현상을 경멸했고 그것을 빛나는 이데아 세상이라는 저기 저편으로 인도하는 길이 아니라 지금 여기에서 무망하게 사라져야 마땅할 것들이라고 보았다. 플라톤은 '지금 여기'에 풍부한 현실로 존재하는 특이성과 차이의 세상이 아닌 '저기 저편'에 있을 진짜이며 원본이며 원형인 이데아 세상을 바라보고 그 둘을 거울상과 같은 이원론으로 그려냈다. 플라톤이 인공적인 저기 저편의 이데아 세상을 그려냈다는 점에서, 어쩌면 그것이 물신화된 이미지와 환상으로 이루어진 현대문명의 철학적 배경이 되었다고도 볼 수 있지 않을까?

내 속엔
내가 너무도 많아서

4

〰〰〰

**가상의 '나'와
대면하기**

보이스피싱
프로이트

《 혼란에 빠뜨리는 정체불명의 목소리 》

그날따라 몸이 좋지 않았다. K씨는 일찌감치 퇴근해서 감기약을 먹은 후 깜빡 잠이 들었다. 얼마나 지났을까? 급하게 울리는 휴대폰 벨소리에 잠이 깼다.

"혹시 K씨 맞으십니까?"

낯선 남자의 목소리가 다급하게 흘러나왔다.

"네, 그렇습니다만…"

"지금 댁의 아버님이 저희 가게 앞에서 사고를 당하셨어요. 약주를 하시고 술집에서 나가시다가 오토바이에 치였는데 많이 다치셨어요. 일단 119 불러서 응급실 가는 중이에요. 어느 병원으로 가는지 몰라서 도착하면 다시 연락드릴게요."

아버지가 다치셨다는 말에 정신이 번쩍 들면서 눈앞이 아득해졌다. 수화기 너머로 앰뷸런스 사이렌이 크게 들려왔다.

"저, 전화 주시는 분은 누구신가요?"

술집 주인이라는 대답과 함께 옆에 있던 119 대원들과 몇 마디 주고받는 소리가 들리면서 전화가 끊겼다. K씨는 너무 놀란 나머지 한참 동안 휴대폰을 내려놓지 못하고 있었다. 거의 멘붕 상태였다. 마음을 졸이며 몇 분이 지나가고 다시 전화벨이 울렸다. 아까보다 더 다급한 목소리였다.

"XX병원 응급실로 왔어요. 응급처치 해서 아버님 의식은 좀 돌아오셨는데 장기파열로 빨리 수술 들어가야 한다고 하네요. 동의서에 사인하라는데 어떻게 할까요? 수술… 할까요?"

"아, 당연히 해야죠! 선생님, 번거롭더라도 꼭 좀 부탁드립니다. 감사합니다. 감사합니다. 제가 금방 가겠습니다. 네, 네!"

K씨는 여차하면 전화가 끊길세라 거의 무의식적으로 '감사합니다'와 '네, 네!'를 연발했다. 술집 주인이라는 남자의 손에 아버지의 목숨이 달려 있었다. 그에 대한 신뢰가 거의 신앙심에 가깝도록 솟아날 즈음, 남자의 머뭇거리는 목소리가 들려왔다.

"그런데 일단 응급실 비용이랑 수술 선불 예치금을 내야 한대요. 그러니까… 총 350만 원을 계좌로 보내시면 되겠네요. 30분 내로 가능하겠죠?"

"네, 물론이죠! 선생님, 아이고, 감사합니다. 그런데 저기, 아버지 의식이 돌아오셨으면 잠시 통화할 수 있을까요? 괜찮으신지 목소리라도 듣고 싶어서…"

어느새 목이 잠겼는지, K씨는 자신의 목소리가 심하게 떨리고 있음을 느꼈다. 수화기 저편에서 아버지의 신음 소리가 힘겹게 들려왔다.

"으… 아이고 죽갔다. 얘야, 나 좀 살려다오…"

K씨는 고통스러웠다. 자신이 대신 아플 수만 있다면 그렇게 하고 싶었다. 계좌번호를 메모해서 챙겨들고 서둘러 집을 나섰다. 제발 살아만 계셔 달라고 기도하면서 마음속으로 눈물을 뚝뚝 흘렸다. 그러면서 아내에게 전화를 걸었다. 손이 떨려서 송금을 제대로 못할 것 같았기 때문이다.

"여보, 놀라지 말고 들어. 아버지 지금 교통사고 나서 많이 다치셨어. XX병원이래. 나 지금 거기로 가는 중인데 수술 예약금 350만 원을 보내야 한대. 당신이 지금 인터넷뱅킹으로…"

"무슨 소리야? 아버님 지금 여기 계신데…"

"뭐? XX병원에 벌써 간 거야? 당신이 어떻게 알고 거길… 어? 지금 거기 어디야?"

뭔가 이상하다고 느낀 K씨는 그 자리에 우뚝 섰다. 순간, 뭔가로 머리를 대차게 얻어맞은 기분이었다. 두 시간쯤 전에 아내에게서 받은 문자가 그제야 떠올랐다.

'오늘 어머님이 김치 가져가라고 전화하셔서 퇴근길에 시댁 들렀다 갈게. 오랜만에 치킨이나 사들고 갈까? 아버님이랑 치맥 한 잔 해야지. 채식주의자 K씨는 혼자 밥 차려 먹어!'

머릿속이 하얘지는 것을 느끼며 K씨는 조용히 돌아서 집 현관문을 열었다. 아내는 여전히 수화기 너머에서 빈정대고 있었다.

"헐, 대박! 말로만 듣던 보이스피싱에 우리 남편이 걸려드셨구만! 뉴스도 안 보나? 바보들이나 속는 줄 알았더니…. 음, 그래. K씨가 좀 바보이긴 하지. 하하하."

그러니까 아버지는 무사하신 것이다. 무사할 뿐만 아니라 아들인 K씨를 왕따시키고 아버지, 어머니 그리고 며느리 셋이서 한창 치맥 파티를 즐기는 중이었다. 수화기 저편에서 아버지와 어머니의 웃음소리가 들려왔다. 아버지의 "모자란 녀석!"이라는 핀잔이 K씨의 가슴에 날아와 깊숙이 꽂혔다.

정신을 가다듬고 가만히 앉아서 생각해보니 이상한 게 한두 가지가 아니었다. 술집 주인이라던 그 사람은 아버지 핸드폰으로 전화하지 않고 자신의 전화기를 사용했다. 아버지 핸드폰에서 단축번호만 누르면 되는데 굳이 그럴 이유가 없지 않은가. 게다가 아버지 핸드폰에는 K씨의 번호가 그냥 '아들'로 등록되어 있어서 그가 전화번호부를 뒤져도 이름을 알 수 없다. 맨 처음 전화를 받았을 때 "K씨 맞으십니까?"라고 물을 때부터 의심을 해야 했다. 결정적으로 아버지 목소리도 전혀 닮지 않았다. 심지어 연변 사투리를 썼던 것 같다. 그때는 고통스러워하는 신음 소리에 정신이 팔려서 아버지 목소리가 아니라는 의심을 전혀 하지 못했다.

사람이 당황하면 전혀 말이 안 되는 것도 믿게 되는 모양이다. 특히 아들에게 있어 아버지라는 존재는 무의식적으로 믿고 무조건 복종하게 만드는 위력이 있다. 곱씹어 생각할수록 '모자란 녀석'이라는 아버지의 핀잔이 꽤나 아프게 다가왔다. 그래도 아버지가 건강하게 집에 계셔서 다행이었다.

≪ 내 마음은 어떻게 생겨먹었을까? ≫

자신의 마음을 향해 여행을 떠나는 사람들이 있다. '내 마음이 무슨 말을 하고 있을까? 내가 욕망하고 원하는 것은 뭐지?'라며 마음속을 찬찬히 들여다보면 무척 신기한 사실을 발견할 수 있다. 자기가 확실히 알고 있다고 생각했던 영역에 부가적으로 낯선 마음이 자리 잡고 있다는 점이다. 마치 빙산의 일각처럼 표출되었던 의식적인 생각의 심층에는 무의식이라는 어마어마하게 커다란 마음의 대륙이 있다. 이런 잠재의식을 불교에서는 '만다라曼茶羅'의 그림으로 그려내지만 유명한 정신분석학자인 지그문트 프로이트Sigmund Freud는 '무의식unconsciousness'이라는 개념으로 정의했다. 무의식은 의식이 없는 채로 무심결에 행동하는 것을 생각하면 쉽다. 그렇다고 식물인간이나 뇌사자와 같은 상태를 의미하는 것은 아니다. 내가 오늘 외출할 때 가스를 끄고 문을 잠근 일이 거의 의식 없이 이루어진 행동이라는 점을 생각해보면 될 것 같다. 무심결에 이루어지는 모든 행동에 무의식이 숨어 있다. 아무리 만취한 상태에서도 귀소본능처럼 용케 집을 찾아가는 것도 무의식 때문이다. 또한 자동차를 운전할 때 좌측 깜빡이를 넣고 좌회전하는 것도 무의식적으로 이루어질 때가 많다.

> 모든 정신과정은 – 나중에 언급하겠지만 예외도 있음을 인정해야만 합니다 – 일단 무의식적 단계나 절차로 존재했다가 나중에 의식적 단계로 이행한다는 것입니다. 이는 마치 사진의 그림이 처음에는 음화로 존재하지만 현상 과정을 통해서 그림이 되는 것과 같습니다.(지그문트 프로이트, 《정신분석 강의》, 401쪽, 열린책들, 1997)

무의식은 우리 마음의 대부분을 차지하고 있다. 프로이트 박사는 꿈, 농담, 실수와 같은 영역에서 무의식이 살짝 드러난다고 얘기한다. 예를 들어 꿈에서 뱀을 보았다면 그것은 성적 상징과 같이 무의식이 욕망하는 것을 대신 보여주는 증후일 수 있다. 또한 실수로 내뱉은 말에서 무의식적인 의도를 엿볼 수 있는 경우도 있다. 예를 들어 의회 개회사에서 의장이 "의회의 폐회를 선언합니다"라고 말했다면 빨리 의회 일정이 끝났으면 하고 바라던 욕망이 무심결에 표출된 것일 수 있다.

무의식에 따라 꿈꾸고 욕망하는 인간들이 이 사회에 살고 있다. 어찌 보면 '인간은 꿈으로부터 내려온다'는 체게바라의 말이 맞을지도 모른다. 어떤 공동체가 유지되고 지속되는 이유는 물질적인 필요가 충족되어서가 아니라, 함께 꿈꾸며 욕망하는 무의식이 있기 때문일지도 모른다. 68혁명이 꿈꿀 권리, 상상할 권리, 욕망할 권리의 혁명이라고 불렸던 이유도 여기에 있다.*

최근에 힐링 열풍을 따라 자신의 마음을 들여다보고 성찰하는 문화가 확산되고 있다. 사색과 성찰, 명상을 통해서 자신의 마음을 들여다보고 있노라면 무의식에 영향을 주었던 많은 사건이 스쳐 지나간다. 나는 대학 때 〈산사의 수행〉이라는 2학점짜리 수업을 들으면서 내 마음을 들여다보기를 원했다. 1시간 동안 진행되는 면벽수련을 통해서 수많은 기억과 추억의 영상과 이미지들이 횡단했고, 그런 명상의 과정을 통해서 마음의 평화 상태에 도달할 수 있었다. 말하자면 일종의 '만다라의 꽃'을 본 것이

---

*   68혁명을 다룬 《신좌파의 상상력》의 저자, 조지 카츠아피카스는 이를 에로스효과, 전염효과로 설명한다.

다. 그런데 산방을 나서는 순간, 댓돌 위에 수많은 운동화가 뒤엉켜 있는 것을 보고 짜증이 밀려왔다. 마음의 평화가 순식간에 깨진 것이다. 사실 명상, 기도, 수련, 요가 등은 잠깐 동안 마음의 평화를 얻는 데는 도움을 주지만, 사회에 나오는 순간 그 효과가 쉽게 사라져버린다. 연애도 마찬가지다. 상대방의 마음 속 깊은 밑바닥까지 도달하기 위해 노력하는 동안에 연인들은 처음이자 마지막인 사랑의 감정을 느끼는 것처럼 감격의 눈물을 흘린다. 사실 우리의 마음은 경제적 능력이나 사회적 지위, 외모와는 무관함에도 많은 사람이 덧없이 그런 것들을 쫓다가 사랑의 기회를 놓치고 후회하곤 한다. 산다는 것, 즉 실존의 의미가 사랑에 있다는 사실을 깨닫는 순간에 무의식의 좌표는 점차 수정된다. 그것은 유한한 찰라 속에 영원성이 있다는 선승의 깨달음과 같은 것이다.

가끔 후배나 제자의 고민을 들어주다 보면 그들의 말 속에 이미 답이 있음을 발견할 때가 많다. 사실 사람들은 속마음을 얘기하면서 자신이 진정으로 원하고 행위하고 싶은 것을 점차 깨달아가고, 그때 누군가 옆에서 약간의 자신감만 북돋우면 금방 용기를 내서 행동에 나섬으로써 언제 그랬냐는 듯 문제를 해결한다. 그런 걸 보면 상담이라는 것은 어떤 거창한 이론에 기반하는 것이 아니라 상대방 입장에서 귀 기울이고 따뜻하게 보듬는 마음 씀이 가장 중요하다는 생각이 든다. 물론 이는 아주 행복한 경우이다.

사실 프로이트의 상담 기법은 중증질환이 아니라 경증질환인 신경증과 같은 영역에서 통용되는 치유법이다. 마음의 병이 깊은 사람들의 이야기를 들어보면 말 자체도 왜곡되어 있고, 어느 시점에선가 생각이 고정되어 마비된 상태라는 것을 발견할 수 있다. 이 경우 얘기를 들어주는 것만으로는 문제가 해결되지 않는다. 같은 말만 공회전하며 폐색되어 대화가 활력을 잃을 뿐이다. 이럴 때는 그 사람의 사회적 배치를 바꾸고 삶의 습관과 관계 맺는 방법 등을 바꾸는 것에서부터 치유를 시작할 수 있다. 최근에는 약물치료가 대세이기는 하지만 약물요법과 더불어 무의식이 자리했던 관계망을 점차 바꾸는 과정을 통해 무의식에 잠자고 있던 좌절, 분열, 폐색, 협착 등을 치유할 수 있다.

프로이트가 '무의식의 대륙'이라는 말을 처음 했다고는 해도 무의식이 가진 광활한 영토에 대해 전부 설명하지는 못했다. 발견과 발명은 엄연히 다르다. 프로이트는 무의식을 자기 나름의 레퍼토리repertory에 환원하고 꿰어 맞추는 방향으로 나아가면서 '광야 무의식'이라는 개념을 간과했다. 그래서 야성을 가진 여러 마리 늑대 무리 중 하나를 가족 속에 홀로 남은 강아지로 오인하는 결과를 만들어버렸다. 나는 광야 무의식이라는 개념을 무척 사랑한다. 우주적 무의식과 사회 역사적 무의식이 전제해야 할 부분이 바로 광야 무의식이라고 생각한다. 광야-무의식은 우리의 무의식 속에 잠재된 야성적인 욕망을 설명하는 개념이며, 야성적인 무리란 바로 자율적인 집단이다. 그래서 이탈리아 정치가 프랑코 바살리아Franco Basaglia는 '광기의 척도는 자유의 척도다'라고 말하지 않았던가.

《 프로이트가 발견한 무의식의 대륙 》

프로이트 박사는 무의식의 현존을 발견하며 그 순간을 상세히 책으로 남겼다. 그는 무의식을 묘사할 때 신체에서 연유된 생체 에너지인 리비도

의 작동에 주목했다. 리비도 에너지가 성충동을 만들어내고 그것이 무의
식에 아로새겨진다는 생각이었다. 다소 성-욕망 중심적인 이 생각은 프
로이트의 발상이 갖는 환원주의를 강화한다. 즉, 프로이트는 가족 안에서
아버지의 권위에 도전해 어머니를 취하려는 본능적인 충동이 일어난다
고 생각해 오이디푸스 콤플렉스라는 개념을 창안했다. 이런 가족 무의식
이 모든 사회 역사적 무의식을 환원시킬 수 있다는 생각부터가 일단 환원
주의인 셈이다. 왜 지식인들은 자신이 설계한 의미의 모형과 모델에 모든
것을 쑤셔 넣으려고 할까? 프로이트가 무의식의 대륙을 발견했을 때 사
람들은 환호했다. 그 거대한 잠재의식 너머로 인류가 감추어둔 비밀스러
운 사유체제를 엿볼 수 있으리라는 기대감 때문이었다. 그러나 프로이트
가 자신의 모델에 집착하는 엘리트의 모습을 보이자 많은 사람이 등을 돌
렸다. 프로이트와 같은 사유의 태도를 발상주의라고도 한다. 하나의 발상
에 모든 것을 환원시키기 때문이다.

> 어머니를 사랑의 대상으로 선택하는 현상은 〈오이디푸스 콤플렉스〉라는
> 명칭으로 우리가 신경증을 정신분석학적으로 규명하면서 매우 중요한 의
> 미를 부여했던 그 모든 사항과 결부됩니다. 그리고 바로 이 부분이 정신분
> 석학에 대한 사람들의 저항을 불러일으키는 데 적지 않은 역할을 했습니
> 다.(지그문트 프로이트, 《정신분석 강의》, 447쪽, 열린책들, 1997)

프로이트는 정신역동의 세계인 무의식이 존재한다고 생각하면서도 그
것을 가족이라는 하나의 틀 안에 가두어서 설명하려 했다. 이 때문에 프
로이트의 무의식은 가족 드라마처럼 왜소한 것이 되어버렸다. 오늘날에

는 TV에서 언제나 볼 수 있는 가족드라마가, 여성들이 가족을 위해 희생해야 하는 이유에 대한 정신분석적 해설을 대신해주고 있다. 하지만 프로이트 시대에는 요즘처럼 매스미디어를 통해 대량의 무의식을 생산하는 단계가 도래하리라고는 상상하지 못했을 것이다. 매스미디어는 비슷비슷한 생각들을 주조해내며 달콤한 무의식의 상태로 이끈다. TV 앞에 앉은 사람들은 자본주의 외부를 보지 못하고 내부의 부드러운 영토에서 졸음이 몰려오는 저녁을 보내고 있다. 프로이트가 생각했던 무의식의 대륙은 사실상 TV에 의해 장악되었다고 해도 될 정도다. 프로이트 앞에서는 무리가 아닌 개인으로 상담 받던 사람들이 이제는 TV 앞에서 똑같은 환상을 주입받는다. TV 앞에서 고립된 개인의 무의식이 현대의 일상적인 풍경이 된 것도 무의식의 강건함을 사라지게 한다.

앞서도 말했듯 프로이트는 가족 무의식이라는 지평 속에서만 무의식을 해석했다. 그래서 그의 설명이 맞지 않는 옷을 입은 것처럼 답답하게 느껴질 때가 많다. 프로이트의 해석은 마치 요술방망이와 같아서, 어떤 주제든 그 흐름과 진행 과정을 딱딱하게 화석화해 하나의 원리로 환원시켜버린다. 인류문명의 기원, 어린 시절, 감추고 있던 비밀 등, 어떤 문제도 그가 가진 해석의 틀 안에 가두어버린다. 이런 점에서 프로이트 역시 점쟁이의 논리에서 벗어날 수 없다. 이를 테면 점쟁이가 "너희 집에 오동나무 있지?"라고 불호령 치듯 물었을 때 듣고 있던 사람이 "없는데요"라고 하면 점쟁이는 "있으면 큰일 날 뻔했어"라고 말하는 식이다. 프로이트의 해석은 사실 이런 점쟁이의 논리보다도 지독하다. 그는 부부싸움의 원인은 어린 시절 언젠가 있었을지도 모를 부모의 학대에서 비롯된 것이라고 퇴행시켜서 해석한다. 정신질환의 원인은 무의식에 잠재된 아버지에 대한 원망과 경쟁심 같은 것으로 해석된다. 이런 해석은 지독한 고정관념을 유도해 그것이 사실이라고 믿게 만든다. 어안이 벙벙하던 내담자들은 그것이 사실이라는 점을 의심하지 못하게 된다.

프로이트는 또한 '형님문화'의 원조다. 형님문화라고 하면 금방 이해를 못하는 독자가 있을지도 모르는데, 직장에서 상사를 형님이라고 부르는 것을 예로 들 수 있다. 이는 모든 문제를 가족주의 내에서 설명하려고 하는 프로이트의 태도와 닮아 있다. 프로이트는 사회와 역사에 대한 생각조차 아버지-어머니-나라는 구조 안에서 설명하려고 했다. 그러나 사회적 인간관계는 가족주의가 갖고 있는 인간관계와는 성격이 완전히 다르다. 회사에서 사장님을 아버지로 여기거나, 군대 상사를 형으로 대하는 것은 참으로 위험한 발상이 아닐 수 없다. 내가 대학원에 다닐 때 가장 조심했던 사람들이 바로 지도교수를 아버지나 어머니로 생각하는 유형이었다. 나는 그런 가족주의적 권력관계가 아카데미 내의 도제 과정에서 빈번히 나타난다는 점을 발견하고는 그런 관계를 피하기 위해 노력했다.

사회생활을 가족생활로 착각하는 사람들의 말과 행동에는 어떤 특징이 있을까? 바로 동일시하는 습관이다. 프로이트는 치료 과정에서 내담자가 정신분석가를 아버지와 동일시하는 것을 '전이'나 '치료동맹'이라고 부르며 좋아했다. 내담자에게는 나쁜 아버지를 대신할 착한 아버지가 생기는 셈이라고도 했다. 이쯤에서 영화 〈스타워즈〉에 나오는 다스베이더의 "내가 네 아버지다"라는 명대사를 떠올리는 사람이 있을지도 모르겠다. 사실 가족관계에서는 무의식적으로 서로를 동일시하는 습관이 자리 잡고 있다. 아마도 같은 생물학적 기반을 가지고 같은 생활공간과 같은 경제조건 속에서 살아가기 때문일 것이다. 그러나 사회에서는 너무 가깝지도 멀지도 않는 적절한 거리를 둔 인간관계를 맺어야 한다. 물론 친밀도나 강렬도에 따라 때론 더 가까워졌다가 더 멀어지기도 하는 것이 사회적 관계망이지만 말이다. 내담자와 정신분석가의 관계가 아버지와 아들의 관계와 같다는 프로이트의 생각은 둘 사이를 사회적 관계가 아닌 서로 동일시하는 가족 같은 관계로 만들어버린다. 그리고 이런 관계는 가족관계에서처럼 권력을 재생산하며, 내담자는 정신분석가의 권위에 복종하라는 암묵적인 메시지를 받을 가능성이 크다.

프로이트는 무의식을 발견하면서 색다른 문제제기를 했다. 사실 기독교가 장악하고 있던 중세 시대에는 의식과 분리된 무의식의 실존을 부정했다. 믿음체계를 통해 무의식의 영역을 의식이 완전히 장악할 수 있다는 것이 기독교의 신념이었다. 그러나 근대 자본주의가 성장하면서 의식과 무의식은 완전히 분리되고 심지어는 분열된 상황에까지 이르렀다. 이런 상황에 프로이트의 무의식 발견은 정신의학과 정신분석학이 꽃필 수 있는 전기를 마련했으며, 수많은 사람들이 프로이트 연구에 관심을 갖고 동시에 실망하기도 했다.

《 무의식도 치유 가능할까? 》

프로이트의 치유가설은 매우 간단하다. 무의식에 감추고 있던 사실을 털어놓거나 무의식적인 사실을 의식하게 되면 치유가 된다는 것이다. 무의식 속에 내던져져 감추어진 사실을 알게 된다면 어떤 일이 생길까? 일단은 원인을 알았다는 것에서 일말의 해방감을 느낄 것이다. 그러나 그 이후에는 어떨까? 일상으로 돌아가서 다시 일을 하고, 가족을 만나고, TV를 보게 되지 않을까? 사실 무의식의 성좌를 바꾸기 위해서는 삶의 배치를 바꾸어야 한다. 그저 무의식을 의식화했다고 해결이 되지는 않는다. 색다른 일을 시작하고, 가족과의 끈적끈적한 애착관계를 청산하고, 창조적이고 생산적인 욕망을 품고, 새로운 인간관계를 맺지 않으면 무의식은 변하지 않는다. 그래서 프로이트의 치유가설은 굉장히 현실감이 떨어진다.

사실 우리가 마음 아프고 불안하고 우울해지는 것은 단순히 심리상태의 문제만은 아니다. 사회에서 고립되고 불안정한 고용관계, 불확실한 미래, 우울감이 드는 가족생활 등이 모두 원인일 수 있다. 그래서 무의식은 모든 삶과 장소, 배치에 서식하고 있다고 해도 과언이 아니다. 그러나 프로이트는 어떻게 생각했는가? 가족이라는 이름의, 약간은 오줌지런 영토에서 상처를 받은 아이의 형상에 머물러 있었다. 야성적이고 자율적인 사회집단이나 가족주의 전망에서 벗어난 공동체생활을 설명할 수 없는 가족 무의식에만 머물러 있었다. 그래서 프로이트의 정신분석을 권위주의적인 가족제도 속에 살았던 1차 세계대전 말 독일사회에나 적합한 것으로 보는 사람들이 많다. 사실 오늘날 가족생활에서 아버지는 중심이 아니라 주변이다. 더 이상 아버지의 권위를 통해 가족생활을 지속하기는 어려워졌다. 또한 많은 청년들이 가족주의 전망을 능동적으로든 수동적으로든 상실한 것도 사실이다. 이런 상황에 프로이트의 사유방식이 적절하지 않다는 점은 분명하다.

프로이트의 혁명적인 성과는 무의식이라는 광활한 대륙을 발견했다는 그 사실에 있다. 우리 안에 의식이 장악하지 못한 거대한 무의식의 심층이 숨어 있고 그것을 통해 삶과 관계망이 작동한다는 사실을 그가 처음 발견한 것이다. 인간에게 의식과 함께 무의식이 있다는 것은 무엇을 의미할까? 의식으로는 확실한 답을 내릴 수 없는, 다소 모호하고 복잡한 문제 제기가 우리 삶에 있다는 것이 아닐까?

사실 무의식이라는 심층지대의 발견은 인간이 여전히 물음표를 가진 존재라는 것을 반증한다. 확실한 믿음과 의식으로는 포섭되지 않는 삶과 생활에서 비롯된 문제의식이 우리에게 있다는 것은 행운이다. 정답이 없는 무의식은 끊임없이 미래를 향해 나아감으로써 과거의 상처를 치유하는 추동력을 갖고, 이는 또한 실천적이고 치유적인 무의식의 실존을 의미한다. 어떤 사람은 프로이트가 거짓말을 했으며 성–욕망과 가족주의로의 환원주의에 빠져들었고 권위주의적인 아버지를 이용하려 했다고 비난할 것이다. 그러나 나는 프로이트가 아무리 극악한 발상을 품었다 하더라도 그의 혁신적인 발견이 인류에게 큰 기여를 했다고 생각한다. 사실 프로이트 이전에 스피노자가 먼저 무의식을 발견하기는 했지만, 무의식의 개념을 기반으로 임상과 학문적 실천을 대부분 해낸 것은 프로이트다. 만약 독자들이 프로이트의 무의식 개념에 대해 이해하기 어려운 점이 생긴다면, 오히려 그의 의도대로 거대한 물음표를 가진 무의식의 지평에 접속했다는 증거로 이해하면 좋을 것이다.

게임중독

장자

« 혹시 나도 자동화 인간? »

가끔은 손가락 하나로 물건을 번쩍 들어서 가져올 수 있다면 얼마나 좋을까 싶을 때가 있다. 마치 컴퓨터에서 마우스를 좌클릭해서 쭉 드래그하면 아무리 무거운 물건이라도 쉽게 옮길 수 있는 것처럼 말이다. 지금이 바로 그런 때이다. 아주 간절하고 맹렬하게, K씨는 드래그 기능을 원했다. 그는 지금 몹시 배가 고프고, 어제 먹다 남긴 빵이 바로 저기 딱 두 걸음 떨어진 곳에 놓여 있다. 하지만 그는 그것을 마우스로 드래그해서 옮겨오지 못할 바에야 그냥 포기하기로 한다. 뱃속에서 1시간 전부터 꼬르륵 소리가 났지만 지금은 한 치도 움직일 수가 없다. 자신이 만든 바빌로니아 문명의 마지막 운명이 달린 중요한 전투가 시작될 찰나이기 때문이다.

그랬다. 그는 만 24시간 동안 잠도 자지 않고 끼니도 거른 채로 컴퓨터 앞에 앉아있었다. 게임이라고는 생전 지뢰 찾기나 온라인 고스톱밖에 해본 적 없던 K씨가 난데없는 전략 시뮬레이션 게임에 빠져든 건 그저 우연이었다. 어쩌면 혼자 방바닥을 뒹굴며 시간을 보내기엔 대학 시간강사의 겨울방학이 너무 길었던 탓일 거다. 혹은 시간 나면 한번 연구해보고 싶었던 '대학생들의 게임 문화'라는 주제가 애초에 너무 위험했던 탓이거나! 게다가 컴퓨터 게임을 바퀴벌레보다 싫어하는 아내가 마침 1박2일 주말 워크숍을 떠나준 것도 매우 절묘한 타이밍이었다.

그는 언젠가 제자가 추천해준 〈문명〉이라는 게임의 시작 버튼을 큰맘 먹고 눌렀다. 그가 맨 처음 선택한 도시는 고대 메소포타미아 문명의 발생지인 바빌론이었다. 지도자인 네부카드네자르 2세는 공중정원을 만든 황제답게 바빌로니아 제국에 찬란한 과학 문명을 꽃피웠다. 백성들은 저마다 자신의 임무에 충실하면서 연이은 거대 공사에 동원되는 것도 마다하지 않았다. 점점 더 풍요로운 제국의 모습을 갖춰나갔다. 이웃나라에서 앞 다퉈 사신을 보내서 신흥강국 바빌로니아와 친분을 쌓으려 했다. 적어도 처음 몇 시간은 그랬다. 우방이던 러시아가 점점 국경을 넓히며 힘을 키워가더니 갑자기 '당신의 영토가 욕심납니다'라며 선전포고를 해오기 전까지는.

사실 그는 러시아의 여제 에카테리나 2세를 흠모하고 있었다. 그녀의 달콤한 말에 빠져 결국 국경을 개방하고 러시아 백성들이 바빌론 거리를 자유롭게 활보하도록 허용했다. 그것이 치명적인 실수임을 깨달았을 때는 이미 전쟁에서 패한 뒤였다.

"살아남고 싶다면 우리가 원하는 것을 내어 놓으세요."

예카테리나 2세는 경멸하듯 차갑게 말했다. 바빌로니아는 러시아에게 국토의 반 이상을 떼어주고 해마다 조공을 바치는 신세로 전락했다. 참담했다. 어디선가 들은 바이킹 속담이 생각났다. '성급하게 복수하는 자는 노예이고, 복수하지 않는 자는 바보이다.' K씨, 아니 네부카드네자르 2세는 그때부터 복수를 준비했다. '과학이고 나발이고 이제부터는 오로지 병력 생산!'을 외치면서 말이다.

대륙의 정세는 극도로 혼란스러워졌다. 정복하지 않으면 정복당하는 약육강식의 시대로 접어든 것이다. 그의 나라도 다른 나라를 침략해서 강제로 합병하는 수밖에는 없었다. 바빌로니아는 국경 외곽의 조용하고 작은 나라 시암을 이유 없이 공격했다. 과학기술보다는 외교력에 집중하던 시암은 그들의 최신 무기인 코끼리 기병으로 방어했다. 하지만 이쪽은 그동안 군사력 증강에만 올인해 폭격기에 항공모함까지 갖추고 있었다. 시암의 왕, 람캄행은 끝까지 용감하게 싸우다 장렬히 사라졌다.

몇 개의 수도를 빼앗으면서 바빌로니아의 군사력은 비약적으로 발전했다. 이웃나라들이 바빌로니아를 경계하기 시작했다. 여론이 들썩였고 혹자는 '전쟁광'이라는 비난을 퍼부었다. 하지만 정복활동을 멈출 수는 없었다. 이미 K씨의 손가락은 키보드와 마우스 위에서 저절로 춤추듯이 움직였다. 그의 심장이 뜨겁다는 사실이 생생하게 다가왔다.

때는 바야흐로 철천지원수 러시아와의 전투를 앞두고 있는 절체절명의 상황. 비약적인 군사력 증강을 통해 제국이 된 바빌로니아는 러시아로부터 받은 모욕을 갚기 위해 군사를 일으켰다. 그리고 모든 병력을 러시아 인접 국경에 집중 배치했다. "요이 땅!" 하면 뛰쳐나갈 태세로 양측 군대가 대치중이었다. 팽팽한 긴장감이 감돌았다.

예카테리나 2세가 그 뻔뻔한 낯짝을 치켜들며 말했다.

"우릴 과소평가했군요. 신성한 러시아가 그대들을 통째로 집어삼킬 것입니다!"

그녀가 K씨를 향해 손가락질하며 '멍청한 무지렁이'라고 욕을 퍼붓는 순간, 바로 그때였다. 갑자기 온 세상이 까맣게 변해버렸다. 컴퓨터가 꺼진 것이다. 도대체 이게 무슨 일이란 말인가!

K씨는 정신이 몽롱한 상태로 천천히 고개를 돌렸다. 어느새 그의 등 뒤에는 예카테리나 2세를 찜 쪄먹을 세기의 악녀, 아내가 서 있었다. 전기가 거세된 컴퓨터의 전원 플러그가 마치 네부카드네자르 2세의 잘린 목처럼 그녀의 손에서 힘없이 덜렁거리고 있었다.

"이런 멍청한 무지렁이! 도대체 몇 시간 동안 이러고 있었던 거야? 밤새웠어? 밥도 굶은 거야? 당신 나이가 몇인데 게임에 빠져서 정신을 못차려? 내가 못살아, 정말!"

귀가 아팠다. 본능적으로 음소거 버튼을 찾다가 그는 불현듯 고개를 들었다. 여기가 어디지…? 그의 서재였다. 불 꺼진 컴퓨터 모니터가 방안 풍경을 을씨년스럽게 비추고 있었다. 두 눈에 시뻘겋게 핏발이 선 한 남자의 얼굴이 비쳐 보였다. 어쩐지 낯이 익었다.

갑작스런 요의가 밀려들고, 동시에 엄청난 허기가 그의 전신을 휘감았다. 현실의 삶이란 참 비루하구나…. 그는 서둘러 일어나서 화장실로 향했다. 한때 찬란한 바빌로니아 제국의 문명을 호령하던 네부카드네자르 2세의 뒷모습이 참으로 초라했다.

≪ 나비가 난지, 내가 나비인지 ≫

장자莊子는 기원전 355년부터 약 32년간 살았을 것으로 추정되며 당시의 전략적 요충지였던 몽蒙 땅의 하급관리를 지냈다. 초나라 위왕威王이 그의 현명함에 매혹되어 재상으로 삼으려 했으나 이를 거부하고 전원에서 유유자적 지내면서 자신이 하고 싶은 말을 다하며 살았다. 그가 발설한 말들은 10만여 자의 방대한 저서로 남아 있다. 그의 삶은 변화하는 만물로 이루어진 자연에 감응하는 소요유 즉, '자유롭게 사유하고 행동하고 노니는 삶'으로 집약할 수 있다. 다음은 그의 방대한 저서 《장자》길, 2005 중 〈제물론齊物論〉에 나오는 '호접몽胡蝶夢'에서 세간의 논란과 주목을 받고 있는 대표적인 구절이다.

> 옛날에 장주가 꿈에 나비가 된 적이 있었다. 훨훨 날아다니는 나비가 되어 스스로 기분 좋게 느낀 나머지 장주는 자기 자신인지를 몰랐다. 갑자기 깨어보니 놀랍게도 장주 자신이었다. 장주가 꿈꾸어 나비가 되었는지, 나비가 꿈꾸어 장주가 되었는지 모르겠다. 장주와 나비는 반드시 구분이 있을 것이니, 이를 일러 물화(物化)라고 한다.

노자의 전통을 계승한 장자는 인위적인 개입으로 시시비비를 따지지 말고 변화무쌍한 자연의 원리 그 자체를 바라보자고 제안했다. 만물의 변화 원리는 자연생태계가 보여주는 모습과 같다. 물론 자연을 무위의 상태로 응시하는 자연주의와, 거기에 기술적이고 사회적인 요소를 개입시키는 생태주의는 다소 차이가 있다는 점을 먼저 이해해야 하겠다. 노장사상은 '무위자연無爲自然'이라는 경구가 말해주듯 자연주의의 전통을 따른 사상이라고 할 수 있다.

　장자의 호접몽이 화제가 되었던 것은 자아와 사물 사이의 구분과 경계를 넘나드는 무경계의 자유로움과 흐름의 사유를 보였기 때문이다. 자아의 시선으로 볼 때 물건은 시시비비에 따라 '이것이다' 혹은 '저것이다'라고 규정해야 할 대상이 된다. 사람들은 그런 시도를 통해 앎과 지식을 구축하고자 한다. 장자에 따르면 바로 이런 원리에 의해 신분과 귀천이 생기고, 삶과 죽음에 대한 확고한 구분이 생기며, 시비를 통한 고정관념과 선입견도 생겨나는 것이다. 그는 사물을 자연의 변화 원리에 따라 바라보자고 제안하는데, 그렇게 하면 사물과 자아의 구분 없이 만물이 통하며 서로 연결되어 있다는 것을 느낄 수 있다고 했다. 즉, 사물과 나는 서로 분리된 것이 아니라 일체화된 세트메뉴였다는 사실을 깨닫는 순간이 찾아온다는 것이다. 그리고 이런 물아일체物我一體의 경지에 이르면 시시비비에 따라 사물을 파악하는 것이 아니라 변화하는 흐름에 따라 초월적으로 응시하게 된다.

　장자가 말한 초월성은 무엇일까? 그것은 시비是非, 생사生死, 물아物我의 구분을 넘어선 것이다. 장자는 도를 만물생성의 원리로 보고, 그것이 개념적인 분별 이전에 존재하는 순수한 경험이라고 했다. 예를 들어 우리가 '이것은 책상이다'라고 규정하면 마치 확실한 진리를 획득한 것처럼 보이지만 책상은 그 이전에는 목재였고, 목재는 원래 떡갈나무였고, 떡갈나무는 도토리였다. 순환하는 자연의 원리를 추적하면 어떤 규정도 사물이 변화해온 과정의 일부에 불과할 뿐이다. 그래서 장자는 사물을 고정된 개념으로 받아들이지 않고 만물의 변화와 순환의 일부로 편견 없이 바라보도록 권하는데, 그렇게 하면 책상을 볼 때 떡갈나무도 발견하고 도토리도 바라보게 되는 초월성을 획득한다는 것이다.

개념적 분별은 대부분 '이것이다' 혹은 '저것이다'라고 규정해 시비를 가릴 수 있는 확고한 고정관념을 진리라고 느끼게 하지만, 장자식의 만물의 변화 원리에 따르면 '~은 ~이다'라고 특정해 개념화할 수 있는 것은 거의 없고 대부분 '이것일 수도 저것일 수도' 있는 흐름을 내재하고 있다. 개념적 분별은 오히려 편견이나 선입견으로 작용해 만물에 내재된 잠재력과 생성 능력을 하나로 고정시킬 뿐이라는 것이 장자의 초월성 논의이다.

일단 개념적 분별을 거부해보자. 그러면 '모르면 모를수록 더 아는 것이다'라는 역설이 이루어지지 않을까? 사물이 있음을, 분별이 있음을, 시비가 있음을 모르면 모를수록 더 순수한 경험이 가능할 테니 말이다. 우리는 생명의 비밀을 알기 위해 몸을 해부하고 들여다보는 시도를 하지만 그렇다고 해서 모든 것을 파악하고 설명할 수 있게 되는 것은 아니다. 갸르릉대는 고양이와 꼬리 치는 강아지를 이해하고 분별하고 규정하기 위해 굳이 동물학 서적을 뒤지고 해부학 그림을 뒤적일 필요는 없다. 오히려 그런 개념적 분별 없이 자연과 생명을 잘 모르는 상태에서 접촉할 때 그 신선함과 색다름을 체감하면서 일체화되는 경지에 이를 수 있다. 그런 의미에서 혹자는 식물의 유전자를 파악하고 분별하는 것은 '몰라도 되는 부분을 알려고 집요하게 매달리는 행위'이며, 결국 유전자조작GMO 식물이라는 돌연변이종을 시중에 유통시키는 결과만 초래할 뿐이라고 반발한다.

≪ 물화와 사물화 ≫

호접몽에 나오는 물화 개념은 많은 생각을 집약하고 있다. 이를테면 자본주의 비판에도 이 개념을 적용할 수 있다. 자본주의는 사물을 관계로부터 분리시켜서 마치 이제까지 세상에 없던 것처럼 선전해 상품으로 판다. 특히 사랑과 정성, 인격으로부터 분리된 사물은 물신物神적인 형태로 등장한다. 그와 반대로, 장자가 말하는 물화는 사물의 변화와 순환의 관점을 회복하자는 핵심적인 메시지를 담고 있다. '자아'라는 고정된 시각과 '개념'이라는 고정관념으로부터 벗어나 변화, 순환, 발전 등의 시각에서 물건을 바라보는 자연 순환의 관점을 만들어낸 것이 바로 물화다. 자연에는 버릴 것이 하나도 없으며 고정된 채 영원불멸하는 것도 없다. 오히려 모든 것이 변한다는 사실 자체가 영원성을 갖는다. 생태계 속에서 사물은 변화와 순환의 과정이며 일부이다. 물건이나 사물과 일체화된다는 것은 만물의 변화와 순환에 감응한다는 것을 의미한다. 너와 나를 구분하고 사물과 자아를 구분하는 것은 상대방 또는 사물을 타자화하고 낯선 것으로 만드는 일인데, 만약 이런 구분이 없다면 너와 나 사이에 사랑과 욕망의 흐름이 있어 몰아沒我의 경지에 이를 수 있게 된다.

자본주의는 물건을 생태계나 자연으로부터 분리하고 격리시켜 상품화하기 때문에 물화가 아닌 사물화事物化의 상태에 이르게 만들었다. 인간이 마치 상품이나 사물처럼 간주되는 사회적 현상을 '사물화'라고 한다. 이를 처음 주장한 사람은 게오르그 루카치라는 사상가로, 그는 자본주의 체제 하에서 사회적 관계는 자율적이지 않고 관료적이며 자동적으로 바뀐다는 점을 주목했다. 장자의 물화가 변화와 순환을 응시하는 시선이라면, 루카치의 사물화는 인간의 행위가 자연으로부터 분리되어 고정되고 텅 비고 딱딱한 사물처럼 자동화되고 관료화되는 것이다. 또한 사물화는 인간과 인간의 사회적 관계가 전도되어 마치 상품처럼 다루어지는 것을 의미하는데, 이 대목에서 감정노동에 종사하는 사람들의 고초와 시련이 떠오르지 않는가? 장자의 관점에서 볼 때 루카치의 사물화는 식별과 구별의 개념에 의해 고정관념이 극심해진 상황에서 모든 관계를 '이것은 책상이다'라는 식으로 규정해 만물의 변화로부터 분리해낸 생각이었다.

결국 장자의 해법은 자본주의적인 사물화를 (만물의 변화를 수용하는) 물화의 단계로 바꾸어야 한다는 것이다. 세상에 어떤 사물이 자연생태계의 변화와 순환으로부터 완벽히 분리될 수 있겠는가? 그리고 자본주의사회에서 인간이 분리되고 텅 빈 사물처럼 간주된다는 것은 자연으로부터 얼마나 멀어져 있음을 의미하는가? 그런 면에서 장자의 물화 개념은 우리 안의 자연성을 회복하는 지름길이라는 생각이 든다.

우리나라의 전통적인 자연사상은 애니미즘이었다. 이는 사물에 영혼이 깃들어 있다는 물활론적 사유로, 기괴한 암석과 바위, 아름드리 울창한 나무에 신령함이 서려 있다고 생각한다거나 오래 아껴 쓴 망태기나 빗자루, 요강에서 도깨비가 생겨난다고 믿는 것이다. 이런 생각은 우리의 민간사상에 노장사상이 뿌리 깊게 깃들어 있음을 보여준다. 변화하며 순환하는 사물과 하나가 되는 물화의 경지는 사실 물건에 대한 생각을 달리하게 만든다. 자동차, 아파트, 육식, TV 등의 탄소중독적인 문명이 갖는 사물화된 발상과는 달리, 자연만물의 변화와 생성이라는 차원에서 탄소순환 사회를 구축하는 것도 물화의 개념으로 다시 생각해볼 수 있을 것 같다. 사물은 그저 소비되는 것이 아니라 재생되고 순환한다는 생각도 가능할 것이다.

노장사상에서 말하는 무위자연은 사물에 대한 개념적 분별로부터 벗어나 사물을 생태계의 일부로 바라보는 시각을 회복함으로써, 사물을 아끼고 사랑하며 자연의 일부로 받아들이게 만드는 것이다. 이는 루카치의 사물화 원리와 같이 인간이 사물처럼 자동적으로 변화하는 상태가 아니라 자유롭게 횡단하고 노니면서 자연과의 합일에 이르는 상태로 나아가게 만든다. 예를 들어 사람들이 컴퓨터 게임을 할 때는 제각각 분리된 장소에서 자동적인 행위를 하면서 그 자신이 기계처럼 변모하는 상황을 맞이하지만, 그와 달리 전통놀이를 할 때는 산과 들에서 주운 나뭇가지, 돌, 줄 등 자연의 모든 것이 놀이 소재가 되고 아이들과 하나 되어 어지러움을 느끼면서 일체화되는 경험을 하게 된다. 컴퓨터 게임을 사물화의 한 예라고 한다면 전통놀이는 물화의 예라고 할 수 있다. 결국 사람들은 산과 들, 바다에서 나비와 꽃들과 벌레와 하나 되는 상태를 경험해봐야 한다는 것이 장자의 호접몽이 주는 메시지가 아닐까?

≪ 버리고 내려놓고 자유로워지고 ≫

장자는 우리가 사물을 대할 때 시시비비와 사리분별을 따지는 개념적 분별이 아니라 아이처럼 순수한 마음으로 대한다면 그 안에 있는 진실을 깨달을 수 있다고 주장했다. 사실 구분하고 식별하는 지식체계는 뿌리가 깊다. '~은 ~이다'라고 단정해 대상을 뻔한 것으로 간주해버리면 많은 문제가 간단해지기 때문이다. 그래서인지 사람을 만날 때도 '이 사람의 정체가 뭘까?' 하고 식별의 시선부터 보내는 사람이 많다. 하지만 우리가 우주만물의 진리를 깨닫고자 한다면 사고의 차원이 달라진다. 과연 변화하는 우주만물을 어떤 사람이나 사물에게서 발견할 수 있을까? 장자는 그것이 가능하다고 보았다. 불교에서 억겁의 번뇌로부터 해탈하는 것은 장자가 말하는 도에 가까워지는 초월적 위치와 유사하다. 여기서 초월함은 시시비비만이 아니라 생과 사의 갈림길에서도 초연해지는 것을 의미한다. 삶에 매달리지 않고 죽음도 삶의 일부라는 것을 깨달으면 그 공포로부터 초연해진다. 이는 마치 욕망과 무의식으로 구성된 스피노자의 내재성의 철학을 떠올리게 만든다. 하지만 약간 헷갈리게도, 스피노자의 사상에서 내재성과 초월성은 대립 쌍으로 등장한다. 스피노자에게 있어 초월성이 기성종교의 신과 국가의 영역이었다면, 장자에게 있어 초월성은 자연이었다. 그래서 장자의 생각은 초월-내재적이라는 평가를 받는다. 다시 말하자면, 장자는 욕망을 초탈하고 무위자연으로 돌아가는 초월적인 도의 원리를 전개한 반면, 스피노자는 자연성이 우리 안에 욕망과 무의식으로 내재하는 것으로 보았다.

장자의 사상을 잘 표현한 또 다른 개념을 탐색하다 보면 소요유라는 말과 마주치게 된다. 소요유는 '자유롭게 거닐면서 노니는 것'으로 정의할 수 있다. 이 개념은 바람과 물, 새, 물고기와 같은 변화무쌍한 자연처럼 무언가에 의존하지 않고 떠돌며 자유롭게 사유하는 것을 상상케 한다. 자연의 변화에 따라 소요하는 사람은 우주와 합일된 사람과 같다. 어떤 것에 의존하고 고정된 사람이 아니라 횡단하며 이행하고 변이되는 사람이다.

그는 구름 기운에 올라타, 해와 달을 몰아, 사해(四海) 바깥에서 소요하므로 사생(死生)도 그의 존재에 영향을 끼칠 수 없거늘, 하물며 이해(利害)의 말단이랴?(장자,《장자》,〈제물론〉, 96~97쪽, 길, 2005)

자연의 원리인 변화를 거스르고 이에 대해 도전하는 것이 아니라, 물 따라 바람 따라 나비처럼 움직이고 벌처럼 쏘는 그런 상태가 떠오르지 않는가? 횡단하는 사람은 무언가에 의존해 그 자리에 머물려고 하지 않는다. 모든 것이 변화의 과정에 있다고 생각하기 때문에 어디에 예속되거나 종속될 이유가 없다. 그런 사람은 이미 우주 만물과 하나가 된 사람으로, 사회에서의 이해관계와 이익관계로부터 벗어나 있다. 여기서 들뢰즈와 가타리가 말한 유목민nomad 개념이 떠오른다. 내가 아는 어떤 젊은이는 "연애로부터 벗어나니 명예나 부가 필요 없고, 가족과 육아로부터 벗어나니 특이한 삶이 보이더라"고 말하기도 했다. 이처럼 버리고 내려놓고 자유로워지고 이리저리 횡단하는 사람들은 이미 장자의 소요유를 체득한 것인지도 모르겠다.

지금까지의 모든 학문체계는 만물의 변화를 고정시켜 'A=A'라는 논리에 종속시켰다. 이런 고정관념이 아카데미와 학문질서의 근간이며 뿌리를 이루고, 자본주의적인 등가교환의 기초가 된다. 그런데 이런 원리가 분과 학문에서는 유리할 수 있지만 '인생을 어떻게 살아야 하는가?'라는 세계, 우주, 삶의 원리에는 취약할 수밖에 없다. 장자의 소요유 철학에 의하면 학문은 고정관념으로 무게를 잡는 것이 아니라, 가볍게 여러 경계의 학문을 넘나들며 지혜로써 도를 구해야 한다. 현대 학문에서는 분과 학문의 경계를 허물고 서로 융합하고 횡단하는 것이 매우 중요해졌다. 물론 장자는 학문의 존립 자체가 우주적인 합일과는 거리가 멀다고 주장하는 사상가이다. 우주가 시작도 끝도 없는 영원한 순환과 재생, 변화의 과정에 있다는 것을 응시한다면, 학문이라는 개념적 분별의 고정관념으로부터도 자유로워질 수 있다는 장자의 주장을 다시 생각해볼 필요가 있다.

그렇다면 우주적 합일에 이르는 방법과 법칙은 어디에서 찾아야 할까? 그것은 노장사상에 '도'라는 개념으로 함축되어 있다. 노자의 도가도비상도道可道非常道라는 개념은 '도를 도라 함은 진정한 도가 아니다'라는 아포리즘으로 다가온다. 즉, '이것이 도다'라고 규정하는 순간 그것은 도가 아니게 된다. 노자가 도를 얼마나 고정관념과 개념 식별의 바깥에서 설명하고 싶어 했는지 잘 보여주는 대목이다.

어떤 것을 정의하고 규정하는 순간, 사람들은 그것과 그것이 아닌 것을 구분하기 시작한다. 여기서 타자화의 논리가 작동해 결국 지독한 고정관념과 편견, 선입견, 차별의 논리가 자리 잡는다. 노장사상의 정신에 입각하면 '이것이 도다'라고 말하는 사람들은 대부분 위선자이거나 사기꾼이다. 도는 고정된 의미로 포획될 수 있는 것이 아니라 끊임없이 만물에서 생성되는 원리라고 보아야 한다. 그리고 이런 생성의 철학은 결국 흐름과 횡단의 철학을 의미한다.

《 이분법을 넘어서 》

장자는 호접몽에서 '내가 나비였는지 나비가 나였는지' 모를 탈경계적 사유를 펼친다. 주체와 대상, 자아와 사물, 주관과 객관, 지식인과 대중을 가르는 이분법은 서구 합리주의의 뿌리 깊은 전통이었다. 반면에 동양의 노장사상은 자아와 대상을 나누지 않고 물아일체의 경지에서 파악하라고 주문한다. 그것은 산과 들에서 우연찮게도 팔뚝 위에 날아와 앉은 잠자리를 보며 내가 잠자리인지, 잠자리가 나인지 모를 합일의 순간을 경험하는 것과 같다. 자연은 자연학이나 생태학 등의 학문을 통하지 않고도 강아지들이 뛰노는 들, 별들로 가득한 밤하늘, 파도소리로 가득 찬 바닷가를 보며 순수하게 경험할 수 있다. 자연의 다양한 현상들에 대해 '뭐 그런 것 아니겠어?'라고 뻔하게 생각하는 사람도 있을까? 매일 다채롭게 변화하는 자연을 대면하는 것은 그 자체가 색다른 경험이고 우주적인 합일의 순간을 선사한다. 변화하고 순환하는 자연처럼 살아간다면 옳고 그름, 꿈과 현실, 사물과 자아, 삶과 죽음의 경계를 넘어서는 초월적인 도를 깨닫고 우주를 자신의 마음에 품을 수도 있을 것이다.

　장자가 살던 시대의 학문들도 대부분 단정하고 분별하고 구분해서 고정관념을 만드는 개념적 작업들에 매달리고 있었다. 공자의 정명론正名論도 그런 예다. 하지만 그 시절에 장자는 개념의 분별로부터 벗어나자고 제안했다. 사실 개념이 생겨나기 전에도 사람들은 삶을 통해 우주와 세계, 자연을 경험하고 있었을 터인데 식자들이 편견으로 그것을 무시하지 않았나 하는 의심이 든다. 사실 고정관념만 제거한다면 시시비비는 다른 논리가 될 것이다. 앞서 설명했듯이 '너도 맞고 나도 맞고' 혹은 '너일 수도 나일 수도' 있는 것이 소요유가 품고 있는 횡단과 흐름의 논리이다. 그것은 식별로서의 지식이 아니라 통섭과 융합, 횡단을 통한 지혜의 노선을 따른다. 개념이 구성해낸 이론적인 현실은 사실 근거가 굉장히 빈약하고, 고정관념의 토대 위에 자리 잡은 앙상한 구조물일 뿐이다. 반면에 변화하는 자연만물과 우주에 접속해 이를 선입견 없이 순수하게 경험한 사람들은 개념을 모르더라도 이미 알고 있다.

물화와 같이 사물의 변화에 감응해본 사람들은 세상만물이 고정되지 않고 변화하고 순환한다는 관점을 갖게 된다. 그러나 자본주의 사회에서는 분리되고 격리된 상품들을 자주 접하다 보니 사람마저도 사물화되는 결과를 낳는다. 사람들이 마치 자동적인 반응을 하는 건전지나 기계부품처럼 간주되고, 이런 사물화 원리(자동주의)에 의해 자본주의적인 관료체제가 완성된다. 사람들은 기계처럼 똑딱거리는 노동을 하고 비루한 일상을 경험하면서 사물의 질서 외부를 보지 못한다.

이런 상황에서 장자의 사상은 우주적 합일이라는 근본적인 자연의 원리와 접속하는 것만이 자본주의의 자동성과 고정관념에서 벗어나는 해법이라고 말해주는 것 같다. 게임이나 스마트폰, 인터넷을 통해 사물화되어 자동적으로 반응했던 사람들은 나비, 잠자리, 강아지 등의 자연물과 접속하면서 장자의 물화 개념을 조금이나마 이해하게 될 것이다. 그리하여 나비가 꿈을 꾸어 나인지, 내가 꿈을 꾸어 나비인지 모를 물화의 순간을 느껴본다면, 당신은 이미 장자의 세계에 접속한 것이다.

《 이 세상 단 하나뿐인 원본은 나 자신 》

"뭐야? 당신 그 영화 아직 안 봤어? 아닌데? 전에 우리 함께 봤던 영화 잖아. 기억 안 나? 잠깐 기다려 봐!"

아내는 의외라는 듯 고개를 갸우뚱거리더니 난데없이 방으로 뛰어 들어가서 책상 서랍을 한동안 뒤적거렸다. K씨는 영화 〈몽상가들〉이 10주년을 맞아 국내에서 재개봉한다는 소식을 듣고 반가운 마음에 표를 예매했다. 영화의 배경이 된 프랑스 68혁명 시기는 그의 연구와도 관련이 깊어 늘 보고 싶었지만 기회가 없었던 참이다. 하지만 어찌된 일인지 아내는 분명히 그와 함께 영화를 봤다고 주장하는 것이 아닌가. 그 영화가 처음 개봉했던 2003년은 K씨와 아내가 만나기 전이었다. 그녀는 아마 다른 사람과 함께 가서 본 걸 착각하는 모양이었다. '그런데 누구랑? 남자였을까?' K씨의 상상력이 쭉 뻗어갈 즈음, 방 안에서 아내가 "여기 있네!" 하고 외치는 소리가 들렸다.

아내가 내민 것은 1테라짜리 외장하드였다. 컴퓨터에 연결하고 'movie'라는 이름의 폴더를 더블클릭하니, 폴더가 열리면서 그 안에 잠들어 있던 영화 제목들이 얼굴을 드러냈다. 〈400번의 구타〉나 〈네 멋대로 해라〉처럼 이름만 들어도 머리가 아픈 누벨바그 영화부터 〈아비정전〉〈화양연화〉 등 대학시절의 로망을 자극하는 90년대 홍콩영화, 그리고 〈반딧불의 묘〉나 〈에반게리온〉〈공각기동대〉〈붉은 돼지〉〈이웃집 토토로〉〈원령공주〉 등 재패니메이션들이 감독별로 꼼꼼하게 분류되어 있었다. 그밖에 〈시민 케인〉〈자전거 도둑〉〈펄프픽션〉 등의 고전 명화와 〈해리포터〉〈스타워즈〉〈스타트랙〉 등 한번쯤 보고 싶던 시리즈 영화들까지, 더 나아가 얼마 전까지 극장에 걸려 있던 최신 영화도 적지 않았다. K씨는 그 방대한 규모에 입을 다물 수가 없었다. 옛날로 치면 웬만한 비디오가게 하나를 그 안에 옮겨둔 셈이었다. 아내는 기세등등하게 모니터를 가리키며 말했다.

"여기 있잖아. 몽.상.가.들! 전에 나랑 같이 TV에 연결해서 봤잖아."

그러고 보니 아내가 얼마 전 어디선가 긴 선을 구해 와서 TV와 컴퓨터를 연결한다고 난리를 피운 일이 떠올랐다. 혹시나 싶어 동영상을 플레이하는데 처음 몇 장면이 눈에 익었다. 하지만 뒤로 갈수록 전혀 본 적 없는 스토리가 펼쳐졌다. 아마도 거실에 누워서 맥주 캔을 기울이며 영화를 보다가 잠이 든 모양이었다. 아내도 사정이 다르지 않을 터였다. 그녀는 슬그머니 K씨의 눈길을 피하며 중얼거렸다.

"음… 보다 말았나? 그래도 일단 소장하고 있으면 언젠가는 보겠지."

언제든 마음만 먹으면 다시 꺼내볼 수 있다는 망상이 〈몽상가들〉을 그토록 오랜 시간 외장하드 속에 잠들게 한 범인이 아닐까 싶었다. 게다가 외장하드에 저장된 영화 리스트가 워낙 방대하니 착각할 만도 했다. K씨의 입에서 저절로 감탄이 흘러나왔다.

"정말 엄청난 영화들이네. 의외인데, 당신이 이렇게 대단한 영화 마니아였다니!"

"마니아는 무슨… 기왕 P2P사이트 들어간 김에 이것저것 다운로드해놓은 거야. 어차피 공짜잖아."

K씨는 '공짜'라는 말에 숨이 턱 막혔다.

"그거 불법 아니야? 적발되면 어쩌려고 그래?"

"어휴 참, 또 잔소리! 그렇잖아도 요즘은 검열 심해졌다고 해서 안 하고 있어. 모두 1~2년 전에 받아놓은 거야. 내가 미리미리 다운로드해놓길 잘했지. 이런 걸 선견지명이라고 하는 거야! 안 그래?"

아내는 자랑스럽다는 듯 팔짱을 끼고 어깨를 으쓱해 보였다. 하지만 K씨는 한숨을 푹 내쉬었다. 1년 이상 열어보지 않은 파일은 아무리 시간이 지나도 다시 볼 일이 없다는 것쯤은 이제 알 만도 한데 말이다. 언제든 컴퓨터만 켜면 볼 수 있을 만큼 접근성이 높다는 사실은 그것을 그저 '뻔한 존재'로 만들어버린다. 어쩌면 끝까지 다 보지 못하고 잠든 〈몽상가들〉처럼 '이미 본 영화'로 취급하고 다시는 안 보게 될지도 모르겠다.

생각해보면 대학시절에는 친한 친구들과 자취방에 모여서 다함께 비디오로 영화를 보곤 했다. 당시만 해도 수입이 금지된 일본 영화나 애니메이션, 〈파업전야〉와 〈오 꿈의 나라〉 같은 상영금지 처분을 받은 운동권 영화들, 혹은 굶주린 20대 수컷들이 단체로 남성호르몬을 분출하던 19금

영화들이 대부분이었다. 패거리 중 한 명이 새로운 비디오테이프를 입수하면 비상연락망을 통해 순식간에 사발통문이 돌았다. 그런 날은 친구 자취방이 극장이 되었다. 좁은 공간에 십여 명의 장정들이 모여앉아 서로의 땀 냄새를 맡으며 영화를 봤다. 그렇게 함께 영화 속으로 빠져들다 보면 나중에는 모두의 숨소리마저 같아지곤 했다. 마지막 엔딩 자막이 올라오면 너나없이 담배를 꺼내 물었다. 그때의 감동은 절대 복제할 수 없는 것이었다.

물론 당시에도 비디오테이프가 대부분 불법으로 유통되었지만 구하기가 하늘의 별 따기였던 걸로 기억한다. 여러 명이 차례로 돌려보다 보면 가끔은 테이프가 늘어지고 엉키는 불상사가 발생하기도 했다. 그때만 해도 '더블데크'라는 첨단장비 없이는 아무나 복제할 수 없었기에, 아무리 늘어진 비디오테이프라 할지라도 그 안에는 원본 못지않은 아우라가 깃들어 있었다.

그에 비하면 지금은 몇 번의 클릭질만으로 영화 한 편이 금세 다운로드되고, 친구가 가진 파일을 쭉 드래그해서 내 폴더에 옮겨놓으면 단박에 복제가 된다. 복제가 쉬워진 만큼 가치는 땅에 떨어졌다. 결국 아내가 모아놓은 400여 편의 영화들은 수백 수천 번의 복제와 다운로드를 거듭하다가 지금은 1테라 외장하드 속에 덩그러니 버려져 있다.

그날 K씨는 기어이 혼자서 집을 나섰다. 어쩌면 영화 〈몽상가들〉을 온전히 느낄 수 있는 기회는 지금 자신에게 주어진 '단 한 번'이 아닐까 싶었다. 이제 곧 극장의 불이 꺼지고 그는 영화 속으로 빨려 들어가게 될 것이다. 주변 사람들의 작은 기침 소리도 차츰 잦아들었다. 자, 이제 1968년의 파리로 날아갈 준비가 다 되었다.

《 '진짜'의 품격이 사라졌다 》

'아우라Aura'는 매체미학의 선구자인 발터 벤야민Walter Benjamin에 의해 새롭게 부각된 개념이다. 그는 《기술복제시대의 예술작품》길, 2007이라는 저서에서 아우라라는 말을 일반적으로 통용되는 개념인 양 사용했다. 아우라는 예술작품이 원래 갖고 있던 고매한 느낌, 정서, 감각 등을 의미한다.

미술관에서 예술작품을 전시할 때 감상자들에게 만지지 말라는 주의를 준다. 그 작품이 지구에서 단 하나밖에 없는 작품이기 때문이다. 그런 작품을 대할 때 우리도 원본이 갖고 있는 유일무이하고도 독특한 품격을 느낀다. 똑같이 생긴 것이 여러 개 있는 공산품과 달리, 세상에 단 하나밖에 없는 예술작품은 고유한 의미와 가치를 지닌다. 그런데 이런 예술품과 똑같이 생긴 모조품이 등장한다면 어떨까? 아니, 사진작품처럼 원래부터 여러 장으로 복제 가능한 예술작품이라면 어떨까? 진품에 대한 복제가 무한대로 이어지는 디지털 자료라면 또 어떨까?

진품이자 원형이 가진 고고한 품격이자 우아함을 뜻하는 아우라는 복제기술이 발전한 오늘날에는 거의 소실되다시피했다. 지금 우리가 살면서 접하는 예술작품이나 상품들 중에 진본으로서 세상에 하나밖에 없는 물건이 몇 가지나 될까? 어쩌면 독특하고 유일무이한 '나 자신' 외에는 대부분 복제품일지도 모른다. 특히 디지털 기술의 발전으로 무한복제가 가능해져 원본과 사본의 경계조차 모호해졌다. 더 이상 원본이자 진짜가 갖고 있는 품격을 찾는다는 것은 무의미한 일이 되어버렸다. 이제는 텔레비전과 같은 대중매체가 인간의 무의식까지도 빵 찍어내듯 대량복제하고 있는 상황이다.

벤야민의 아우라 개념은 원형, 원본, 진본에 대한 느낌과 감정이라는 점에서, 플라톤이 원본이자 원형으로 본 이데아 세계와 연결해 고찰해볼 수도 있다. 우리는 특이하고 유일무이한 것을 발견했을 때 묘한 매력과 감동을 느끼는 경우가 많다. 반면에 대량복제로 생산된 공산품을 볼 때는 다소 뻔하다는 느낌을 피할 수 없다. 기술과 산업의 발전은 예술활동에서의 복제를 용이하게 만들어 이제 예술작품마저도 '보통 사람들이 사용하는 보통의 것'으로 추락시킬 위험이 있다. 그런데 하나뿐인 진본에 대해서는 '진짜'라는 아우라를 느끼면서 나머지는 '가짜'라고 규정하는 시각은 적절할까?

벤야민은 대량복제 기술의 발전이 예술을 소멸시키는 것이 아니라 기존 예술과는 다른 색다른 예술세계를 열어줄 것이라고 전망했다. 즉, 예술이 이전에는 우리가 볼 수 없었던 다른 지각작용과 접속하게 되는 혁신적인 상황이 연출된다는 것이다. 예를 들어 초미세 현미경 카메라로 찍은 박테리아 사진은 자연을 완전히 다른 시각에서 볼 수 있게 한다. 또한 최신 디지털 화면으로 찍은 세상 풍경이 얼마나 세련된 이미지를 갖고 있는지는 두말하면 잔소리다.

하나뿐인 원본을 찾자고 나머지를 가짜 이미지로 간주하는 것은 고미술품을 소장해 엄청난 가치를 얻으려는 사람들에게나 필요한 식별의 심리구조에 불과할지 모른다. 삶에서 예술을 전유하고 자유롭게 사용하려는 사람들은 대량복제 기술을 환영할 수밖에 없다. 인터넷에서 대량으로 복제된 예술작품에 대해 저작권을 부여하고 통제하려고 한다면 무슨 일이 벌어질까? 물론 저작권은 창작자의 권리이며 창작을 위해 필요한 보상이라는 당연한 전제는 바탕에 두고 하는 말이다. 인터넷을 통해 회화작품을 보려는 사람들은 원본의 아우라, 즉 물감의 터치나 오래된 향기, 붓의 유려한 사용법 등에 대해서는 별로 관심이 없다. 그 대신 예술작품을 자신의 컴퓨터 폴더에 저장하고 이따금 눈요기나 오락거리를 위해 사용하기도 한다.

기술에 의한 시대 전환은 철학이나 예술, 매체 전반에 변화를 이끌어낸다. 예를 들어 음악을 소비하는 방식에서, 일생에 단 한 번밖에 없을 순간의 감성을 중시하는 사람들은 공연장을 찾아 라이브 음악을 직접 듣고 향유하려고 할 것이다. 반면에 예술을 매순간 삶의 도구로 이용하려는 사람들은 음악을 파일 형태로 복제해서 때때로 듣고 향유하는 방법을 택할 것이다. 그중 어느 쪽이 더 예술적인가를 묻는 것은 무가치한 일이다. 두 방식 모두 다 예술에 대한 심미적 전유를 하고 있기 때문이다. 기술의 변화는 예술이 갖고 있는 원형의 고고함과 진본의 우아함이라는 가치공식을 깨뜨려버렸고, 예술은 이제 다양한 복제기술을 통해 오락거리이자 눈요기 소재로 활용되고 있다. 이런 상황이 이미 우리 일상에 자리 잡고 있는데 새삼스레 다시 꺼내는 이유는, 그런 변화가 벤야민의 시대에 처음으로 감지되었다는 얘기를 하기 위해서다.

기술복제는 벤야민이 살던 시기에 처음으로 이루어지기 시작해, 이후에는 고전주의니 낭만주의니 하는 예술 장르를 나누는 것조차 무색할 정도로 예술의 대중화와 통속화를 이끌었다. 보수적인 사람들은 이런 변화를 극도로 꺼려했지만 기술발전이 그런 생각을 앞질러 미래로 향하게 만들었다.

《 진정한 예술이 있기는 할까? 》

과거에 예술은 일시적이면서 단 한 번의 감동을 주는 순간의 미학을 가지고 있었다. 그 순간의 느낌은 어느 누구에게도 전달될 수 없으며, 마치 오늘의 태양이 만들어낸 석양처럼 일시적으로 체험할 수 있는 장관과도 같았다. 예술을 느끼고 감동할 순간이 그 한 번밖에 없기 때문에 예술가나 감상자 모두의 기억과 추억 속에 강렬한 한 장면으로 각인되었다. 그러나 사진, 영화, 다큐, 레코드 등의 기술 발전으로 그것을 기록하고 대량복제할 수 있는 길이 열렸다.

사실 예술의 기원은 제의祭儀와 무관하지 않다고 한다. 고대에 시작된 제의는 오늘날의 퍼포먼스performance 예술과 같은 성격을 띠었으며, 여기서 더 나아가 종합예술로 발전했다. 예술은 점점 제의로부터 분리되기 시작해 근대 이후에 독자적인 영역으로 발전했다. 한국의 역사에서는 동해안 일대에서 벌어지는 별신굿을 대표적인 사례로 들 수 있다. 다른 지역과 달리 동해안 지역은 세습제 무당의 전통이 있어서 예술적 제의 전승이 가능했다. 별신굿의 예술적인 요소는《심청전》이라는 문학작품에 잘 나타나 있기도 하다.

> 예술작품의 아우라적 존재 방식은 결코 그것의 〔제의〕 의식적 기능에서 떨어져 나온 적이 없다는 사실이 결정적 의미를 갖는다. 달리 말해 '진정한' 예술작품의 유일무이한 가치는 의식에 근거를 둔다.(발터 벤야민, 《기술복제 시대의 예술작품》, 51쪽, 길, 2007)

예술의 원형은 기술발전에 따라 여러 가지 변화를 보였다. 회화와 사진을 비교해보면 어떨까? 회화는 피사체를 오랜 시간 관찰해 이미지화하는 긴 기억의 과정을 경유한다. 물론 인상파들의 그림처럼 순간에 충실한 경우도 있지만 대부분은 장시간의 작업과 머릿속의 이미지 지속을 전제로 한다. 사진의 역사 초기에 거의 회화작품을 방불케 하는 작업이 이루어졌던 이유는 당시에는 카메라 노출에 긴 시간이 요구되었기 때문이다. 피사체가 된 사람들은 움직이지 않고 사진기에 집중해야 했다. 사실 사진예술의 초기와 후기를 비교해보면 회화와 사진의 성격 차이를 어느 정도 이해할 수 있다. 초기의 사진작품들이 회화처럼 비교적 아우라를 살리고 강조하는 쪽이었다면, 카메라 기술이 발전한 현재는 원형의 아우라보다는 원하는 짧은 기억의 순간을 포착해 대량복제할 수 있는 능력을 갖게 되었다.

그림을 그리는 과정에는 작가가 오랫동안 다져온 여러 가지 생각과 숙련된 예술적인 테크닉이 발휘되지만, 사진에서 작가가 원하는 것은 우발적인 순간으로만 존재한다. 또한 회화작품은 대부분 작가가 제목을 달고 나름대로 의미화 과정을 거치는 반면 사진작품은 표제가 없는 경우가 많다는 점에서, 기술발전이 이미지에 대한 지각 작용조차 바꾸어낸다는 것을 알 수 있다. 특히 디지털 카메라로 찍은 사진은 여러 차례에 걸쳐 포착된 이미지들의 하나로 간주될 뿐, 그것이 어떤 의미와 기억을 대표한다고 여겨지지 않아 더욱 표제를 붙이지 않게 되었다.

이런 점에서 볼 때 기술발전은 생각의 경로마저 바꿔놓았다. 초기에 회화적인 이미지를 추구하던 사진은 이제 자연의 흐름처럼 수없이 발생되고 사라지는 삶의 순간적인 부분이 되어버렸다. 물론 이런 특징에도 불구하고 유머나 오락, 재미를 위해 사진에 표제를 달아 즐기는 경우도 있지만 말이다. 벤야민은 사진과 회화를 비교하면서, 기술 변화가 감상가들이 느끼고 지각하는 능력까지 변화시켰다는 점에 특히 주목했다.

기술이 인류와 공생진화해 왔다고 말하면 이상할까? 기술의 발전에 따라 느낌과 감수성이 바뀌는 것도 사실이니 말이다. 예를 들어 '셀카봉'이라는 기계가 생긴 뒤로는 거리에서 사진을 찍어달라고 하는 사람들이 거의 사라졌다. 또한 스마트 기술의 발전으로 멀티미디어를 사용하게 된 사람들에게 회화, 음악, 무용 등의 고전적인 예술 장르는 퇴색되는 경향이 있다. 이제 '나도 예술가'라며 스마트폰 앞에서 춤추는 아이들의 영상을 컴퓨터로 다운받아 즐기는 시대가 왔다. 기술의 발전은 촉각, 지각, 시각, 청각을 변화시켰다. 그래서 세상이 더 나아졌다고 말하는 사람도 있겠지만, 생태주의자들의 입장에서 보면 인류가 지금처럼 기술의존적인 상황도 일찍이 없었으며 생명과 생태, 생활을 느끼는 감수성이 이처럼 떨어진 상황도 없었다.

벤야민은 매체에 대한 연구를 통해, 기술발전에 따라 완전히 다른 신인류들이 나타났다가 유행에 뒤처지면서 사라지는 상황을 담담히 그려낸다. 기술발전의 속도가 굉장히 빠른 상황에서 젊은이들과 이전 세대의 간극은 심각하게 분열되었다고 말할 수 있을 정도다.

《 모든 것이 오락거리로 》

벤야민이 언급한 기술복제 시대에 예술작품은 어떤 기능을 할까? 과거의 예술작품은 감상자로 하여금 원형이 갖는 아우라를 느끼기 위해 침잠하고 집중하고 사색하는 과정을 요구했다. 미술관에서 떠들면 관계자가 다가와 주의를 주는 것처럼, 예술작품을 향유하는 것은 조용한 정신세계로의 접속을 의미했다. 그러나 기술복제 시대의 예술작품은 오락거리나 재미를 위한 형태로 변모해 정신을 집중하지 않고 분산시킬수록 더 재미있게 감상할 수 있게 되었다. 예술작품의 대중적인 향유 방식 역시 다소 시끄럽고 산만해졌다.

특히 영화와 같은 매체를 보면 오락거리로서의 기능이 강화된 점이나, 감상할 때 정신분산이 이루어지는 과정을 잘 이해할 수 있다. 우리는 영화를 보는 동안에 꽤나 신경을 써서 집중하고 있다고 느끼지만, 끊임없이 팝콘을 집어 먹고 영화 스토리에 반응하면서 웃고 우는 과정은 전통적인 예술 감상 태도와는 상당한 차이가 있다. 가타리에 의하면, 영화는 사람들이 기존의 기억과 무의식의 흐름에서 벗어나 낯선 곳으로 튕겨져 나와 이방인, 부랑아, 떠돌이, 음유시인이 되어보도록 체험하게 하는 매체다. 그런 점에서 영화는 정치적 성격을 내포한다. 감상자가 자신이 하지도 않은 일을 간접체험하도록 해 무의식을 대량생산하기 때문이다. 그런 영화보다도 오락성이 강하고 극단적으로 정신을 분산시키는 매체가 텔레비전이다. 텔레비전을 보는 것은 정말로 산만한 일이다. 주위에서 사람들이 오락가락하고, 부엌에서 찻주전자가 끓고 있고, 전화벨이 울리는 등의 복잡한 환경과 어우러져 영상-이미지들이 다가오기 때문이다. 이런 매체적 특징은 텔레비전이 오락거리로 정말 적합하다는 것을 보여준다.

옛날 중국의 전설에 어떤 화가가 자기가 완성한 그림을 보고 그 속으로 들어갔다는 식으로, 예술작품 앞에서 정신집중을 하는 사람은 그 작품 속으로 들어간다. 이에 반해 정신이 산만한 대중은 예술작품이 자신들 속으로 빠져들어오게 한다. 대중은 예술작품을 그들의 파도로 둘러싸며, 그들의 밀물로 감싸 안는다.(발터 벤야민,《기술복제시대의 예술작품》, 90쪽, 길, 2007)

　벤야민은 영화매체 분석을 통해 텔레비전이 갖고 있는 장점을 암시하는데, 그것은 바로 '정신적 예방접종'이라는 개념이다. 텔레비전이 정신을 분산시키며 산만하게 만드는 매체적 특성을 가졌음에도 화면에서 분출되는 원색적이고 자극적이며 사도-마조히즘적인 내용들이 정신질환을 예방할 수 있는 선체험을 제공한다는 것이다. 즉, 텔레비전은 정신질환이 갖고 있는 우울, 불안, 공포, 분열과 같은 감정을 사람들이 미리 느끼게 함으로써 그에 대한 대처법을 마음속에서 끊임없이 고심하게 만드는 장점이 있다. 또한 대인관계에 있어서도, 텔레비전이 가장 극단적인 캐릭터를 먼저 보여줌으로써 현실에서 처하게 될 어려움과 최악의 상황을 미리 준비하게 해준다는 것이다. 벤야민이 텔레비전의 장점으로 꼽은 정신적 예방접종 기능은 사회조직이나 가족 등의 미세한 영역을 작은 정신병원과 같은 곳으로 만들어버리는 효과를 갖는다. 오늘날 정신분석은 상담실에서만 가능한 게 아니라, 주말드라마에 그려지는 가족 무의식 속에서도 대량제공된다고 할 수 있다.

　어떤 사람은 진정한 예술이 사라져버린 기술복제 사회를 비판할 것이다. 그러나 아무리 원해도 순수예술의 시대는 돌아오지 않는다. 그 대신 대량복제되어 대중적인 삶의 일부가 된 예술활동이 주를 이룰 것이다. 현대의 예술작품은 소수 지배 엘리트나 귀족적인 계층의 향유물이 아니라 다수 대중의 삶에 촉매제가 되도록 배치되어 있다. 기술복제 시대가 예술을 타락시키고 저급화했다는 비난을 받고 있음에도, 그 덕분에 우리는 예술적인 활동이 대중의 삶과 융합되어가는 매우 중요한 터닝포인트에 서 있다고 볼 수 있다. 물론 현대의 예술작품들은 아우라가 없는 짝퉁이자 복제품 천지라는 점에서 순수예술의 유일무이성이나 일회성으로부터는 완전히 벗어나버렸지만, 수많은 사람들의 정서와 감수성, 느낌에 스며들어가 다채로운 반응을 이끌어내는 장점이 있다.

《 기술복제, 찬성이냐 반대냐 》

벤야민의 철학적 저작들은, 독자로 하여금 출구 없는 세계에 빠져든 것 같은 느낌이 들게 한다. 마치 토끼굴에 빠진 이상한 나라의 엘리스가 된 기분이 드는 것이다. 그의 저작들이 난독증을 유발하는 이유는 그가 기술현상과 사회현상에 대해 '좋다, 나쁘다'는 가치판단을 거의 하지 않기 때문이다. 파리의 피사주에 대해 다룬 《아케이드 프로젝트》새물결, 2006가 모호한 개념의 미로를 넘나든다는 평가를 받는 이유도 거기에 있다. 《기술복제시대의 예술작품》 역시 그래서 기술발전이 좋다는 것인지, 나쁘다는 것인지 가치판단을 내리지 않기 때문에, 책을 처음 읽는 사람들은 벤야민이 기술복제 시대로 가야 한다고 주장하는 것인지 아닌지를 헷갈리게 된다. 그러나 벤야민은 기술의 물신성과 혁신성을 동시에 사유함으로써 양가적인 서술을 수행할 뿐이다. 기술은 인류를 새로운 세계로 초대하며 예술작품의 의미를 완전히 다른 것으로 만들지만 그것이 반드시 유토피아처럼 좋은 것만을 의미하지는 않는다고 얘기한다.

예를 들어 영화는 이전과는 완전히 다른 감수성을 갖게 만드는 매체로서 혁신적인 의미가 있지만, 그와 동시에 스타 숭배나 히틀러에 의한 정치적인 선동 수단으로 쓰이는 등 물신적인 면도 내포하고 있다. 그렇기 때문에 기술 변화를 유토피아나 디스토피아의 어느 한 쪽으로 선택해서 받아들일 것이 아니라 두 가지 측면을 모두 고려해 바라볼 필요가 있다는 것이다. 예컨대 영화배우나 연예인, 방송종사자 등을 향한 팬덤 문화는 그 대상에 대한 선망 또는 추앙하는 마음을 바탕으로 한다는 점에서 일종의 물신숭배와 비슷한 특징을 보인다. 이들은 좋아하는 대상을 영웅시하고, 그 뒤를 쫓고, 그들이 광고하는 상품을 수집한다. 사실 파시스트나 전체주의자들이 영화매체를 이용하려고 했던 것도 영화가 이렇듯 물신적인 수단으로 발전할 수 있다는 가능성 때문이었다. 그러나 팬덤 문화는 더 나아가 청소년들과 여성의 정치적 행동의 수단으로 진화하는 모습도 보여주었다. 국내에서는 예전 광우병 촛불집회에 아이돌 팬클럽이 조직적으로 참여한 사례를 들 수 있다.

한편 기술의 물신성에 대한 비판도 필요하지만 기술발전이 매체에 혁신적인 변화를 주어 인류가 이전에는 체험해보지 못한 영역에 접근할 수 있게 했다는 점도 인정해줘야 한다. 우리가 일상에서 '바라보는' 것과 영화에서 '바라보는' 것은 완전히 다르다. 영화는 편집과 프레임, 여러 카메라의 각도 등을 통해 우리가 일상에서 잘 포착하지 못했던 순간을 다각적으로 보여줌으로써 '완전히 다른 세상에 대한 상상'을 자극한다. 기술복제 시대의 매체들은 이처럼 다른 세상을 꿈꾸게 한다는 점에서 정치적 의미를 갖는다. 동시에 스마트폰과 같은 첨단기기의 출현은 기술의 혁신적인 사용을 촉매해 삶을 변화시키는 역할까지 수행해낸다. 우리가 보고 듣고 느끼는 모든 것은 색다른 기술 매개적인 감수성으로 재구성될 수 있다. 이런 점에서 기술은 우리의 지각작용까지 변화시키는 혁신적인 성격을 갖는 것이다.

벤야민의 양가적인 태도로 인해 기술복제 시대를 찬성할 것인지, 반대하는 입장에 설 것인지, 혼란을 겪는 사람이 분명 있을 것이다. 그러나 벤야민은 기술복제 사회를 여러 각도에서 성찰할 수 있는 창문을 만들기 위해 이리저리 횡단하면서 사유의 진동 폭을 넓혀갔을 뿐이다. 아우라가 없어진 예술작품, 대량으로 복제되는 예술작품의 시대는 비단 벤야민의 시대만이 아니라 오늘을 사는 우리의 모습이기도 하다. 생태근본주의자나 기술비관주의자들은 기술복제가 물신적이라고 비판하고, 기술낙관주의자들은 혁신적이라고 찬양한다. 그러나 벤야민의 사유의 경로를 좇아가며 우리가 생각해야 할 것은 '어떻게 기술을 재전유할 것인가?'라는 물음이다. 정치적 의미에서든, 문화적 의미에서든 기술이 삶과 사회를 풍부하게 만들고 좀 더 나은 세상을 위한 매개체로 쓰일 수 있도록 성찰하고 고민할 필요가 있다. 그 고민을 시작했다면 여러분은 이미 벤야민의 철학적인 사색에 함께 하는 사람들이다.

팬덤문화

기 드보르

《 네, 자발적 사생팬입니다 》

오늘 하루 월차를 냈다던 아내는 새벽부터 어디론가 쌩하니 달려 나가더니 밤 10시가 넘어서 파김치가 되어 돌아왔다. 며칠 전 방청권을 얻었다며 환호하던 음악방송 프로그램 사전녹화에 다녀온 모양이다. 아내는 아침 9시부터 하루 종일 방송국 앞에 쪼그리고 앉아서 대기하느라 점심도 쫄쫄 굶고 저녁은 김밥 한 줄로 겨우겨우 때웠다며 투덜거렸다. 수많은 인파에 이리 밟히고 저리 밀리며 온종일 어찌나 고생을 했는지, 아닌 게 아니라 다크서클이 콧등까지 내려와 있었다.

"에휴, 나이 들어서 '팬질'하기 정말 힘드네. 그래도 울 애기들 무대를 가까이서 봤으니 그걸로 됐어. 카이가 그 뇌쇄적인 눈빛으로 나를 막 쳐다보는데, 순간 아찔해서 막 쓰러질 뻔했다니깐. 어흐흥~ 내 맘에다 불을 싸질러놓고 이 어린 것들! 이것 좀 봐. 오늘 완전 득템 했잖아. 한정판인데 내가 최고령이라고 팬클럽 스태프들이 일부러 챙겨줬다니깐."

K씨의 아내는 자칭 '엑소맘'이다. 아이돌 그룹 엑소에 꽂혀서 팬클럽에 가입한 게 작년 봄. 콘서트며 정모며 부지런히 쫓아다니더니 이젠 아예 남편도 내팽개치고 밖으로만 나돌고 있다. 새 앨범이 나오면 버전별로 사주는 건 기본, 수시로 음원 스트리밍 해야지, 음악방송 순위 프로그램 투표해야지, 멤버들 인스타그램 팬픽 확인하고 그때그때 하트 눌러주고, SNS에 올라오는 고화질 사진 다운로드 받고, 뮤직비디오 보고, 출연한 프로그램 검색해서 시청하고, 온라인 숍에서 포스터나 포토카드 구입하고, 짬짬이 팬클럽 카페 들락거리면서 새로운 소식 확인하고…….

K씨가 기억하는 한 아내는 어느 때보다도 부지런한 생활을 하고 있다. 물론 그 스케줄에서 남편을 위한 시간은 단 10분도 할당되지 않지만 말이다. 덕분에 그는 요즘 아내 얼굴 보기가 하늘의 별 따기보다 어렵다. 부부간에 통 대화가 없어진 것 같다고 소심한 투정이라도 할라치면 아내는 "그 정도도 이해 못하냐!"며 핀잔을 주곤 한다.

"회사일이 바빠져서 오늘도 월차 내기 엄청 힘들었다니까. 일 때문에 스트레스는 늘어나지, 어디다 풀 데는 없지. 그나마 울 애기들 사진 보면서 숨 좀 돌리는 거야. 요즘 팬질하는 시간이 줄어서 금단현상 생길까봐 걱정이라니까."

오늘도 고령의 엑소맘은 팔다리 어깨 무릎 안 쑤신 데가 없다며 먼저 잠자리에 든다. 그 모습을 보면서 K씨는 어쩐지 서러운 마음이 물밀듯이 밀려왔다.

사실은 오늘이 K씨의 생일이었다. 설마 하면서도 아무래도 불안한 마음에 퇴근길 빵집에 들러 작은 케이크 하나를 직접 사왔다. 아니나 다를까, 아내는 남편 생일마저도 까맣게 잊고 있었다. 언젠가 아내가 엑소 멤버의 생일 조공으로 핸드메이드 쿠키를 구워서 보내겠다며 부엌을 엉망진창으로 만든 일이 문득 떠올랐다. 어쩌면 잠자러 들어간 아내가 지금이라도 "서프라이즈!"를 외치며 튀어나오지 않을까 내심 기대하면서 K씨는 안방 쪽을 물끄러미 바라보았다. 하지만 아무리 기다려도 아무 일도 일어나지 않았다. 그는 텅 빈 주방에 홀로 앉아 케이크 위의 초에 불을 붙였다.

생각해보면 K씨도 한때 '사생팬'이었던 적이 있다. '이선희 누나'를 만나겠다고 광주에서 홀로 상경했다가 길을 잃어버리는 바람에 하마터면 서울역 앵벌이가 될 뻔했던 중학생 시절부터 매일 밤 〈이문세의 별이 빛나는 밤에〉를 듣느라 아침에 지각을 밥 먹듯이 하던 고3 때까지, 그 대상은 수없이 바뀌었지만 마음만은 한결같은 '팬심 작렬'의 연속이었다. '사랑과 평화'와 '봄여름가을겨울'을 거쳐서 김현식과 정태춘에 열광했고 김민기의 노래들 때문에 기타를 배우기 시작했다. 그들은 젊은 날 K씨의 문화적 감수성을 일깨워준 스승이었고, 세상을 보는 새로운 눈을 열어준 안내자였다. 친구와의 우정을 돈독하게 해준 조언자였고, 삶에서 받은 상처를 보듬어준 치료사였으며, 각자의 삶을 사랑하고 더 열심히 살아갈 수 있도록 응원해주는 존재였다. 그래서 그 옛날 기억 속에서 K씨는 단지 스타들의 주변을 맴도는 구경꾼이 아니라 온전히 자기 삶의 주인공일 수 있었는데….

아내가 이미 잠이 들었는지 집안에 고요가 가득 찼다. K씨는 오랜만에 아내에게 편지를 쓰기 시작했다.

'아마도 당신은 내일 아침에 이 글을 읽겠지? 늦게나마 남편의 생일을 축하해주어서 정말 고맙소. 그런데 말이오. 당신이 그토록 애정해마지 않는 엑소를 만나러 갈 일이 다음에 또 생기면 그땐 나와 함께 가자고 한번쯤 권해주면 어떻겠소? 저 높이 떠 있는 별을 찾아 헤매다가 가끔 마음이 헛헛해질 때 옆에서 손 잡아줄 사람이 필요하지 않을까 싶소. 오늘처럼 수많은 관중에 이리 밀리고 저리 치여 몸이 고달플 때 내가 그대의 든든한 보디가드가 되어드리리. 철부지 아내여, 부디 잊지 말기를! 이렇게 늙고 배나오고 못생긴 남편이지만 언제까지나 그대 곁을 지킬 사람은 바로 나라는 사실을…'

K씨는 반쯤 먹다 남은 생일 케이크 옆에 편지를 놓아두었다. 이제 그만 잠자리에 들려고 몸을 일으키는데 선반 위의 액자가 살짝 넘어져 있는 것이 보였다. 무심코 손을 뻗어 액자를 일으켜 세웠다. 그 안에는 K씨 부부가 고양이 대심이를 안고 그 누구보다 행복한 표정으로 웃고 있었다. K씨는 사진을 물끄러미 바라보며 지그시 미소 지었다.

≪ 구경거리의 사회 ≫

　68혁명의 도화선 중 일부가 되었던 상황주의 인터내셔널*의 이론가는 바로 기 드보르Guy Debord이다. 기 드보르는 《스펙터클의 사회》현실문화연구, 1996라는 저서에서 이미지-영상을 기반으로 한 매스미디어에 대해 통렬히 비판했다. 그는 마르크스의 〈포이어바흐 테제〉를 인용하면서, 포이어바흐처럼 관조적인 태도로 세상을 보려는 방식이 이제는 구경거리로 보려는 방식으로 바뀌고 있다고 설명했다. 예를 들어 마르크스가 〈포이어바흐 테제〉에서 언급했던 "철학자들은 세계를 이리저리 해석해왔다. 그러나 중요한 것은 세계를 변혁하는 것이다"라는 구절이 시사하는 바는 수많은 철학자들이자 구경꾼으로 이루어진 미디어 세상에 대한 이야기로 바뀌었다. 관조는 거리 두기이기 때문에 위생적이고, 자신과 무관하기 때문에 해석적인 측면이 있다. 그리고 이는 텔레비전이나 영화를 관람하는 대부분 사람들의 태도이다.

　미디어는 관계로 풀어나가야 할 문제를 소비로 풀라고 속삭인다. 예컨대 사람들을 직접 만나 사귀기보다는 나를 더 매력적으로 보일 아이템들을 구매하라고 꼬드긴다. 또한 미디어를 구경하는 노동자들은 생산현장에서 천대받지만 소비자로서는 환대받는다는 생각을 하게 된다. 이미지-영상을 기반으로 한 미디어와 영화 등의 산업화가 초래한 것은 무엇일

---

*　　　상황주의 인터내셔널은 다다와 초현실주의의 맥락을 잇는 문화운동이며, 일상을 색다르게 만들 상황을 생산하자는 모토를 갖고 있었다. 68혁명의 도화선이 된 소르본느대학 점거를 주도했지만 소련식 체제가 아닌 코뮌과 평의회적인 운동을 주장했다.

까? 노동자 자신이 생산한 상품세계를 마치 자본의 권능이 만들어낸 것이라 믿게 만든 것이다. 우주를 향해 로켓을 쏘고, 초고층 아파트를 짓고, 거대한 다리를 건설하는 것이 노동자 자신의 힘에서 나온 것이 아니라, 마치 축적된 자본의 어마어마한 능력에 의해 만들어졌다고 착각하게 만든다. 그래서 자신의 행복이 커피 한 잔과 신상 구두에 있다는 착각이 생겨나고, 세탁기 속에 가족의 행복이 있다는 환상이 만들어진다. 많은 사람이 구경꾼이나 관조자로서 푹신한 소파에 누워 세상을 다 품고 있는 양 TV를 시청한다.

> 편파적으로 관찰된 현실이, 자체의 고유한 일반적 통일성 속에서 별개의 거짓세계, 한갓된 관조의 대상으로 펼쳐진다. 세계에 대한 이미지들의 전문화는 자율적인 이미지들의 세계 속에서 재발견되고 완성된다. 그 세계에서 기만자들은 그 자신을 기만한다. 스펙터클 일반은 삶의 고착된 전도(顛倒)와 마찬가지로 살아있지 않은 것의 자율적 운동이다.(기 드보르, 《스펙터클의 사회》, 10쪽, 현실문화연구, 1996)

미디어가 소재로 삼는 것은 자연과 사회와 삶 속에 이미 내재된 것들이지만 그것을 전도시켜서 아주 낯선 세계를 보는 것처럼 가공해낸다. 사람들은 가짜 웃음이 가득한 토크쇼를 보면서 그것이 진짜 세상이라고 착각한다. 만약 미디어 세계에서 다루는 소재가 우리 생활에서 익숙한 것들이라고 느껴버린다면 사실은 별로 특별하지 않다. 그러나 미디어 시스템은 그것들을 아주 특별한 것으로 만들어버리면서 왜곡과 허위를 일삼는다. 우리는 미디어에 노출된 사람들이나 연예인을 '공인'公人이라고 생각하는 경향이 있는데, 여기서의 공인은 사회에 봉사하고 나눔을 실천해 공적 기여를 하는 사람이 아니라, 공중의 시선이 바라보는 투명한 방에 노출되어 있다는 의미이다. 방송종사자들은 수많은 사람의 눈이 모이는 곳에서 자신을 노출한 채 살아간다. 만약 수많은 사람이 보고 있는 곳에서 샤워를 하고 식사를 하고 볼일을 봐야 한다면 어떤 기분일까? 사실 이러한 구경거리의 사회, 즉 스펙터클의 사회에서는 프라이버시가 보장되지 않는다. 이렇게 생각하면, 마치 거미가 먹이를 취하기 위해서 설치해놓은 거미줄에 걸려든 불쌍한 벌레처럼 생각되지 않는가?

문제는 미디어가 만들어낸 구경거리의 사회라는 전도된 질서가 더 심각해져서 이제는 방송종사자를 특별한 존재로 보고 즐기는 것을 떠나 아예 추앙하는 상황에 이르렀다는 점이다. 기 드보르가 접촉했던 스펙터클의 사회는 수동적으로 관조하는 물신화된 세계 정도에 머물러 있었다. 그러나 이제는 적극적으로 추앙하는 정도로까지 발전했다. 미디어 속의 인물이나 방송종사자에 대한 생각이 마치 신이나 영웅에 대한 환상 같은 것으로 확대된 것이다. 이는 모세가 십계명 동판을 가져오기 전에 이스라엘 사람들이 황금송아지를 숭배했던 것과 마찬가지 상황이다. 대중의 눈에는 스타나 방송종사자들에게 뭔가 특별한 것이 있어 보이며, 바로 그 특별한 것에 대해 환호하고 추앙하고 열광하는 현상이 생긴다. 기 드보르도 이런 상황까지는 예상하지 못했다. 이는 마치 '자발적 예속'의 상황이 나치라는 파시즘을 만들어 도취, 열광, 황홀경에 빠진 파시스트 대중을 만들어냈던 전후 독일의 상황과 유사하게 느껴진다.

기 드보르는 미디어의 물신성을 전면적으로 다루면서, 현실세계에서 실천하지 않는 대중의 행동양식을 비판했다. 그러나 미디어와 기계류에 포위된 현대인들은 제각각 고립되고 원자화된 삶을 살기 때문에 방송종사자들과의 접촉을 통해서나 자신의 환상과 도착이 현실세계에 굳건히 자리 잡고 있다는 믿음을 얻는 것이다. 기 드보르가 언급한 〈포이어바흐 테제〉에서의 관조적 유물론을 벗어나자는 마르크스의 제안은 여전히 유효할까? 다시 68혁명처럼 구경거리의 질서를 벗어나 거리로 나서는 대중의 행동방식이 이루어질 수 있을까? 혹자는 68혁명은 다시 돌아오지 않을 것이라고 자조 섞인 이야기를 한다. 그러나 아주 미세한 균열이 구경거리의 사회에 침투해 들어와서 생명과 자연, 삶의 이야기들을 전하는 일은 빈번히 일어나고 있다.

《 가짜 세상을 진짜 현실로 》

매스미디어는 우리에게 어떤 이야기와 영상을 보여주는가? 아마도 대부분 그럴듯하고 특별해 보이는 이야기일 것이다. 매스미디어는 그 자체가 허구를 현실화하는 세계이기 때문에, 사람들로 하여금 허위나 허구라도 그럴듯하게 포장하면 진실로 속일 수 있다는 생각을 갖게 만든다. 일명 '황우석 사태'* 때 미디어를 통해 일어난 혼돈을 떠올려보라. 진실과 허위가 뒤섞여 엉망진창이 된 상황에서 사람들은 아예 진실 알기를 포기

---

* 2005년 《사이언스》에 황우석 씨가 인간의 난자에 배아줄기세포를 이식하는 데 성공했다고 발표하면서 사람들의 추앙과 열광을 낳았지만, 사실은 논문 조작과 생명윤리에 위배되는 연구였다는 점이 밝혀지면서 한국사회를 일파만파 흔들었던 사건이다.

하고 그럴듯한 허구에 더 환호하는 이상야릇한 모습을 보였다. 그래서 황우석 사태를 유사파시즘의 등장으로 바라보는 우려의 목소리도 있었다. 방송종사자들의 화려한 언변에 취하면 전도된 질서가 마치 현실인 것처럼 여겨지기도 한다. '전도'란 진실과 허구가 뒤집힌, 거꾸로 된 질서를 말한다. 예를 들어 사람과 사람의 관계가 물건과 물건의 세계로 전도되는 상황을 생각해볼 수 있다. 사람들이 TV 프로그램을 보는 이유는 그저 재미와 오락을 얻기 위함인데, 의도와 다르게 긴 시간 동안 자신을 광고영상에 노출시켜서 불필요한 정보를 주입받는 현실이 만들어지는 것이다.

그렇다면 전도된 현실을 만들어내는 미디어를 어떻게 보아야 할까? 평범한 인간관계에서 흔히 보고 겪을 수 있는 일들도 미디어에서의 화려한 영상으로 전도되면 무척 생소하고 소외된 것이 되어버린다. 예를 들어 주말 예능 프로그램에서 보여주는 놀이의 대부분은 예전에 대학 엠티나 동아리 활동에서 친구들과 자주 했던 것들인데, 미디어를 통해 전도가 일어나면, 나는 친구도 없이 외로운 상태로 앉아 방송 속의 관계를 새롭고 흥미로운 이미지로 소비하고 있는 것이다. 마찬가지로 가상결혼과 가상애인이 등장하는 프로그램 역시 오늘날 연애와 결혼, 출산 등 많은 것을 포기하고 사는 젊은이들에게 대리충족을 느끼게 하기 위해 미디어가 만든 이미지와 영상들이다.

미디어는 우리 삶을 소외시켜 생소하고 낯선 것으로 만들어버린다. 그래야 구경거리가 되기 때문이다. 사실 일상에서는 그리 특별할 것 없는 일도 미디어에 포획되면 아주 이상하고 별난 것으로 묘사된다. 미디어를 통해 유명해진 사람들이 스스로 정말 특별한 재주나 재능을 타고난 사람처럼 착각하게 되는 것도 그 때문이다. 그러나 대중매체에 의해 전도된 이미지나 영상은 우리 삶과는 거리가 있다. 인위적이고 허구적으로 가공되어 있기 때문에 삶으로부터 분리되고 전도된 또 다른 현실을 만들어낸다.

> 스타가 된다는 것은 겉치레로 살아가기에서 전문가가 된다는 것을 의미한다. 다시 말해 스타는 실제로 삶을 지배하는 파편화된 생산적 전문화를 보상받아야만 하는 텅 빈 겉치레 삶의 동일시 대상이다.(기 드보르, 《스펙터클의 사회》, 43쪽, 현실문화연구, 1996)

사실 미디어가 전도된 현실을 만들어내는 이유는 상품물신과 화폐물신을 정당화하기 위해서다. 상품물신은 상품이 세상을 만든다는 생각이고, 화폐물신은 돈이 전부라는 생각이다. 옛날 공동체사회에서 유통되던 선물에는 그것을 준 사람의 사랑과 정성, 인격이라는 고유한 감성이 담겨 있었지만, 오늘날 상품으로 사고파는 물건들에는 보통사람이 아닌 방송종사자들의 특별한 인격과 환상이 부여되어 있다. 마치 신의 은총을 받듯 그들에 대한 환상으로 포장된 상품들이 진열장에 즐비하게 전시되어 있다. 그리고 그 물건을 사는 행위는 미디어에서 그것을 홍보한 방송종사자와 내가 무언가 관계를 맺고 있다는 착각을 불러일으킨다.

인간과 인간의 관계에서 상품과 상품의 관계로 뒤바뀐 질서는 이제 인간의 몸이나 취향, 기호마저 상품화함으로써 인간의 지위 자체도 상품의 범주 안에 집어넣는다. 다이어트, 성형, 화장술로 더 매력적인 외모를 가꾼 인간이 '몸값'(상품의 가격)을 많이 받게 된다는 규율이 우리 몸에 아로새겨진다. 모든 것은 이런 상품의 질서 안에서만 존재한다는 규율을 가진 세계가 바로 미디어가 만들어낸 전도된 세계이다. 이런 세계가 만들어낸 착각과 환상에 사로잡힌 채 현실의 인간관계를 맺을 경우 어떤 일이 벌어질까?

성, 사랑, 신체, 죽음, 음식, 취미 등 모든 것이 상품질서 안에서 보장될 것이라는 생각을 주입받은 사람들이라면 그 삶에도 전도가 일어날 수밖에 없다. 무슨무슨 명품을 입은 사람들과만 어울리고 외모와 재산으로 사람을 평가하는 등의 태도가 생겨난다. 아예 막 나가자면 사람의 생명조차 상품으로 평가하는 상황이 연출된다. 자본주의 시스템 속에서 자신의 삶과 생명을 보장받고자 하는 사람들은 대부분 미디어가 만들어낸 가짜 세상, 전도된 세상을 진짜 현실로 인식하고 있다. 특히 도시에서 고립된 개인, 또는 자신의 준거집단을 공동체적 관계망에서 찾을 수 없는 사람들은 미디어를 삶의 좌표이자 기준으로 바라보기 쉬우며, 이 경우 상품과 돈이 최고의 가치인 세상을 수용하는 태도를 가질 수밖에 없다.

《 커피 한 잔에 정말 행복이? 》

간혹 행복이 담배 한 개피나 인스턴트커피 한 잔에 있다고 말하는 사람들도 있는데, 우리는 다시 질문을 던질 필요가 있다. 과연 그것으로 행복할 수 있을까?

구경거리의 사회는 모든 것이 소비생활을 통해 달성될 수 있다는 메시지를 끊임없이 발신한다. 미디어에 노출되면 어느 틈엔가 지름신이 강림하는 것도 그 때문이다. 가난한 연인이 꼭 공원 벤치가 아닌 커피전문점에서 만나야 하고, 레스토랑에서 밥을 사먹어야 데이트 기분이 난다고 느끼는 것도 마찬가지다. 세상의 모든 것이 돈 없는 사람들에게 불리하기 때문에, 사람들은 미친 듯이 벌고 쓰고 놀려고 애를 쓴다. 생태적 삶이나 반소비적인 생활이 미디어에 등장하기가 매우 힘든 이유도 그 프로그램에 스폰서 역할을 하는 광고주들의 눈 밖에 나면 안 되기 때문이다.

미디어에서 지속적인 주입교육을 받은 대중은 마음속에 황금송아지를 품고 있는 사람들로 재탄생되는 경향이 있다. 성, 물건, 사람, 신체, 소유 등에 심리적 도착이 아로새겨져 영원히 변하지 않는 것을 탐닉하게 된다. 자연 안에서 순환하며 사라지고 생성되는 과정에 있는 것들을 인정하지 않은 채, 영원히 자기 것으로 만들 수 있는 것을 원한다. 그러나 자연으로부터 분리된 채 영원한 사물이란 없다. 사물도 사실은 순환하고 재생되는 과정에 있기 때문이다. 예를 들어 자연에서 분리되어 보이는 책상도 언젠가는 썩어 다시 거름이 될 운명이며 지금도 순환의 한 과정에 있을 뿐이다. 상품물신주의는 구경거리 사회의 원칙이다. 사람들은 자신이 좋아하는 상품이 자연의 순환과 재생으로부터 분리되어 있다는 착각과 환상에 빠져서 그것을 소비하고 떠받든다. 그러나 그것은 불가능한 망상에 불과하다. 이 세상에서 어떤 상품도 그 자체로 영원히 유지되었다는 보고는 어디에도 없다. 상품은 결국 쓰레기가 되고 철거되고 사라진다. 유행에 뒤떨어진다는 이유로도 금방 쓰레기가 되는 것이 상품이다.

하지만 미디어는 상품물신주의로 가득 차 있다. 상품으로 모든 삶의 문제를 해결할 수 있다고 속삭이거나, 호통 치며 선동하고, 웃고 울고 떠들면서 부탁하기도 한다. 상품물신은 공동체 외부에서 낯선 것들이 등장할 때, 그것을 더욱 특별해 보이게 한다. 그것이 아주 화려하고 생소한 이방인이라는 느낌이 들 때, 더욱 강력한 욕망이 분출되기 때문이다. 미디어는 그런 화려한 세상을 구축하면서 자연 및 공동체와 완전히 분리된 사물, 즉 상품을 꾸며낸다. 우리는 광고에서 본 물건이 꼭 필요하지 않는데도 사게 되고, 건강에도 안 좋은 식품을 소비하며, 미디어의 시간에 삶을 맞추기도 한다. 그러다 보면 결국 상품물신주의가 제시하는 소비생활에 젖어들어 가족 또는 이웃과 함께 하는 시간이 적어지고, 오히려 먼 곳에 있는 방송종사자와 같은 대상을 동경하거나 추앙하게 된다. 바로 옆에 있는 가족과 함께 대화하고 즐거워해야 할 시간은 줄어들고, 그 대신 상품물신주의를 홍보하러 나온 방송종사자가 아주 가까운 친구인 양 생각되는 것이다.

이질적이고 소외되고 낯설고 생소한 것이 좋은 영향을 주는 경우도 있다. 그것들과 뒤섞이고 관계하면서 완전히 색다른 것을 만들어낼 때다. 그러나 미디어는 낯설고 생소한 것들과의 관계를 상품소비라는 스테레오타입화된 행동으로만 제한한다. 도시에서 고립되고 통속화된 속인으로 사는 사람들은 상품을 소비할 때 '지금의 삶이 가장 행복하고 안락하다'는 발신음을 받아들이게 된다. 그런 점에서 매스미디어가 파시즘이나 국가권력에게 아주 매력적인 매체인 것은 틀림없다. 신이나 영웅이 없는 시대에는 결국 미디어에 자주 노출되는 사람이 가장 영향력 있는 사람으로 추앙받기 때문이다. 미디어 속 세상은 이제 완전히 현실과 분리된 세상으로 탈바꿈하고, 더 이상 우리의 삶을 얘기하지 않는다.

예전에는 텔레비전의 영상이나 이미지를 그저 딴 세상 것이라고 여기고 그 허구 이미지에 빠져들지 않기 위해 일부러 텔레비전을 꺼버리는 행동을 하는 사람들이 있었다. 이런 진보적인 사람들이 요즘은 대안미디어를 통해 공동체와 아웃사이더, 주변인, 비판세력의 목소리를 내는 움직임을 강화해가는 중이다. 대안미디어는 이탈리아 자유라디오 알리체Alice에서 시작해 현재의 팟캐스트Pod-cast로까지 발전해왔다. 물론 대안미디어도 미디어의 한계를 가질 수밖에 없지만 소음, 웅성거림, 잉여로만 간주되던 주변인과 소수자, 비판세력이 그나마 소형 미디어를 통해서라도 목소리를 내고 있다는 것은 매우 혁명적인 행동양식이라고 할 수 있다. 미디어를 매개하지 않은 SNS와 같은 1인 언론의 시대가 시작되었다는 점도 고무적이다. 한편 유럽에서 열풍을 일으켰던 자유라디오운동이 제도화되고 포획된 이유가, 사실은 탄압 때문이 아니라 자본과 지원금의 유혹에 졌기 때문이라는 점도 되새길 필요가 있다. 미디어에 상업광고나 스폰서가 생기면 주객전도가 일어나고 자연히 배치나 태도도 바뀌게 된다. 미디어는 전도와 상품물신주의의 온상이라는 점을 늘 주의해야 할 것이다.

≪ 소비, 그 짜릿한 중독 ≫

> 스펙터클은 영구한 아편전쟁과 같은 것으로 그 전쟁의 목표는 사람들로 하여금 재화를 상품과 동일시하도록 하고, 또한 만족을 고유한 법칙에 따라 계속 증가하는 생필품과 동일시하도록 하는 데 있다.(기 드보르, 《스펙터클의 사회》, 33쪽, 현실문화연구, 1996)

기 드보르는 60년대 말 유럽의 노동자들이 혁명성이나 실천성으로부터 급격히 탈각되는 과정을 목도했다. 생산현장에서 제아무리 천대받던 노동자들도 퇴근 후 텔레비전 앞에서 펼쳐지는 소비현장에서는 왕처럼 대접받는다. 이들은 스스로 세상을 생산하고 창조해낸 집합적 주체성이라는 인식에서 벗어나 소비하는 개인으로 재탄생되었다. 물론 기 드보르는 평의회 노동자운동* 등에 대해 희망을 품기도 했지만, 근본적으로는 노동자들이 전도된 질서 속에 포획되어가는 과정을 담담히 그려낸다. 특히 오늘날 한국사회에서는 노동의 종말이라고 여겨질 정도의 노동 축소와 유연화가 급격하게 일어나 노동자를 전 방위적인 통제와 감시사회에 노출시켰다. 이런 상황에서 노동자의 자율성은 급격히 축소될 수밖에 없는데, 미디어 역시 이들을 원자화된 소비자 개인으로 만들어내는 데 일조했다.

솔직히 말해서, 노동자가 퇴근 후 텔레비전을 보는 것은 자본주의적 주체성으로 다시 태어나기 위해 주입교육을 받는, 일종의 노동의 연장이라고도 볼 수 있다. 사실 이 같은 시청각노동을 통해 노동자는 다음날 또 출근해서 열심히 일해야 할 이유를 납득당하고는 한다. 노동을 통한 소득이 있어야 소비자로서 왕 대접을 받을 수 있고, 상품소비를 통해서나 선택의 자유가 주어진다는 환상이 다음날 출근할 동기가 되는 것이다. 텔레비전은 노동자들이 자본주의 문명의 외부에서 삶의 방식을 생각해볼 기회를 빼앗고, 그저 자본주의 내부의 소비활동을 통해서만 현 생활을 유지할 수 있다는 비관적인 생각을 하게 만든다. 텔레비전을 보는 것은 자본

---

* 평의회 공산주의는 레닌의 NEP(신경제정책)가 갖는 성장주의에 반대했던 크론슈타트수병의 반란으로부터 시작되었으며, 아래로부터 발흥하고 수평적인 노동자의 직접민주주의 기관인 코뮌과 소비에트를 옹호하는 운동이다.

주의적 주체성을 키우는 시청각 노동이며, 그런 의미에서 노동자는 이중 노동을 하고 있는 셈이다. 하나의 노동은 생산 현장에서 벌어지고, 또 다른 노동은 자신의 집 TV 앞에서 벌어진다.

노동자의 집합적 주체성을 여전히 요청한다는 점에서 기 드보르는 좌파적 기획에 머물러 있다. 그와 다르게 생태주의자나 대안세력이 미디어에 대해 분석했던 사례도 존재하는데, 제리 멘더의 《텔레비전을 버려라》우물이있는집, 2002를 예로 들 수 있다. 제리 멘더는 가족과 함께 텔레비전을 본다고 해도 결과적으로는 혼자 본 것과 같은 외로움을 낳는다고 했다. 시청각을 받아들이는 주체는 어차피 개인이기 때문이다. 사실 텔레비전에서 나오는 이미지의 대부분은 탄소중독적인 삶의 유형을 보여준다. 불이 환히 켜진 아파트, 속도를 내며 달려가는 자동차, 맛깔스러운 고기요리 등이 그렇다. 미디어는 사람들이 문명의 외부를 바라볼 수 없게끔 외부에 대한 잠금과 배제 작업을 수행한다. 사람들은 달콤한 졸음이 오는 텔레비전 앞에서 현존문명이 가장 평화롭고 행복하다는 메시지를 지속적으로 수신받는 것이다.

기 드보르의 매스미디어 이론은 이미 낡았다. 사람들은 그가 말한 소외에 머물지 않고 더 나아가 상품에 대한 도착으로 응답하고 있으며, 구경거리 앞에서 관조하는 것이 아니라 추앙하며 맹목적인 흠모를 던지고 있다. 그러니 기 드보르의 시대적 인식은 그저 다음 세대의 인식을 위한 주춧돌이었다고 볼 수 있다. 이미 미디어에 포위된 사람들이 미디어 밖의 관계와 실천으로 자신의 문제를 풀어내기란 무척 힘든 일이다. 그러나 미세한 빈틈, 틈새, 공백에서 다른 목소리들이 생겨나 지배적인 질서에 파열과 균열을 내는 긍정적인 현상도 생겨나고 있으니, 미몽에 빠진 사람들이 꿈에서 깨어 다시 색다른 세계를 재창조할 가능성이 전무한 것은 아니라는 생각도 든다. 그리고 그런 획기적인 변화와 전환의 시점은, 우리가 추앙의 시선과 흠모의 발언을 바로 자신과 자신이 속한 공동체에게로 돌릴 때 비로소 시작되지 않을까?

갑옷을 던지고
오롯이 나로!

5
~~~~~~~~

관계소비가 아닌
관계맺음

《 무엇을 보장해드릴까요? 》

　오늘따라 아버지가 조금 수상하다고 K씨는 생각했다. 오랜만에 부모님 댁을 찾은 그는 아까부터 미심쩍은 표정으로 아버지를 관찰 중이었다. 아버지는 혼자 의기양양하게 어깨를 으쓱거린다거나 이유 없이 피식 웃고는 했다. 평소에는 전혀 하지 않던 농담도 불쑥불쑥 해대는데 안타깝게도 대부분이 무리수였다. 평생 공무원으로 살아온 아버지는 자기표현에 서툰 분이셨다. 감추고 싶은 게 있어도 얼굴에 금세 드러나버리고, 하고 싶은 말이 있어도 말주변이 없어서 제대로 표현하지 못하는 경우가 많았다. 오늘도 뭔가 혼자만 아는 특별한 일이 있는 게 분명했다. 아니나 다를까, 아무도 묻지 않았는데 불쑥 입을 여셨다.

　"느이들, 이제 엄마 아부지 걱정은 말거라. 노년을 자식들한테 의지해야 할 만큼 우리 부부 아주 대책 없이 늙지는 않았다. 아부지가 이 나이 먹도록 이룩한 일도 하나 없고 모아둔 재산도 없어서 느이 형제들이 어지간히 걱정이 되는 모양이지만, 나도 다 믿는 구석이 있으니 염려 마라."

아버지는 뭔가 대단한 꿍꿍이가 있는 사람처럼 입을 꾹 다물고 결연한 표정을 지었다. 혹시 로또가 당첨된 걸까 싶을 정도였다. K씨가 기억하기로, 아버지가 이처럼 의지에 찬 모습은 정년퇴직할 때 받은 퇴직금을 몽땅 '무한동력' 개발 사업에 투자하고 내일이라도 일확천금을 벌어들일 것처럼 흥분하셨을 때 이후로 처음이다. 물론 아버지는 그 일로 퇴직금을 다 날리고 어머니에게 구박받으며 저녁마다 콩나물을 다듬는 신세로 전락하셨지만 말이다.

무슨 일인지 묻지 말라시니 그래야겠지만, 없던 궁금증을 유발한 건 애초에 아버지셨다. 어쨌든 알았다는 표시로 K씨는 고개를 끄덕였다.

"뭐 몰래 보험 드신 게 있나 보네요. 하하하…."

그러니까 그 '보험'이란 말은 일종의 은유였다. 로또든 무한동력이든 미래를 보장해줄 뭔가가 있으신 모양이니 자식들은 크게 걱정 않고 지켜보겠다는 뜻을 담아 간단하게 응답한 것뿐이다. 그런데 아버지의 반응이 예상 외였다.

"너 어찌 알았냐? 그 보험이 좋다고 벌써 소문이 난 게로군! 내 미리 알고 들기를 잘했구나."

그제야 K씨는 뭔가 정수리를 탁 치고 지나는 것을 느꼈다. 요즘 노인들 사이에 효보험이 대세라는 얘기를 어디선가 들은 적 있었다. 물론 아버지가 보험에 가입해서 심리적으로 안심이 된다면야 나쁘지 않은 결정이라 생각했다. 게다가 용돈도 많이 드리지 못하는 아들로서 잘했다 잘못했다 할 말이 없는 것도 사실이다.

그때 어머니가 과일 접시를 내려놓으면서 한마디 툭 던지셨다.

"그렇게 말렸는데도 기어이 가입했구랴. 에효, 이 양반 고집하고는. 우리 형편에 매달 그 많은 돈을 내면 생활비가 얼마나 쪼들리는데. 아니, 니들 들으라고 하는 소리는 아니고…. 느이 아부지가 엊그제 TV 보다가 갑자기 무슨 보험광고를 보고는 혹해서 저러신다, 내참."

"이 사람이! 그게 다 나중을 생각해서 저축하는 거라고 생각해야 한다니까! 우리가 더 늙으면 입원하고 병치레할 일이 얼마나 많을 줄 알아. 그때를 대비해야지. 더 늙으면 보험가입 하고 싶어도 못해요. 그땐 어쩌려고 그래? 얘들아, 안 그러냐?"

아버지는 자식들에게 동의를 구하는 눈빛으로 주위를 둘러보았다. K씨와 아내는 슬며시 눈을 피하며 딴청을 피웠다. 아버지에게 반기를 든 어머니의 기세도 만만치 않았다.

"어이구, 그 보험 들면 병에 안 걸린답디까? 아니면 죽지를 않는답디까? 그렇게 딱 보장받는다는 보험증서가 있어야 안심을 하나? 애들 다 키워놨으니 애들이 보험이지 뭘 더 바래요?"

"내가 그렇게 설명했잖아. 이 상품이 말이야, 나중에 입원하면 보험사에서 입원비 나오고, 수술비도 나오고, 간병비도 따로 나온다니까! 요즘엔 보험이 자식보다 더 든든하다는 소리 못 들어봤어?"

"자식보다 더 든든한 게 왜 보험이요? 하루하루 사는 재미지. 나는 이웃 아줌마들이랑 놀러 다니고, 만나서 운동하고, 맛난 거 만들어 나눠먹으면서 재미지게 사는 게 더 중요합디다. 보험료 때문에 생활비 줄어들고 그래서 내가 그 재미난 걸 포기하고 산다고 생각해봐요. 그럼 몇 년 더 살

것도 다 못 살고 시들시들하다 죽고 말 거요. 나중에 병들고 입원할 걱정하느라 내 명대로 못 살고 가고 싶지는 않다오. 보험 들고 싶거든 당신 거나 들구랴. 내 몫은 해약해서 그냥 날 주면 여기저기 놀러다니는 데 잘 쓸 테니까!"

과일을 깎던 어머니가 단호하게 과도를 내려놓으셨다. 그리고는 곰곰이 생각에 잠기는가 싶더니 곧 다시 입을 열었다.

"당신이 말한 그 보험이 말이요, 혹시 죽고 나서 돈이 나오나?"

아버지는 드디어 어머니가 뭔가 미끼를 물었다 싶었는지, 얼굴에 화색이 돌면서 대답했다.

"그러엄! 사망시 최대 2000만 원이 나온다더구만. 어때, 솔깃하지?"

그러자 어머니는 한 쪽 입꼬리를 슬쩍 올리며 대답했다.

"그럼 당신 거나 가입해봐요. 아무래도 내가 더 오래 살 테니 당신 죽은 후에 그 덕 좀 봅시다. 보험금 타서 세계여행이나 한번 다녀와야겠네, 헹!"

아버지와 어머니는 헛기침을 하면서 서로 등을 보이고 돌아앉았다. 냉랭한 기운이 흐르는 가운데 조용히 앉아 있던 아내가 K씨 옆구리를 슬쩍 찔렀다.

"있잖아, 당신도 생명보험 같은 거 가입할 생각 없어? 나도 어머님 따라서 세계여행 한번 가볼라고… 헤헤."

아버지는 며느리를 겸연쩍게 쳐다보더니 구석에 있던 콩나물 바구니를 들고 주방 쪽으로 자리를 옮기셨다. 시어머니와 며느리는 서로를 바라보며 키득키득 웃었다.

《 영원한 것에 집착하는 우리들 》

삶이 영원하다면 얼마나 좋을까? 진시황제가 그토록 찾아다녔던 불로초는 유감스럽게도 세상에 존재하지 않았다. 진시황제 휘하의 장수들이 조선 땅까지 와서 샅샅이 뒤지며 불로초를 찾았지만 무망한 일이었다.

군대, 학교, 병원, 종교시설 등에 속한 사람들 사이에서는 자신들의 집단이 영원할 것이라는 생각이 더러 발견된다. '한번 해병은 영원한 해병이다' '영원한 신 앞에서 영원한 생명을 얻었다'는 식의 슬로건을 굳이 말하지 않더라도 국가권력과 신이 영원을 보장한다고 믿는 집단을 사회 곳곳에서 발견할 수 있다. 이런 사람들을 현대에 불로초를 찾는 사람이라고 말할 수 있지 않을까? 나는 이런 집단을 예속집단이라고 한다. '왜, 어디에 예속되어 있는가?'라고 묻는다면 자신의 삶의 지평을 넘어서는 초월적인 것에 예속되어 있다고 답할 수 있다.

영원한 것을 찾는 사람들의 욕망은 매우 분명하다. 영원하고 불변한 질서 속에서 평화와 안전을 찾는 것이다. 영원한 권력 아래에 복속된다면 어떨까? 자유는 잃겠지만 평화롭고 안정감이 생길 것이다. 영원한 신이나 국가 밑에서 어린 양이나 작은 국민으로 살기를 선택함으로써 자신의 욕망을 내려놓고 죽음의 공포를 회피하는 것이다. 그러나 그 평화는 욕망을 포기한 예속의 대가로 온다.

스피노자의 사상은 '자유인'과 '예속인'의 대결 구도를 잘 보여준다. 그리고 그는 자유인의 기쁨의 민주주의가 결국 승리할 것이라는 희망을 갖고 있었다. 자유인은 영원한 것은 없다고 생각하기 때문에 약간의 불안감을 느끼지만 그래서 자유롭다. 그들이 불안한 이유는 공동체를 형성할 때 그 끝이 어디까지인가를 응시하기 때문이다. 자유인은 영원하고 불변하는 집단을 추종하지 않고 공동체와 자신의 신체의 한계와 끝, 죽음을 응시한다. 그래서 자유인들이 더 치열하게 현재를 살고 아이디어와 꿈을 생산하고 관계 맺기에 최선을 다하는 것이다. 나는 이것을 스피노자가 보여준 '유한성의 실존좌표'라고 임의로 정의내렸다.

스피노자는 네덜란드 헤이그 인근의 한 마을에서 작은 공동체를 형성해 그 속에 은둔하다시피 하며 살았다. 그는 '왜 인민들은 예속을 영예로 아는가?'라는 질문을 던졌다. 그의 책 《에티카》서광사, 1990는 기독교적 질서에 장악된 당대 상황에서 사람들이 예속을 욕망하는 이유에 대해 질문을 던졌다. 스피노자는 당대의 종교로부터 파문당하고 추방당했으며, 심지어 광신도에게 칼침까지 맞았다. 그래서인지 그는 삶의 욕망이 얼마나 소중한지를 제대로 느끼는 사람이었다.

스피노자는 초월적인 것과 내재적인 것을 구분한다. 신이나 국가권력은 유한한 인간의 존재를 넘어서서 우리 삶과 능력을 초월한다. 죽음에 대한 공포에 조종되는 사람들이 그런 능력을 떠받쳐준다. 반면에 우리 삶의 영토와 관계망은 우리 안에 내재하는 유한한 것이다. 초월적인 것과 내재적인 것이 이렇게 부딪쳐 영원성과 유한성의 대결 구도를 만든다. 우리 삶이 유한한 욕망과 능력 속에서 존재한다는 것을 승인하는 것과, 초월적인 신이나 국가에 예속된 채 그 영원성의 일부가 되려는 것은 매우 다른 입장이다. 그런데 유한한 우리가 품고 있는 삶의 욕망은 과연 제거될 수 있을까? 초월성은, 우리가 삶의 욕망을 버려야만 마음의 평화를 얻을 수 있으며, 죽음의 공포를 회피하기 위해서는 영원한 것들에게 자신을 맡기라고 유혹한다.

물론 스피노자의 사상에 따르면 영원한 것은 분명히 있다. 우리가 살아가는 매순간이 찰나刹那로서 영원하며, 나 자신은 세상에 하나밖에 없는 존재이기 때문에 유한하지만 영원하다. 그러나 그 외의 영원함을 주장하는 것은 우리가 살아가면서 욕망하는 많은 것들을 포기하고 죽음에 대한 공포에 굴종하는 것에 다름 아니다.

다시 '유한성의 실존좌표'라는 개념으로 돌아가보자. 우리가 유한한 존재임을 응시한다는 것은, 우리가 죽음의 공포와 불안에 조종되는 예속된 사람들이 아니라 살아있는 동안 최선을 다하는 사람이 되는 것을 의미한다. 초월적 질서는 죽음의 공포를 통해서 움직이며, 생명보험회사의 상술 역시 그 질서를 따른다고 볼 수 있다. 그러나 우리에게는 삶이 있으며 그 안에 유한한 욕망, 죽음, 광기 등을 내포하고 있다. 유한하기 때문에 더 의미 있고 최선을 다하는 삶이 있다. '유한성의 실존좌표'란 말은 사실 스피노자가 언급한 내재성을 설명하기 위해 내가 임시방편으로 붙인 개념이다. '내재성'이라고 하면 굉장히 어렵고 형이상학적인 개념으로 느껴지기 때문에 이를 더 쉽게 설명해보고자 한 것이다. 우리는 죽음의 공포 때문에 탐욕을 내려놓는 것이 아니라, 자신의 삶과 욕망의 유한성을 응시하면서 탐욕을 내려놓는 경로를 맞이할 수 있다. 당신이라면 어떤 쪽을 선택하겠는가? 스피노자는 살고자 하는 욕망으로 이루어진 유한하며 작은 공동체의 약속을 우리에게 전해준다.

신은 모든 것의 내재적 원인이지 초월적 원인은 아니다.

(스피노자, 《에티카》, 18쪽, 서광사, 1990)

《두 번 다시 돌이킬 수 없는》

스피노자의 책에서 특이성singularity 개념을 발견한 사람들은 대개 난처함을 느낀다. 그것이 어떤 의미인지, 그저 특이하고 개성 있다는 뜻인지 이해하기가 쉽지 않기 때문이다. 그러나 이와 유사한 개념좌표들의 해석을 보고 나면 쉽게 납득할 수 있다. 특이성과 비슷한 용어로는 유일무이성, 일의성, 단독성, 특개성, 고유성을 들 수 있다. 즉, 특이성을 '세상에 단 하나밖에 없는 존재'라는 뜻으로 보면 적당하겠다.

나는 특이성이 유한성의 실존좌표, 즉 스피노자가 말한 내재성에서 가장 중요한 개념이라고 생각한다. 지금 이순간이 세상에 단 한 번밖에 없는 순간이고, 지금 내 앞에 있는 사람이 단 하나밖에 없는 존재라는 것을 깨닫는다면 삶은 매우 소중하게 다가올 것이다. 그러나 많은 사람들은 다소 뻔한 일상 속에서 상대방을 비루하게 인식하거나 자신의 삶도 그렇고 그런 것으로 간주해버리는 오류를 범한다. 이런 인식은 세상에 어떤 보편적인 질서가 있고 그 안에 개인들이 포섭되어 있다는 예속적인 사고에서 비롯된다. 예를 들어 우리 앞에 있는 송아지 한 마리는 세상에 단 하나밖에 없는 존재로, 이름을 지어주고 아끼고 사랑할 대상으로 손색이 없다. 그러나 그 송아지를 고기를 생산하는 보편적인 소의 일부로 간주하는 순간, 유일무이하고 단독적인 존재로서의 의미는 사라져버린다.

사람들은 평소에 특이한 행동을 하는 사람을 보면 눈살을 찌푸리는 경우가 많다. 특이함보다는 일상적이고 뻔한 삶을 유지하는 것, 즉 '정상'이라고 간주되는 생활의 테두리 내에서 사고하려는 사람이 많기 때문이다. 그런데 특이성은 예술과 창조의 원천이다. 예술작품을 의미화하고 설명하기 어려운 것은 예술가들이 그 작업을 통해서 특이성을 생산하고자 애썼기 때문이다. 기존의 사고방식으로는 사유할 수 없는 것들을 예술작품으로 표현한다. 이는 아주 멋진 일이다. 특이성이 꼭 별종이거나 난해한 것만도 아니다. 예술가들의 특이성은 공동체를 풍부하게 만드는 소재가 되는데, 이런 사유의 경로를 처음으로 설명했던 사람이 바로 스피노자다.

> 현실적으로 존재하는 각각의 물체나 개물(특이성)의 관념은 신의 영원하고 무한한 본질을 필연적으로 포함한다.(스피노자, 《에티카》, 45쪽, 서광사, 1990)

스피노자는 특이성이 공통성을 풍부하게 만든다고 사유했으며, 동시에 '특이성을 사랑하는 공통성'의 구도를 제시했다. 스피노자의 사상이 공동체에 대한 특이한 생각으로 받아들여지는 것은 이 때문이다. 공동체에서는 더러 아이, 노인, 장애인 그리고 자연의 뭇 생명들과 함께 어울리게 되는 경우가 있다. 이럴 때 그들을 일방적으로 돌보는 것이 아니라 오히려 우리 자신이 풍부해지고 사랑의 능력이 더 증폭되며 스스로 무엇인가를 얻어간다는 뿌듯함을 느끼게 되는 이유는 무엇일까? 그것은 그들 소수자가 사회적 약자나 피해자가 아니라, 주류를 이루는 다수자의 삶에서는 볼 수 없던 특이성을 지닌 존재이기 때문이다.

물론 여기서 말하는 공동체란 동일한 성질의 사람들이 모인 집단과는 차이가 있다. 생각과 사상이 같고 문화와 취향이 비슷한 집단이라면 내부 결속력이 더 크고 평화로운 질서를 유지할 것이라고 생각하기 쉽지만 꼭 그렇지는 않다. 초기 공동체운동이 벌어질 때는 더러 그런 집단이 존재했다. 이런 집단에서도 항상 주변과 가장자리에 특이한 소수자들이 발생했지만, 대개는 특이한 존재에 대한 태도를 결정하지 못하거나 배타시하는 경향이 많았다. 반면에 공동체가 유연해서 특이성을 적극적으로 받아들이면 얘기가 아주 달라진다. 이 경우에는 내부에서 발생하는 차이가 의견 충돌이나 대립과 같은 균열과 모순의 요소가 아니라, 공동체를 더욱 자유롭고 풍성하게 만드는 다양성의 재료로 쓰인다. 스피노자가 말한 '특이성을 사랑하는 공통성의 관계'는 바로 여기서 규명된다고 할 수 있다.

스피노자의 특이성 개념은 우리 자신이 세상에 단 하나밖에 없는 존재라는 점에서 대단히 소중하고 존중받아야 할 존재로 느끼게 만듦과 동시에, 그 관계망이 상대방을 뻔하게 보는 구조여서는 안 된다는 점을 분명하게 드러낸다. 이는 일종의 생명사상이라고도 할 수 있다. 우리의 일상을 뻔하고 비루하게 만드는 자본주의 문명의 전환이 매우 가깝게 다가오고 있다. 차이 나는 질서를 통해 더 풍부하고 다양한 삶의 방식이 가능한 공동체, 또는 자연생태계와 달리 자본주의 문명은 늘 똑같은 방식으로 우리 삶을 주조한다. 그 때문에 생태계 위기와 환경 파괴, 자원 고갈과 같은 상황이 턱밑까지 다가와 있는 것이다. 이런 위기 상황에서 사회와 공동체가 더 다양한 생각의 경로를 만들어 색다른 삶의 형태들을 구축해가야 한다는 점이 분명해지고 있다. 오늘날 우리가 스피노자의 특이성 개념을 새롭게 주목하는 것도 그것이 세상을 재창조하고 생명을 새롭게 보아야 한다는 진보적인 생각을 담고 있기 때문이다.

≪ 그럼에도 죽음이 두렵지 않은 이유 ≫

내가 스피노자의 내재성을 유한성의 실존좌표라고 재해석했던 이유 중 하나는 그 안에 유한한 실존을 강건하게 만드는 구성요소를 갖추고 있기 때문이다. 그 첫 번째가 바로 변용affection이다. 스피노자의 신체변용은 사랑에 가까운 개념이다. 들뢰즈와 가타리가 되기becoming라는 개념으로 그것을 현대화했는데, 애초에 스피노자는 신적 본성으로 변용을 사유했다.

사실 사랑을 해본 사람이라면 누구라도 이해할 수 있는 개념이 신체변용이다. 사랑하는 상대의 입장에 서기 위해 그의 말에 귀 기울여 아이도 되어보고, 동물도 되어보고, 우주도 되어보는 것이 바로 변용이다. 사랑은 실존을 강건하게 만들고, 자신이 지금 바로 여기에 발 딛고 서 있는 이유를 해명해준다. 유한한 삶을 사는 우리가 죽음의 공포나 두려움에 쉽게 빠져들지 않는 이유는 바로 오늘 지금 여기에서 사랑하고 있기 때문이다. 그래서 사랑하는 사람들과의 '오늘'을, 다석 유영모 선생은 '오! 늘', 즉 '오오! 늘 지금 같아라'라고 표현했다.

사랑이 주는 보이지 않는 약속에 주목하면서도 스스로 사랑이라는 능동적인 행동에 나서지 못하는 경우는 어떨까? 스피노자는 능동적인 신적 본성인 사랑과 함께 수동적인 욕망, 즉 '자기보존의 욕구conatus'를 제시했다. 욕망은 자신을 유지하고 보존하게 만드는 수동적인 본성이다. 스피노자는 욕망을 통해서 정서affect의 기하학을 그려낸다. 어떤 사람과 우발적으로 만나서 서로의 욕망을 긍정하고 서로 상승시키는 관계가 된다면 기쁨으로 향할 것이고, 서로의 욕망을 부정해 무기력해지거나 예속되는 상황에서는 슬픔을 느낄 것이라고 말했다. '욕망의 상호긍정이냐, 예속과 무능력이냐?'에 따라 기쁨과 슬픔이라는 정서의 양극성이 나타나는데, 스피노자는 그중 슬픔의 정서를 예속인에게, 기쁨의 정서를 자유인에게 배치한다. 그래서 욕망이 '자기원인'*인 한에서는 슬픔에 대한 기쁨의 영원한 승리를 확신한다. 즉, 초월적인 국가권력과 신에 예속된 질서에 맞선 자유인들의 영원한 삶과 사랑, 욕망의 승리를 기약한 것이다.

> 기쁨에서 생기는 욕망은, 다른 사정이 같을 경우, 슬픔에서 생기는 욕망보다 강하다.(스피노자, 《에티카》, 18쪽, 서광사, 1990)

'자유인의 해방전략'이라고도 불리는 스피노자의 정서론을 볼 때마다, 나는 나폴리 혁명가의 형상을 한 스피노자의 그림을 떠올린다. 스피노자는 나폴리 혁명가 복장을 한 자신의 그림을 걸어두고 늘 혁명가라는 사실을 자각했다고 한다. 물론 스피노자의 명제는 귀를 쩌렁쩌렁 울리는 연설문이 아니라, 부드럽게 우리 삶에 파고들어서 흘러 다니는 사랑과 욕망의 느낌으로 다가온다. 그가 자신의 글에서 아무리 혁명적인 발언을 해도 그것은 사랑과 혁명이 일치하고 욕망이 혁명과 조응한다는 생각일 뿐이다. 결국 우리 삶을 좀 더 풍요롭고 다양하며 강건하게 만들 수 있는 것은 우리 안에 내재한 사랑과 욕망의 능력이다. 스피노자는 사랑과 욕망의 능력

---

*   스피노자를 합리론자로 오해하게 만든 개념이 자기원인 개념이다. 그러나 자기원인 개념은 기하학적 세계에서의 인과론적 운동이 아니라, 자기결정력을 갖춘 자유인의 행동방식을 설명하기 위한 개념이다.

을 '역능force'이라고 규정해 신과 국가의 초월적 능력인 권력power과 구분했다. 어떤 사람이 신체를 변용하면서 사랑할 줄 안다면, 그 사람은 스스로 지혜로워지고 사랑할 수 있는 역능을 갖추었다고 할 수 있다. 다른 사람을 자기 밑으로 포섭하거나 종속시키려 하지 않는다는 점에서 이는 권력과 구분된다. 삶에 대한 스피노자의 긍정은 사랑과 욕망에 대한 긍정이며, 자기 안에 내재된 사랑과 욕망의 능력에 대한 긍정이다. 그래서 스피노자의 혁명은 사랑과 욕망의 혁명이라고 정의할 수 있다.

《 스피노자가 발견한 삶의 진실 》

스피노자는 유한한 우리 안에 내재한 삶의 지혜와 사랑, 욕망 등에 대해 말한다. 그런데 나의 삶과 마음, 육체 속에 우리 외부에 있는 아이와 동물, 광인, 장애인, 노인 등이 내재한다고 묘사되는 내재성의 개념이 참으로 알 듯 말 듯하다. 해석하자면 이는 우리가 소수자를 타자화하고 배제하거나 차별할 수 없다는 것을 의미한다. 외부로 배제했던 타자들이 사실은 우리 안에 있다. 그래서 스피노자의 철학을 '외부성의 철학'이라고 종종 규정하곤 한다.

스피노자가 사랑과 욕망을 설명하는 방식은, 결정론적인 질서에 따라 필연적으로 그럴 수밖에 없다는 식이 아니다. 그 속에 선택과 자율적인 판단이 숨어 있어서 언제나 우발성을 띤 그림이 된다. 스피노자는 한 사람과 다른 한 사람의 만남이 필연적이거나 인과적인 관계가 아니라 사랑과 욕망에 이끌려서 우발적으로 만들어진 사건이라고 본다. 물론 '자기원인'이라는 개념이 등장하기 때문에 그 역시 인과론을 따른다는 착각을 불러일으키지만, 스피노자는 그 자기원인조차도 결정론과는 전혀 상관없는 욕망이라고 말한다. 즉, 사람들이 서로 우발적으로 끌리고 원해서 만나고 관계한다는 설명인데, 결정론에 따라 인간관계를 그려냈던 기존 근대철학자들의 입장에서는 이해할 수 없는 대목이었다. 그리고 보면 스피노자는 정말 욕망에 솔직한 철학자였던 것 같다.

스피노자는 또한 신체들 사이에는 여백이 있다고 설정했다. 두 신체가 만날 때 너무 가까워서 서로의 프라이버시를 침해하고 스트레스를 주는 관계가 아니라 신체들 사이에 기쁨, 사랑, 욕망, 희망 등의 정서가 발생할 수 있는 거리와 여백이 있다는 것이다. 이런 생각은 스피노자가 세상과 거리를 두고 안경 세공 일을 하면서 시골에서 은둔했던 환경에서 연유했다고도 추정된다. 이유야 어찌 되었든 스피노자의 생각에서는 신체를 변용할 시간과 정서가 발생할 수 있는 여가와 여유가 발견된다. 각박한 도시생활을 하는 현대인으로서는 이런 여백이 있는 철학의 구도를 이해하기 힘들지도 모르겠다.

스피노자가 그려낸 삶의 지도를 나는 '유한성의 실존좌표'라는 측면에서 요약적으로 그려내려 했지만, 사실 《에티카》에는 우리 삶에 영감을 주는 구절들이 더 많다. 우리 삶은 사랑과 욕망이라는 유한한 것들로 이루어져 있지만 우리 자신이 세상에 단 하나밖에 없는 존재라는 실존적 특징으로 인해 그 찰나는 영원한 것이 된다. 우리는 살아가면서 지금 이 순간에 최선을 다하고 있는지, 그리고 자신의 모든 것을 걸고 신체와 욕망, 사랑에 충실한가라는 질문을 매순간 던져야 한다. 그랬을 때 스피노자가 발견한 삶의 진실에 좀 더 가깝게 다가갈 수 있다. 스피노자의 지혜에는 그 자신의 유한했던 사랑과 욕망이 아로새겨져 있다. 그가 만든 오솔길을 따라, 우리도 사랑과 욕망이라는 프리즘을 통해 삶의 내재성과 유한성을 들여다보는 시간을 가져보면 좋겠다.

대부대출
라이히

《 차라리 휘둘리는 게 편한 사람들 》

"야, 돈 좀 빌려주라."

거의 2년 만에 연락해온 친구 녀석은 다짜고짜 돈부터 빌려달란다. 마치 대학시절 동아리방에 함께 앉아 있다가 습관처럼 "담배 한 대만 줘봐"라고 하듯 아무렇지 않은 어투였다. K씨는 "어…" 하고 말꼬리를 흐리며 일단 지갑 속에 있을 지폐 몇 장을 속으로 셈해보았다. 굳이 세어보지 않아도 그의 주머니 사정이야 뻔했다. 당장 내일 담뱃값이 걱정스러울 정도이니 말이다.

하지만 그보다 친구에게 무슨 일이 있는지 걱정이 밀려왔다.

"무슨 일이야? 혹시 회사나 집에 안 좋은 일 있는 건 아니지?"

"아니, 뭐 그런 것까지는 아니고… 여유 되는 대로, 아니, 한 백 정도만

꿔주면 다음 달 월급 받아서 줄게."

번듯한 직장에 집도 있는 녀석이 겨우 100만 원을 융통할 데가 없어서 옛 친구에게 전화를 하다니. 그것도 한 학기 벌어 한 학기 먹고 사는 가난한 시간강사에게 말이다. K씨의 머릿속에 의구심이 모락모락 피어날 즈음 친구는 살짝 기가 꺾인 목소리로 말을 이었다.

"너도 알잖아, 왕년에 내가 주식해서 재미 좀 봤던 거. 재작년부터 선물옵션에 손을 댔는데 그 바닥이 워낙 억 단위로 왔다 갔다 하니까 뭐가 뭔지 정신이 하나도 없더라고. 정신 차려 보니까 어느새 은행권이며 제2금융권까지 여기저기 빚 깔아놓은 게 팔천이더라. 헐. 마누라 몰래 조금씩 갚고 있는데 이게 워낙 벅찬 금액이잖아. 이자 몇 번 연체하고 나니 지난달부터 추심이 들어오는 거야. 멀쩡한 핸드폰 놔두고 회사로 전화 오고, 집으로 전화하겠다고 아주 난리라니까. 우리 마누라가 알면 그대로 이혼이야. 지금 내 명의로 된 건 자동차뿐인데 이거라도 팔아야 할 판이라니까. 그래서 지푸라기 잡는 심정으로 친구들한테 연락하고 있는데, 이게 진짜 만만치 않다, 에휴…."

이야기를 듣는 동안 전염이라도 된 듯 K씨의 가슴도 답답해지고 한숨이 나왔다. 동기 중에 제일 잘 나가던 친구가 어쩌다 이렇게 추락했나 싶어 안타깝기도 했다. 친구의 목소리는 더욱더 간절해졌다.

"그러니까, 니가 이 기회에 형님 좀 도와줘야 안 되겠냐? 딱 까놓고 함 말해봐. 너 비밀리에 운용할 수 있는 자금이 얼마나 되냐?"

아, 비자금! 그런 단어가 있긴 있었지! K씨는 저도 모르게 목소리가 기어들어가는 걸 느꼈다.

"어… 그러니까, 음… 나는 비자금 같은 거 없어. 우리 집은 통장관리

를 아내가 전부 맡아서 하고 난 매달 용돈 받아서 살거든. 솔직히 5만 원
짜리 지폐가 어떻게 생겼는지 까맣게 잊어버릴 지경이야. 위급할 때 쓰라
고 신용카드는 쥐어줬지만 일단 긁으면 아내 핸드폰에 당장 문자가 뜨는
걸 뭐. 내 신세가 대충 이렇다.”

K씨는 솔직히 털어놓았다. 대체로 ‘공처가’의 삶이란 경제적 주도권을
아내가 가지고 있을 때 더 극단적인 방식으로 드러난다.

“에잇, 모자란 녀석! 넌 어떻게 나보다 더하냐? 야, 그럼 제수씨한테
돈 좀 꿔봐. 형이 지금 아주 곤란한 상황이라고!”

K씨는 절대 들어서는 안 될 말을 들은 것처럼 귀를 씻고 싶을 정도였
다. 이 녀석이 아내를 몰라서 하는 말이다. 아마 그녀는 엄청난 고리대를
요구하고 돈을 갚지 않으면 사채업자가 고용한 어깨들보다 더 악착같이
수금하려 들 게 뻔했다. 아내는 그러고도 남을 사람이었다.

‘에휴’ 하며 한숨 한번 내쉬었을 뿐인데, K씨 마음 깊은 곳의 소리가 제
대로 전해졌는지 친구는 더 이상 채근하지 않았다.

“그럼 사금융이라도 알아봐야 하나? 요즘 ‘무조건 단박 대출’ ‘30일 이
자 무료’ 그런 것도 있던데, 급한 불이라도 좀 끌 수 있지 않을까?”

사금융이면… 사채? K씨는 깜짝 놀랐다.

“아서라! 그거 패가망신하는 지름길이라더라. 그야말로 언 발에 오줌
누기야. 추심 때문에 닦달 당하는 게 얼마나 힘든지 겪어봤으면서 그런
말이 나오냐? 나중에 더 험한 꼴 당할 걸 알면서도 지금 잠깐 숨통 트자고
그러면 안 되지. 그냥 차를 팔아. 아니면 제수씨한테 솔직히 얘기하고 도
움을 받던지. 일이 더 커지기 전에 상의해서 함께 해결해야지, 나중에 정
말 이혼 당하는 수가 있어. 아내 말 들어서 나쁠 거 하나도 없단 말이다.”

친구는 한동안 가만히 듣고 있더니 "알았다" 하고 힘없이 대답했다. 그리고 마지막으로 K씨의 폐부를 깊숙이 찌르는 말 한마디를 남기고는 전화를 끊었다.

"K야. 나도 나지만 너도 호랑이 같은 마나님 모시고 사느라 고생이 참 많다. 혹시라도 작은 꼬투리 하나 잡힐까 걱정되고, 갑자기 부르는 소리에도 깜짝깜짝 놀라고⋯ 내가 그 심정 알지. 매일 추심 전화 받는 심정이 딱 그렇다니까. 자꾸 억눌리다 보면 점점 더 소심해지고 주변 눈치를 보게 되더라. 내 안의 노예근성 같은 걸 발견했달까? 너도 조심해라. 가정맹어호苛政猛於虎라는 말 있지? 가혹한 세금보다 호랑이가 더 무서워지면 그건 이미 네 영혼이 반쯤 잡아먹히고 있다는 거야."

K씨는 뒤통수를 한 대 세게 맞은 것처럼 멍하게 한참을 앉아 있었다. 억압을 욕망하는 마조히즘의 논리는, 어쩌면 추심독촉 전화에만 있는 게 아니라 자신의 집 안방에도 있었던 모양이다. K씨는 연구실 책상머리에 붙여놓은 아내의 사진을 물끄러미 바라보았다. 마치 제단처럼 배치된 책상 앞에 무릎을 꿇고 경배의 절이라도 올려야 할 것 같은 묘한 기분이 들었다.

≪ 억압자에게 도취되는 심리 ≫

기괴한 환상과 묘한 신비감에 사로잡힌 채 예속된 삶을 사는 사람들이 있다. 바로 억압을 욕망하는 사람들이다. 사람들 중에는 자신을 억압하는 시스템이나 체제, 제도에 저항하지 않고 오히려 억압을 바라는 이들이 있다. 억압을 욕망하는 '마조히즘'적인 사람들은 지도자나 스타에 대한 환상의 분비물을 소비하면서 황홀경, 도취, 경탄, 환희와 같은 감정에 사로잡힌다. 예전에는 억압이 있는 곳에 저항이 있었고, 저항이 있는 곳에 연대solidarity라는 낭만적인 감정이 싹텄다. 마조히즘이 문제가 되는 이유는 그것이 억압을 욕망하기 때문이다. 예를 들어 훈육적인 선생님이나 권위적인 아버지가 매를 들거나 벌을 줄 때 그것을 기쁨으로 느끼면서 "저를 더 때려서 똑바로 살게 만들어주세요"라고 말한다면 어떨까? 설마 그렇게까지 하겠냐고 생각하는 사람이 많을 것이다. 그러나 사회 전반적으로 이런 마조히즘 정서가 지배했던 역사도 있었다. 1차 세계대전 직후 독일 사회에 나치가 등장할 무렵이 그랬다. 당시 바이마르공화국은 좌파정권이 집권하고 있었으며, 권위주의적인 가부장제를 통해 유지되는 합리적이고 경직된 방식으로 사회문제를 해결하고 있었다. 그런데 그 사회에 돌연 파시즘이 똬리를 튼 것이다.

빌헬름 라이히의 저작《파시즘의 대중심리》그린비, 2006는 당시 독일의 억압적이고 권위적인 분위기를 잘 보여준다. 그는 이렇게 문제제기를 했다.

설명되어야 할 사실은 배고픈 사람이 도둑질을 하고 착취당한 자가 파업을 일으킨다는 사실이 아니라, 왜 배가 고프면서도 훔치지 않고, 왜 착취당하면서도 파업을 하지 않는가라는 점이다.(빌헬름 라이히,《파시즘의 대중심리》, 55쪽, 그린비, 2006)

라이히는 대중 속에 굴절되고 이상야릇한 욕망이 서식하고 있다는 점을 감지했다. 당시 독일 사회의 시민들은 억압에 저항하는 좌파를 선택한 것이 아니라, 인종말살정책을 쓰고 전쟁으로 치닫던 호전적인 나치를 선택했다. 독자들 중에도 우리 사회에 조금 더 강력한 지도자가 나와서 리더십을 발휘함으로써 총체적 난국에 이른 사회를 완전히 바꾸어야 한다고 생각하는 사람이 있을지 모르겠다. 그러나 그런 생각은 자칫 독재자나 파쇼에 대한 염원으로 바뀌어 억압에 환호하는 극단적인 상황을 만들 수 있다. 당시 전쟁부채와 만성불황에 빠져 있던 독일 사회에서 이런 생각이 나치의 탄생을 이끌었다. 히틀러는 점원 유형의 능력을 발휘해 경제난을 풀어갔다. 동시에 사회적 소수자와 좌파, 이주민을 공격하면서 그 억압 행위가 태양계에서 영원할 독일 민족의 위대한 과업을 실현하기 위해 필요한 역사적 사업이라고 홍보했다. 대중은 열광했고 나치에게 자신의 욕망을 투사하기 시작했다.

여기서 다시 한 번 라이히의 질문에 주목해보자. 왜 나치 치하의 독일인들은 억압을 욕망했을까?

당시 독일 사회의 영상을 접했던 사람이라면 수많은 독일인이 거리에 나와 나치를 연호하고 히틀러에 경례하면서 일체감을 과시했던 모습을 기억할 것이다. 그 거대한 도열 광경을 지켜보면 독일 사회를 휩감았던 마조히즘이 단순히 병리적인 개인의 심상이 아니라, 군중심리를 통해 사회 전반에서 벌어진 집단적 무의식이라는 것을 알 수 있다. 나치는 억압에 대한 욕망을 미화하고 독려하고 고무시켰으며, 사람들은 파시스트의 억압적인 행동이 마치 고대 그리스 영웅들의 역사적인 행동이라도 되는 양 환호했다. 나는 아이돌스타를 스토커처럼 쫓아다닌다는 사생 팬들의 이야기를 들을 때마다 그와 비슷한 느낌을 받는다. 아이돌스타의 일거수일투족을 감시하고 따라다니며 사생활을 침해하는 팬들의 행동이 '어찌 보면 파시즘에 대한 독일 대중의 환상과 열광만큼이나 신비롭고 강렬한 체험이겠구나!' 하는 생각이 드는 것이다.

그러나 파시즘은 사생팬의 극단적인 열광과는 성격이 아주 다르다. 파시스트는 바로 억압하는 독재자이며, 폭력과 증오를 통해서 문제를 해결하려는 사람들이다. 파시즘에 대한 열광이 스타에 대한 열광과 다른 이유는 사회적 문제를 폭력과 억압으로 풀겠다는, 증오범죄가 갖는 반사회적인 면을 극명하게 드러내기 때문이다.

오늘날 사람들은 파시즘이라고 하면 히틀러나 무솔리니와 함께 이미 역사의 뒤편으로 사라진 체제라고 보고 스스로 파시즘으로부터 자유로운 민주사회에 살고 있다고 생각한다. 그러나 안심하기는 아직 이르다. 지금의 자본주의 사회에서도 소수자나 사회적 약자, 이주민들에 대한 차별과 배제가 끊임없이 이루어지고 있으며, 이 때문에 언제라도 곧장 증오와 폭력의 질서로 돌변할 수 있는 가능성이 농후하다. 우리가 파시즘을 논의할 때 신중해야 하는 것은 바로 그 때문이다.

≪ 성격갑옷을 입어야 안심! ≫

라이히는 전후 독일사회에서 파시즘의 토양이 되었던 권위주의적인 가부장제가 어떻게 성을 억압했는지에 주목한다. 사회생활을 하려면 속마음을 감추는 '포커페이스poker face'가 필수라는 얘기가 있다. 혹자는 현대 자본주의 사회에서 사람들은 어차피 여러 가면을 횡단하며 살아갈 뿐이고, 원래 자신의 모습이란 존재하지 않는다고 자조 섞인 말을 할 것이다.

가면은 사회생활에서 이루어지는 많은 의례적 관계에서 자신을 방어하는 기제라고 볼 수 있다. 라이히는 가면과 같이 딱딱하고 경직된 외피를 '갑옷'이라고 규정했다. 갑옷을 두르고 산다면 얼마나 무겁고 힘이 들까?

갑옷의 목적은 자신을 방어하고 불안과 두려움을 감추기 위한 것이다. 군인이나 직장인, 관리자 등 자신의 위치나 직분, 역할에 따라 할당받은 가면을 성격갑옷이라고 하는데, 라이히에 따르면 이는 사람들의 자연스러운 성-욕망을 억압하는 기제로 작동한다. 즉, 성격갑옷은 모든 사람에게 있는 아이처럼 자연스러운 성-욕망을 감추고 외부로부터 자신을 방어하는 딱딱한 외피이다. 사람들은 불안을 감추기 위해서 갑옷을 선택한다. 라이히는 1차 대전 직후 독일 사회가 경색되었던 것은 권위주의적인 가부장제에 의해 성-욕망이 억압되었기 때문이며, 사람들은 모두 자기 자신을 감추는 성격갑옷 뒤로 숨어버렸다고 지적한다.

여기서 라이히는 오르가즘이 가진 해방의 능력에 주목한다. 사람들이 성격갑옷과 같이 자신의 욕망을 억압하는 외피를 벗고 부드러운 성의 흐름으로 들어가는 것처럼, 사회도 부드러워질 수 있다고 낙관한 것이다.

사람들은 성행위를 할 때 잠시 자신의 역할, 직분, 기능으로부터 벗어나 완전히 다른 세계로 튕겨져 나온 듯한 느낌을 받는다. 자아와 같은 번듯한 책임주체가 형성되는 것은 욕망을 극도로 억제한 채 성격갑옷과 같은 견고한 외피를 입고 관계할 때이다. 그래서 라이히 박사는 권위주의적인 가족문화 안에서 발생하는 신경증neurosis과 같은 정신병리를 성해방으로 극복할 수 있다고 보았다.

> 심리적〔정신〕 건강은 오르가즘 능력에, 즉 자연스러운 성행위에서 성흥분의 절정을 경험하고 그것에 빠져들 수 있는 정도에 달려 있다. 사랑 능력에 대한 비신경증적인 성격 태도가 정신 건강의 토대를 이룬다. 정신질환은 자연스러운 사랑 능력이 방해받아 생긴 결과다.(빌헬름 라이히, 《오르가즘의 기능》, 22쪽, 그린비, 2005)

이런 생각은 당시 상황에서 매우 급진적인 것이었다. 결국 라이히 박사는 공산당으로부터 추방당하고 정신분석학회로부터도 제명당한다. 사실 성-욕망이 억압된 채 성격갑옷을 두른 사람들의 모습을 지금도 주변에서 흔히 관찰할 수 있다. 예를 들어 회의 시간에 자신의 역할이나 직분에 따라 발언하느라 작은 웃음소리 하나 안 나올 정도로 경직되어 있는 구성원들을 종종 본다. 이들은 회의가 끝나고 회식자리로 옮겨서 술도 좀 마시고 자연스럽게 풀어진 상황이 되었을 때야 비로소 자신이 갖고 있던 생각이며 진심을 털어놓는다. 그래서 어떤 공동체회의는 "뒷풀이에서 대부분의 일이 결정된다"고 말할 정도다. 최근의 가족 상황은 상당히 달라졌지만 가부장적이던 당시의 독일 사회를 상상해보면, 모두가 경직된 채 딱딱한 외피에 숨어 관계를 맺는 아주 부자연스럽고 억압적인 사회질서가 아니었을까? 아버지라는 사람이 워낙 가부장적이어서 아이들이 신경증을 앓는 것이 일반화되었을 정도였다니 말이다. 그런 상상을 하면 성적 욕망을 해방시켜야 한다는 라이히의 발상도 전혀 근거 없는 얘기는 아니라는 생각이 든다.

성격갑옷을 입고 마주하는 관계는 내면과 진심이 없는 의례적인 관계이다. 회사나 직장, 학교에서 진심을 감춘 채 '영혼 없는 대화'를 나누는 사람들을 더러 발견한다. 어떤 사람은 자리position가 사람을 만든다면서 사회적 역할이 있는 자리에 앉으면 대부분 자동적으로 일처리를 하게 된다고 말한다. 심지어는 직장상사와 회식을 하면서 작은 가족이나 공동체처럼 보일 정도로 다분히 연극적인 행동을 하는 사람도 있다. 성격갑옷을 벗지도 않은 채 이런 태도를 보이는 것은 위선적이고 가식적이다. 문제는 사람들이 성격갑옷이라는 딱딱한 외피를 오히려 욕망하게 되는 기괴한 상황도 발생한다는 것이다. 이는 굴절되고 변형된 욕망의 모습으로 드러난다. 여기서 다시 한 번 질문을 던져봐야 할 것 같다. 대중은 왜 예속을 욕망하는 것일까? 이 질문에 대한 라이히의 대답과 설명을 들으려면 좀 더 자세히 알아봐야 한다.

《 파시즘은 왜 생길까? 》

파시즘은 무엇 때문에 생길까? 욕망 때문일까? 억압 때문일까? 혹자는 인간의 욕망 속에 '죽음 충동'이라는 것이 있어서 반사회적인 행동이나 자살을 저지르는 것이라고 말한다. 후기 프로이트나 호르크하이머 같은 사람들이 그렇게 보고 있다. 그러나 라이히는 그와 정반대 이야기를 한다. 우선 '충동'과 '욕망'을 구분해야 하는데, 충동은 즉각적이고 일시적인 것으로 갑자기 발생하지만 그것이 무의식에서 차지하는 비중은 무척 작다. 주로 욕망을 비하할 때 충동이라는 개념을 거론한다. 어떤 사람은 충동과 욕망을 구분하지 못해서, 텔레비전에서 폭력적인 장면이 나올 때 즉각적으로 떠오른 자신의 충동을 욕망의 일부로 착각하는 경우가 있다. 충동과 달리 욕망은 신체와 삶 속에서 생성되는 생명에너지이다. 이는 매우 자연스러운 흐름 속에서 표출되며, 사회를 더 풍부하고 유연하게 만드는 소재다. 예를 들어 생명에너지로 충만한 아이들이 사회를 어지럽히거나 폭력적으로 만들지는 않는다. 욕망의 존재인 아이들은 오히려 사회를 풍부하고 다양하게 만든다.

라이히는 1차적 욕망의 자연스러운 흐름이 가로막힐 때 굴절되고 변형된 2차적 욕망이 생긴다고 설명했다. 사회병리적인 현상이 금기와 터부시, 억압에 의해 발생한다고 말하는 것이다. 사람들은 욕망이 원래부터 반사회적 충동이나 변형되고 기괴한 속성을 갖고 있다는 결과론적 평가를 내려놓고 욕망에 대해 권위적이고 억압적인 시선을 보내는 경향이 있다. 하지만 금기와 터부시, 억압이 없다면 욕망이 스스로를 다스리는 자율성이 발휘될 수 있다. 바로 이 부분에서 억압을 욕망하는 마조히즘적 욕망이 발생하는 원인도 일부 해명이 가능하다. 이는 자연스러운 생명에너지로서의 욕망이 금기에 가로막혀 원래 모습으로부터 변형되었다고 설명할 수 있다. 아이들 집단을 살펴보면 이런 현상을 더 잘 이해하게 된다. 예를 들어 아이들이 자위행위를 하지 못하도록 금지하고 억압적인 태도를 취하면 그 에너지를 그대로 품은 아이들은 자위행위를 더 하고 싶어 하거나 숨어서, 혹은 굴절시켜서 하고 싶은 욕망으로 나아갈 수 있다. 사 실 종교가 아이들의 자위행위에 대해 억압적인 태도를 취했던 것은 인간 의 자연스러운 욕망을 굴절시킨 예로 비판받기도 한다.

> 권위주의 사회에서 자유로운 사회로의 과도기에서 규칙은 이차적이고 비 사회적인 충동에는 도덕적 규제를, 자연스럽고 생물학적인 욕구에 대해서 는 성경제적인 자기조절을 하는 것이다.(빌헬름 라이히,《성혁명》, 108쪽, 증원 문화, 2011)

그러면 억압이나 금기 없이 욕망만으로 어떻게 공동체를 유지하느냐 고 우려하는 사람도 있을 것이다. 터부시와 금기가 굴절된 욕망을 낳는다 지만 그런 제한 없이 공동체가 욕망만 따라 움직인다면 혼란과 범죄가 판 을 칠 것이라고 상상할 수 있다. 하지만 공동체가 욕망에 대해 개방적인 태도를 취할 때 그 공동체가 욕망의 순환에 따라 더 풍부해지고 다양해지 는 사례는 얼마든지 있다. 성에 대해 터부시하는 사람들이 공동체를 장악 하지 못할 때 그 공동체는 비로소 생명에너지가 흐르고 순환하면서 활력 이 넘친다. 이 지점에서 '욕망의 자주관리'에 대한 상을 생각해볼 필요가 있다. 아이들 집단을 관찰해보면 이들이 욕망에 따라 또래집단을 만들어 스스로 욕망을 자주관리하려는 모습이 곧잘 발견된다. 아이들에게 자주 적인 관리를 맡겼을 때 '왕따'와 같은 부정적인 현상이 나타날까봐 염려 하는 사람도 있겠지만, 그런 현상은 오히려 아이들 사이에 침투한 차별과 배제의 미시파시즘, 또는 욕망에 대한 억압의 결과로 나타난다.

자연스러운 1차적 욕망에 대해 긍정하는 사람은 성선설에 가깝다는 말을 들을 수도 있겠다. 사실 인간에게 선행을 할 수 있는 본성이 있다는 점을 부정한다면, 감시와 처벌의 마지노선을 그어놓고 상대방을 준범죄자로 의심하는 사회질서가 만들어질 수밖에 없다. 그 반면에 서로가 가진 사랑과 욕망의 능력을 긍정한다면 사회는 더 따뜻하고 나은 모습으로 나아갈 가능성이 있다. 소수자와 아이, 여성 등을 권위와 억압으로 대하는 사회는 결국 차별과 배제를 넘어 증오와 폭력의 사회로 변형될 가능성이 농후하다. 그래서 라이히가 제시한 성해방에 대한 논의는 사실상 민주주의에 대한 신뢰와 사회의 다양성과 잠재성에 대한 긍정을 의미한다.

《 피할 수 없다면 즐겨라? 》

'왜 인민은 예속을 영예로 삼는가?'라고 17세기에 처음 질문을 던졌던 철학자가 스피노자이다. 라이히는 스피노자의 욕망이론을 계승한 사람으로서, 특히 오르가즘의 선순환이 갖는 신체와 사회에서의 긍정적인 역할을 강조했다. 성-욕망이 극도로 억압되고 억제된 신체와 사회는 어딘가 병들고 울혈처럼 맺힌 곳이 있게 마련이다. 성-욕망이라는 자연스러운 생명에너지에 대해 관대하고 개방된 사회는 민주주의에 필요한 기본적인 활력과 능력을 갖추었다고 볼 수 있다. 라이히는 성정치sex-politics를 통해 성위생이나 성해방, 성자유에 대한 자신의 생각을 실천에 옮겼지만, 당시에는 워낙 선구적이고 전위적인 방법이어서 세간에 많은 스캔들을 뿌렸으리라 짐작된다.

우리 사회가 아주 사소한 영역에서라도 억압과 금기, 터부시라는 매듭과 울혈에 대해 저항하지 않고 그대로 둔다면, 그것은 곧 연쇄반응을 일으켜서 사회 내에 파시즘과 같은 이상야릇한 억압 욕망을 싹트게 할 것이다. 특히 성의 영역은 삶의 자존감과 실존의 강건함, 신체적인 만족감과 관련된 극도로 예민한 영역이기에 좀 더 개방된 태도를 가질 필요가 있다. 사회를 현 상태로 유지하고자 하는 보수적인 사람들은 사회 곳곳에서 흐르고 순환하는 욕망에 대한 권위주의적인 시선을 유지하면서 억압과 금기의 잣대를 들이댄다. 그러면서 그들은 억압에 의해 폐색되고 힘들어하는 사람들에게 '피할 수 없으면 즐겨라!'라는 다소 이상한 논리를 펼친다. 한국사회에서 이주민 차별, 여성 차별, 아이와 동물에 대한 차별 등의 행태를 보이는 미시파시즘 집단이 똬리를 틀고 거리에서 종종 모습을 드러내는 것은 참으로 우려스럽다. 특히 여성에 대한 혐오와 차별적 시선이 한계를 넘어서는 모습이 걱정스러운데, 사실은 성-욕망이 억압된 사회의 원인을 여성이라는 소수자에게 돌리는 경향이 크기 때문이다.

　텔레비전 뉴스에 나오는 많은 메시지들이 욕망의 반사회성을 지적하는 경우가 많다. 그러다 보니 욕망의 존재들인 아이, 동물, 광인, 장애인에 대해서 사회가 더욱 권위주의적인 시선을 보낸다. 앞서도 말했듯, 사람들이 성-욕망의 부드러운 흐름이 아닌 성-억압의 경색된 성격갑옷에 사로잡힐 때 그 사회는 경직되어 더 쉽게 훼손되거나 파괴될 위험에 처한다. 늦기 전에 우리 안에 내재한 생명에너지를 개방하고 그 흐름에 따라 사회를 부드럽게 변모시킬 가능성을 찾아야 한다. 욕망desire의 어원을 좇아가면 '별sire에서 떨어져 나온de'이라는 의미좌표를 만나게 된다. 욕망이 생산되면 별난 것이 등장한다는 뜻이다. 사회도 하나의 생태계와 같아서 욕망이 색다른 것을 만들어내면 그만큼 다양해지고 풍부해진다. 그러니 우리 안의 증오와 억압을 사랑과 욕망으로 바꾸어내고 사회가 풍부해질 가능성에 대해 주목해보자. 그것이 바로 라이히가 생각했던 민주사회에 대한 전망일 것이라는 생각도 든다.

파시즘의 마조히즘 전략은 출구가 없는 순환논증의 구조를 갖는다. 자연스러운 1차적 욕망이 반사회적 충동을 내포하고 있기 때문에 억압과 금기가 필요하다는 입장이면서도 결국은 억압을 욕망하는 2차적 욕망을 생산하기 때문이다. 우리는 이런 마조히즘의 논리로부터 완전히 벗어나서 생명에너지로서의 1차적 욕망에서 다시 출발할 필요가 있다. 그렇게 할 때, '피할 수 없다면 즐겨라!'라는 메시지 대신 '네가 진짜 원하는 게 뭐야?'라고 하는 색다른 질문이 가능해질 것이다.

야동

에피쿠로스

《 쾌락의 정원에 당당히 다가가세요 》

어느 날 K씨는 컴퓨터를 켜고 하릴없이 '내 폴더'를 탐색하다가 깜짝 놀라고 말았다. 거짓말 하나 안 보태고 아주 숨이 멎는 줄 알았다. '아, 딱 걸렸구나!' 순간 떠오른 것은 호랑이 같은 아내의 얼굴이었다.

'황조롱이'나 '뜸부기' 대신 '학회발표자료'라는 이름의 폴더 안에 야동을 숨겨놓고 보는 마흔 넷의 보통 남자 K씨가 자신의 비밀 폴더에서 아내의 흔적을 발견한 것이다. 아주 무자비하게 난자당한 파일 이름들이 그의 눈앞에 줄지어 서 있었다.

00 Hello 남편.mp4

01 평생 PC 관리 같은 거 안 하는 게으른 당신 위해.avi

02 간만에 디스크정리 해줄까 전원 켰더니.avi

03 웬 수상한 폴더 용량이 30기가 넘게 나오네.asf

04 파일 경로 역추적해서 문제의 폴더 발견.wmv

05 그 이름이 학회발표자료라고라.mpg

06 절대 한글이나 PPT 파일만으로 채울 수 없는 용량임을.avi

07 하늘이 알고 땅이 알고 마눌님이 알지어다.wmv

08 비번 거는 법 모르는 건.wmv

09 그나마 내 남편 순진하단 증거인가.avi

10 클릭클릭클릭클릭.avi

11 오묘한 야동의 세계가 요기잉네.mpg

12 오호라.asf

13 내 이럴 줄 왜 진작 몰랐던고.avi

14 지난번 방문 열었더니.mpg

15 모니터만 끈 채로 시치미 떼고 있더만.wmv

16 안 봤다고 우기지나 말지.mpg

17 동화만 볼 것 같은 순수한 남자인 줄 알았더니.avi

18 이건 야동으로 논문 한 편 쓸 기세네.mpg

19 어쨌든 간에.avi

20 경건한 마음으로 그 폴더 백업하며.avi

21 당신 위한 깜짝 선물 준비했네.avi

22 이름하야 야동 폴더 이름 바꾸기 스킬.avi

23 D컵의 그 여인이.avi

24 간호사인지 옆집 과부인지 궁금타 하지 말고.avi

25 다만 삭제 안 한 걸 고맙게 생각하소.wmv

26 내 오늘 이 폴더 발견하고 큰 내상 입었다만.mpg

27 그래 까짓 거.avi

28 세상 남자 야동 안 보는 사람 없다더라.wmv

29 사춘기 아들내미 키우는 셈 쳐야지.avi

30 남편아 이 사람아.wmv

31 이것도 다 한철이라네.avi

32 어느 날 시들해져서 야동도 안 보면.avi

33 그땐 울 신랑 진짜 늙었구나 싶을 텐데.skm

34 아직은 팔팔한갑다 자조하면서 살란다.wmv

35 그래도 적당히 봐라.avi

36 뼈 삭는다네.asf

37 자 이제.mp4

38 이 음탕한 폴더를 어서 닫으시게.avi

39 하늘 위의 마눌.mpg

40 님으로부터.avi

K씨는 주섬주섬 폴더를 닫았다. 오늘부터 아내의 얼굴을 어떻게 볼 것인가? 음탕한 남자로 찍혀서 평생 주홍글씨를 달고 살 판이었다. K씨는 용기를 내어 방문을 열고 거실로 나갔다. 아내는 소파에 기대 앉아 TV를 보고 있었다. 그는 눈치를 살피며 조심스럽게 입을 열었다.

"봤어?"

"뭘?"

아내는 그를 힐끔 쳐다보고는 다시 TV 화면으로 시선을 돌렸다. K씨는 최대한 조심스럽게 운을 뗐다.

"그거 말야, 학회… 발표 자료."

"아, 그거? 봤지. 왜? 별로 재미도 없더구만."

"허걱, 진짜? 얼마나 봤어?"

"한 서너 개쯤 틀어봤지. 왜? 여자는 야동 보면 안 돼? 대한민국 성인 중에 야동 한 번도 안 본 사람 있으면 나와보라 그래!"

아내는 뭐 그런 걸 가지고 놀라냐는 듯 피식 웃으며 TV 리모컨을 집어들었다. 그리고는 심드렁하게 툭 한마디 내뱉었다.

"근데 스토리가 왜 다 그러냐? 진부하기는. 쯧쯧. 엄청 두근두근 기대했는데 이건 뭐 일일연속극보다도 덜 자극적이고, 웬만한 걸그룹 뮤직비디오보다도 야하질 않으니."

아내가 문득 채널을 멈춘 곳에서 아이돌그룹의 춤사위가 현란하게 펼쳐지고 있었다. 무심한 듯 드러난 초콜릿 복근과 노골적으로 유혹하는 눈웃음, 청년들의 싱싱한 근육이 뿜어내는 짐승스러운 관능미가 TV 화면 밖으로 찐득하게 흘러넘쳤다. 아내는 TV 속으로 빨려 들어갈 듯 그 장면을 므흣하게 바라보고 있었다. K씨는 뒤돌아서며 조용히 중얼거렸다.

'마눌님 만만찮은 내공은 익히 알고 있었지만 에피쿠로스가 바로 여기 있는 줄 예전엔 미처 몰랐네. 그대가 진정한 쾌락주의자로세!'

≪ 에피쿠로스의 정원 ≫

에피쿠로스Epikuros, BC 341~BC 270와 같은 고대철학자의 책을 집어 들면 고루하다 여길 수 있겠지만, 그 사상의 면면을 읽어보면 오늘날 상황에도 그리 손색없는 참신한 발상으로 이루어져 있다는 것을 발견할 수 있다. 에피쿠로스는 쾌락주의자로 알려졌지만 그가 육체적이고 감각적인 쾌락만을 추구했다는 것은 확인되지 않은 낭설이다. 만약 에피쿠로스에게 "당신은 쾌락주의자입니까?"라고 묻는다면 그는 아마도 "쾌락이 무엇인지 같이 얘기해보자"고 진지하게 제안할 것이다. 에피쿠로스는 그의 작은 정원에서 부랑아, 광인, 창녀, 음유시인과 같은 사회 가장자리에 있는 사람들과 어울려 텃밭을 가꾸고 철학함을 실천하면서 살았다. 그의 이런 행동은 오늘날에도 기행으로 여겨질 법하지만, 자유로운 영혼을 갖고자 했던 그의 사상적 면모가 잘 드러나는 대목이다.

현대에 에피쿠로스와 동급으로 언급할 수 있는 사람이 있다면 근대 초기 사상가인 푸리에Charles Fourier를 들 수 있을 것이다. 푸리에는 〈사랑의 신세계〉에서 쾌락에 기반한 이상적인 공동체를 상상했다. 동성애와 프리섹스의 지평을 긍정하는 공동체에 대해 처음으로 글을 썼던 푸리에의 사상은 유토피아적인 공산주의라고 할 수 있다. 그는 온갖 상상력을 발휘해서 팔랑스테르phalanstère라는 이상적인 도시 계획을 구상했다. 그러나 푸리에와 에피쿠로스의 차이점은 분명하다. 푸리에는 상상력을 발휘해 구상하고 책만 썼을 뿐이지만, 에피쿠로스는 그것을 자신의 삶에서 실현시켰다. 푸리에에게는 먼 미래의 이상이었던 것이 에피쿠로스에게는 현실이었다. 그가 '에피쿠로스의 정원'이라고 불렀던 공간은 자유로운 인간관계와 성해방이 이미 실현된 공간이었다. 혹자는 욕망이나 쾌락만으로 공동체를 만들 수 없으며 마찰과 갈등을 피할 수 없다고 염려할 것이다. 그러나 욕망과 쾌락을 통해 공동체를 자주관리했던 곳이 이미 있었으니, 바로 에피쿠로스의 정원이다.

> 모든 고통스러운 것들의 제거가 쾌락 크기의 한계이다. 쾌락이 있는 곳에서는, 그것이 있는 한, 육체나 마음의 고통이 없으며, 양자 모두의 고통도 없다.(에피쿠로스,《쾌락》, 14쪽, 문학과지성사, 1998)

에피쿠로스의 생각에는 고통을 멀리하고 쾌락을 가깝게 하려는 것이 인간의 기본적인 본성에 해당한다. 그래서 쾌락을 추구하고 실현하는 것이 결코 나쁜 것은 아니라는 관점이 가능해진다. 서로의 욕망을 긍정하며 공동체적 관계망을 만들 때 그 공동체는 상상하지 못할 정도로 자유롭고 해방된 영토가 될 수 있다. 최근에 한국사회 곳곳에서 공동체를 만들려는 시도가 이루어지고 있지만 그중에 쾌락을 추구하는 공동체는 아직까지 보지 못했다. 심지어 욕망과 쾌락이 분쟁이나 갈등을 일으키는 요소라고 보는 금욕주의적 시각이 지배적인 공동체도 적지 않다. 그러나 만일 공동체가 욕망과 쾌락을 가로막는다면 어떤 일이 벌어질까? 그 공동체는 곧 활력과 생명에너지를 잃고 폐쇄적인 집단으로 전락할 것이다.

쾌락에 대해 말하면 사람들은 권총부터 빼드는 경향이 있다. 도덕과 윤리를 지켜야 할 사람들이 육욕이나 순간적인 쾌락에 빠져들어 이성을 잃었다는 상투적인 레퍼토리는 흔하다. 정숙한 신사숙녀들이 쾌락에 대한 욕망을 살짝 감추고 사회적인 관계를 맺는 것이 세련된 행동인 양 여겨지는 것이 보통의 사회 분위기이다. 그러나 이성과 제도를 통해 쾌락을 추구하는 욕망을 다스리는 것보다는 욕망이 스스로 자신의 욕망을 관리하도록 두는 것이 자율적인 공동체를 만드는 데 더 좋은 길이라는 생각이 든다. 에피쿠로스의 정원에 대해 이야기하자면, 보수적인 사람들은 그곳에 있었던 사람들이 사회규범의 외부에 있는 소수자들이었다는 사실 때문에라도 그곳을 도덕과 윤리, 이성을 잃어버린 집단으로 매도할 것이다. 그러나 소수자가 스스로 공동체를 꾸려 억압과 고통이 없는 새로운 자유 공간을 만들어내는 것이 무슨 잘못일까? 사회에서 기득권을 가진 사람들은 소수자를 사회적 약자로 규정해 돌봄의 대상으로만 대함으로써, 그들 스스로 공동체를 형성해 쾌락의 자유와 욕망에 솔직해지는 것을 도덕과 윤리를 벗어난 일탈적 행동으로 치부하는 경향이 있다.

《 쾌락을 즐기는 게 잘못일까? 》

혹시 주변에 현재를 즐기면서 사는 사람의 유형이 있는가? 세간에는 쾌락을 부도덕한 것으로 여기는 시선이 상당히 존재하지만 요즘은 현재를 즐기며 사는 사람들, 또는 가족주의 전망이 없는 젊은이들이 점점 늘어가는 추세다. 이에 대해 들뢰즈와 가타리는 《앙띠 오이디푸스》라는 책에서 '독신적 쾌락기계'라고 표현했다. 사실 가족생활은 양육과 돌봄, 가사노동, 교육 등의 기본적인 관심사로 가득 차 있어서 쾌락이라는 말과는 잘 어울리지 않는다. 부부 사이에 대화가 거의 없고 아이들 교육문제에 대한 대화만 겨우 오가는 경우도 많다. 이런 중년 부부들이 젊은이들처럼 쾌락에 솔직해지면 어떨까? 이는 매우 혁신적인 상황을 초래할 것이다. 그와 반대로 한창 뛰어 놀아야 할 학생들이 학교와 집, 학원만 오락가락하면서 틀에 박힌 생활을 하는 것은 안타까운 일이다.

학생들에게 '현재를 즐겨라!'라고 얘기하면 어떨까? 비슷한 격언도 있다. 로빈 윌리엄스가 교사로 나오는 영화 〈죽은 시인의 사회〉의 명대사, '카르페 디엠carpe diem'이 그것이다. 이는 '현재에 충실하라' 혹은 '현재를 잡아라'라는 말로, 나는 여기서 더 나아가서 '현재를 즐겨라!'라는 쾌락주의적인 격언을 던지고 싶다. 그것은 '피할 수 없으면 즐겨라!'라고 하는 마조히즘적인 격언과는 다르게, 당장 산으로 들로 바다로 뛰어나가서 꿈꾸고 사랑하라는 뜻이다. 사실 아이들은 뛰어 놀면서 즐기고 기뻐하는 삶을 살아야 옳다. 그러나 현실은 어떤가. 지루한 수업 시간에 허공을 바라보며 텅 빈 가슴을 쓸어내려야 하는 우울한 상황에 처해 있다. 아이들의 열정과 열광, 기쁨이 없는 학교에서는 쾌락과 욕망도 찾아볼 수 없다. 오늘날 학교는 단지 무한경쟁과 승자독식, 생존의 갈급함이 스치는 공간이 되었을 뿐이다.

학교는 어떤 공간이어야 할까? 나는 다시 푸리에의 〈사랑의 신세계〉를 언급하고자 한다. 사랑에 대한 도덕적 규율이 사라지고 자유로운 사랑이 가능해진 사회를 푸리에는 상상해본다. 남자가 여자를 만날 수도, 한 여자가 남자 둘을 만날 수도, 남자가 남자를 만날 수도, 여자가 여자를 만날 수도, 혹은 여러 명이 같이 만날 수도 있는 그러한 세상 말이다. 푸리에는 또한 어떤 사람은 구석에서 기도를 하며 사랑의 의미를 다르게 해석할 수도 있다고 말한다. 이 말을 보통 사람은 종교적으로 해석하려 들겠지만 그것이 지극히 '범생'으로 지내는 사람을 의미했을 수도 있다. 문제는 학교라는 공간이 그런 범생들에게 유리하고 모두가 범생이 되도록 유도하는 공간이라는 점이다. 다양한 욕망과 쾌락을 추구하는 학생들을 이렇게 재미없고 지루한 공간 속에 몰아넣는다면 현재를 즐기려는 마음은 허공 속에 사라지고 말 것이다.

고대 그리스에는 범생들이 만든 공간이 있었다. 바로 플라톤이 만든 아카데미아다. 플라톤은 육체보다 정신을, 감성보다 이성을, 감각보다 실재를 강조한 철학자였다. 그는 육체나 감각적인 현실은 변화하고 사라지기 때문에 영원할 수 없으며 참 진리의 공간일 수 없다고 생각했다. 그래서 고정되고 변치 않는 진리의 이상향인 이데아를 주장했고, 아카데미아라는 공간을 만들어서 이데아를 추구하는 범생들을 끌어 모았다. 에피쿠로스가 자신의 정원에 부랑아, 음유시인, 창녀, 광인들을 끌어들여 함께 철학했던 것과는 완전히 반대로, 플라톤은 가장 합리적이고 이성적인 인간들을 모아서 영원한 진리가 존재한다는 점을 논의했다. 문제는 이런 아카데미가 현대 교육 시스템의 원형이라는 점이다. 그러므로 학교에서는 그 누구도 '현재를 즐겨라!'라고 말하지 않는다. 플라톤의 아카데미아와 에피쿠로스의 정원이 경쟁한다면 어떻게 될까? 아마 움베르토 에코Umberto Eco의 소설《장미의 이름》에서 윌리엄 수사가 밝혀낸 것처럼 비밀스러운 대결과 음모가 생겨나지 않을까 하는 상상을 해본다.

쾌락에 솔직한 사람들은 자기 욕망이 드러나는 것을 부끄럽게 여기지 않는다. 예를 들어 걸그룹의 노출 장면을 보고 얼굴을 찌푸리는 것이 아니라 "저로서는 감사한 일이죠"라고 능청스럽게 받아 넘긴다. 상대방이 욕망을 드러냈다고 죄악시하거나 터부시하지 않고 "상당히 흥미롭고 재미있군요" 하면서 호기심을 보일 수도 있다. 그러나 욕망이나 쾌락을 반사회적이고 준범죄적인 것으로 간주하는 사람이라면, 자신과 타인의 욕망에 대해 마치 재판에 끌려나온 피고를 심문하는 태도를 취할 것이다. 이 경우 욕망을 가진 모든 사람이 유죄가 된다.

에피쿠로스의 《쾌락》문학과지성사, 1998은 아주 작은 포켓북인데, 나는 이 책의 편리한 휴대성까지도 아주 좋아한다. 에피쿠로스의 격언들은 그가 살아가면서 몸소 느낀 지혜의 서술이며, 생활과 분리된 지식이 아니다. 이 책에는 인간 모두가 지닌 쾌락에 대해 무조건 범죄시하지 말고, 자연스럽게 느끼고 어떻게 하면 더 극대화할까를 연구해보자는 제안이 숨어 있다. 쾌락과 욕망을 긍정함을 넘어 더 치열하게 쾌락의 극대화를 추구하자는 말에 아연실색하는 분도 있을지 모르지만 말이다.

《 가장 아름답고 멋있으며 고귀한 끌림 》

에피쿠로스가 쾌락을 더 강렬하게 지속시키는 방법에 대해 연구하면서 내린 결론은 육체적인 쾌락도 좋지만 정신적 쾌락이 더 강렬하다는 점이다. 특히 마음의 평화를 가져오는 정신적 쾌락의 강렬도는 어떤 것과도 견줄 수 없다고 보았다. 사랑하는 사람에 대해 느끼는 감정에는 육체적 쾌락도 있지만, 정성스레 쓴 편지 한 줄에 더 강렬하고 짜릿한 감동을 받을 때도 있다. 자신이 사랑받고 있다는 것을 확인하는 순간의 강렬함은 육체적 쾌락보다 훨씬 더 클 수도 있다는 것이, 실제로 에피쿠로스의 연구 결과였다. 이 부분에서 '어어, 그러면 다시 정신적인 이야기네'라고 반응하는 독자가 있을지 모르겠다. 그러나 에피쿠로스의 생각이 이성주의나 합리주의와는 분명히 다르다. 쾌락을 부정하면서 정신적인 것으로 향하는 것과, 쾌락을 긍정하면서 더 큰 정신적 쾌락으로 향하는 것은 겉보기에는 비슷해 보여도 완전히 다른 궤도를 그리기 때문이다.

> 육체는 쾌락의 한계가 무한하다고 생각하며, 이처럼 무한한 쾌락을 공급하기 위해 무한한 시간을 필요로 한다. 하지만 사고는 육체의 궁극 목적과 한계를 계산하고 미래에 대한 두려움을 해소한 후 우리에게 완전한 삶을 제공해준다.(에피쿠로스, 《쾌락》, 18쪽, 문학과지성사, 1998)

쾌락에 대한 추구는 불안정하고 충동적인 것에 대한 추구가 아니라 가장 아름답고 멋있으며 고귀한 끌림에 대한 추구일 수 있다. 그래서 쾌락에 대한 추구가 강렬할수록 더 심미적이고 윤리적인 것에 이끌리게 되는 것이다. 쾌락을 속칭 '동물적인' 충동으로만 여기는 태도는 곤란하다. 물론 동물의 세계에도 미학적이며 우아하고 탐욕스럽지 않은 면이 존재한다는 사실도 인지해야 할 것이다. 에피쿠로스가 쾌락을 더 강화하고 오래 지속시키려고 하다 보니, 실제로는 형이상학적인 쾌락의 논의로 들어섰다고 평가하는 사람도 있다. 그러나 그가 말한 쾌락의 정점에는 사랑이 있다. 사랑은 부드러운 흐름이며 마음의 평화와 만족감, 달콤한 행복을 가져다준다. 그래서 사랑하는 사람을 만나서 대화하고, 서로의 눈동자와 촉촉이 젖은 입술을 바라보고, 그가 던져준 사랑의 느낌이 자신의 내부에 들어올 때 우리는 세상 어디서도 느껴보지 못한 쾌락의 향연과 만나게 된다.

자고로 '쾌락주의자'라고 불리는 사람들은 대부분 방탕하거나 향락에 쉽게 빠져드는 자제력 없는 사람들로 여겨져왔다. 그러나 진정한 쾌락주의자라면 스스로 육체적인 쾌락을 절제하고 정신적인 만족감으로 향한다는 것을 에피쿠로스로부터 알 수 있다. 학생이나 아이들에게 게임을 아예 하지 말라고 강제하는 어른들이 많은데, 그 대신 이렇게 해보면 어떨까? 절제를 통해 더 많은 쾌락을 얻을 수 있다는 에피쿠로스의 쾌락주의를 예로 들어 게임을 조금씩 해야 하는 이유를 설득하는 것이다. 사실 게임을 4~5시간씩 하다 보면 순간적인 충동에 대한 만족감은 높아도 한편으로는 텅 비고 기계적인 느낌이 들게 마련이다. 그 대신 절제를 통해 하루 30분만 게임을 한다면 쾌락의 강렬도가 커져 적은 시간으로도 큰 정신적 만족을 느끼게 된다. 물론 절제하면서 더 크게 즐기는 법을 깨닫고 실천하기란 그리 쉬운 일이 아니다. 어른의 경우 술과 담배를 절제하면서 즐기는 것도 쾌락을 극대화하는 방법 중 하나이니, 도를 행하는 기분으로 한번 시도해보시라.

에피쿠로스의 쾌락주의는 일시적인 쾌락에 빠져들어 허우적대는 것이 아니라 더 강렬하고 지속적인 쾌락을 추구한다. 더 아름답고 절제되고 고귀한 정신적 쾌락으로 향하자는 것이다. 그렇다고 육체적인 쾌락을 배타시하고 배제하지는 않는다. 육체와 정신의 조화 속에서 아주 평화로운 욕망의 상태에 이르고자 한다. 사실 욕망이란 하지 말라고 하면 더 하고 싶은 법이고, 금지를 통해 절제시키려고 하면 변형되고 굴절된 욕망으로 불쑥 재생산되기 마련이다. 그 대신 욕망과 쾌락을 긍정하고 욕망의 자주관리를 통해서 더 높은 쾌락을 추구하고자 하면 쾌락의 강렬도는 더욱 커진다. 사랑하는 사람이 보내온 이메일 한 통은 하루 종일 기쁨과 설렘으로 들뜨게 만든다. 그를 만지거나 보고 있지 않아도 강렬한 감정이 오래 지속될 수 있다. 결국 에피쿠로스는 사랑을 통해서만 쾌락의 극대화가 가능하다는 얘기를 하고 싶었던 것 같다.

《 현재를 즐겨라, 그것도 강렬히! 》

에피쿠로스의 쾌락주의에는 우주론적인 지평도 있다. 이른바 에피쿠로스의 원자론이 그것이다. 에피쿠로스는 데모크리토스의 원자론을 연구하면서 원자가 그저 허공에 있는 것이 아니라 편위운동을 통해 소용돌이(=클리나멘)를 일으킨다고 보았다. 그것은 여백, 여유, 여가가 있는 우주의 질서를 제시한다. 혹자는 시계바늘처럼 똑딱거리는 삶에서 소용돌이를 일으킬 만한 것이 없고 여백도 없다고 한탄하겠지만 자유로운 활동을 꿈꾼다면 잠깐이라도 여유 시간이 생길 때 들로 산으로 강으로 바다로 떠날 수 있다. 나는 이것이 클리나멘이며, 스스로 자유인이고자 하는 기본적인 욕망이라고 생각한다. 사회 시스템이 아무리 견고해도 약간은 비스듬히 움직이거나 이를 통해 소용돌이가 일어나는 것은 언제든 가능하니까 말이다.

생태계도 마찬가지이다. 생태계에서 강렬도가 가장 높은 곳은 다름 아닌 가장자리이다. 들과 산이 만나는 곳, 대지와 해변이 만나는 곳, 산과 산이 만나는 곳에서 강렬한 흐름이 생기고 그 흐름 속에서 편위운동이 일어난다. 사실 바다와 육지가 만나는 곳에서 파도의 철썩거림이 편위운동을 일으켜 스크럼블과 같은 것을 만들어낼 때 생명체가 탄생했다. 생명의 진실을 알기 위해서는 에피쿠로스의 클리나멘(=소용돌이) 운동을 주목해야 한다.

한편 공동체에서도 소수자라는 가장자리와 특이점이 늘 클리나멘을 일으켜서 그 문화를 풍부하고 다양하게 만든다. 따라서 소수자를 억압하고 훈육하는 대상이 아닌, 공동체에 사랑과 욕망의 흐름을 발생시키는 특이점으로 새롭게 인식할 필요가 있다.

에피쿠로스는 예속인이 아닌 자유인, 필연이 아닌 우발적이고 자유로운 운동에 대한 사상적 기초를 알게 한다. 그래서 청년 마르크스는 박사 논문으로 《데모크리토스와 에피쿠로스 자연철학의 차이》그린비, 2001라는 주제를 선택했던 것이다.

> 에피쿠로스는 허공에서 이루어지는 원자들의 삼중의 운동을 가정했다. 첫 번째는 직선으로 낙하하는 운동이고, 두 번째는 원자가 직선에서 벗어나면서 생기는 운동이며, 세 번째는 많은 원자들의 충돌을 통해 정립되는 운동이다.(칼 마르크스, 《데모크리토스와 에피쿠로스 자연철학의 차이》, 71쪽, 그린비, 2001)

물론 마르크스는 나이가 들수록 자유와 우발성, 우연의 우주에서 필연과 인과관계의 우주로 이행하는 경향을 보였다. 그러나 그가 처음에 생각했던 자유인의 연합으로서 '공산주의'의 형상은 에피쿠로스의 사상에 기반하고 있었다. 에피쿠로스의 사상은 욕망과 쾌락에 대해 솔직하지 못하고 현재를 즐기지 못하는 사람들에게 해방과 자유를 선사한다. 정원에서 텃밭을 가꾸며 사회적 별종이나 소수자들과 함께했던 그의 일생은, 68혁명의 욕망해방과도 같은 급진적 슬로건과 어울리는 원형적 사유를 보여준다.

'현재를 즐겨라! 그것도 절제함으로써 더 강렬히'라는 에피쿠로스의 사상적 구도를 다시 한 번 떠올려보자. 쾌락에 솔직하지 못하고 자유와 우연에 익숙하지 않은 오늘날의 세태를 만약 에피쿠로스가 본다면 어떤 경구로 일갈할까?

학교, 군대, 감옥, 시설, 병원 등에서 반복적인 일상을 보내는 사람들에게 언제든지 자신의 정원으로 찾아오라고 손짓했던 고대 사상가가 있었다. 아직도 자신의 욕망과 쾌락에 대해 부끄럽게 생각하고 있다면, 혹은 강렬한 쾌락의 지속적 추구를 창피하게 생각하는 사람이라면 언제든지 그 사람, 에피쿠로스를 찾아가보시라. 그러면 그의 색다른 사상이 가진 매력에 흠뻑 빠져버릴 것이다. '쾌락하라! 강렬히 오랫동안' 어느새 이 문구를 속으로 중얼거리게 되었다면 당신도 이미 에피큐리안이다.

쇼핑중독

마르크스

《 먹고 기도하고 쇼핑하라! 》

"105호, 택배 가져가세요!"

K씨를 급하게 불러 세운 이는 아파트 경비 아저씨였다. 그는 호기심이 가득 담긴 눈으로 K씨에게 택배 박스를 건네주면서 한마디 더했다.

"끙차! 이번 것은 솔찮히 무겁소. 이 안에 뭐가 들었으까잉?"

아저씨는 사람 좋은 웃음을 보이고 있지만 아마도 그 말 속에는 '그 집 사모님은 밤낮없이 뭘 이렇게 사댄답니까?' 하는 추궁의 의미가 섞여 있을 터였다. 민망해진 K씨는 서둘러 박스를 받아들었다.

"아하하하, 그러게나 말입니다. 집사람이 직장에 다니다 보니 바빠서 물건을 다 인터넷으로 사네요. 매일 아저씨께 가외로 수고를 끼쳐드려서 어쩌죠?"

그랬다. 아내는 하루가 멀다 하고 뭔가를 사댔다. 스트레스를 모두 쇼핑으로 풀겠다고 작정한 사람처럼 말이다. 짐작컨대 대한민국은 40대 기혼여성이 직장생활을 유지하기에 그리 좋은 환경은 아닌 모양이다. 직장에서 일이 안 풀리는 날이면 아내는 쇼핑에 유난히 더 열정을 쏟았다. 밤늦게까지 인터넷 쇼핑을 하다가 눈이 벌개져서 잠자리에 드는 날들이 며칠씩 이어졌다.

아내는 얼마 전 고해성사하듯 K씨에게 털어놓았다. 카드비가 전달에 비해 무려 백만 원이 더 나왔다는 것이다. 백만 원이라니! 하지만 아내는 인터넷을 돌아다니며 아이쇼핑을 하고 있으면 그 순간만큼은 그렇게 행복할 수가 없다고 했다. 그녀가 인터넷 쇼핑의 세계에 매혹된 것은 그곳의 질서가 비교적 정직하기 때문이다. 시간을 들여 이곳저곳을 비교하며 부지런히 발품을 팔수록 더 저렴하게 살 수 있는, 그러니까 '뿌린 대로 거둔다'는 교훈이 착실하게 적용되는 공간이라는 것이다. 또한 100% 자신의 선택으로 결정하고 책임도 스스로 진다. 그것은 평범한 직장인으로서 경험해볼 수 없는 실로 엄청난 매력이었다. 현실에서 형체 없이 무너진 자존감을 쇼핑을 통해 힐링받는 느낌인 것이다. 일단 마음에 드는 물건이 보이면 꼭 있어야 할 것 같고, 그것이 없는 자신이 너무나 불행해 보이고, 지금 자신을 행복하게 해줄 것은 바로 그 물건뿐인 것처럼 생각되기도 했다. '결재' 버튼을 누를 때의 그 카타르시스란!

하지만 쇼핑에서 벗어나는 순간, 만신창이 현실은 다시 모습을 드러냈다. 40대 직장여성이라는 비루한 얼굴을 감추고 언제까지나 이 환상적인 영역에서 VIP 회원으로 남아 있고 싶다는 열망이 그녀를 쇼퍼홀릭으로 내몰았다. 그러다 보니 자연스레 사놓고 쓰지 않는 물건도 늘었다. 개중에는 아예 포장을 풀지 않은 것도 있었다. 깜빡하고 중복해서 산 경우는 양반이었다. 원피스가 정말 예뻐서 샀는데 가만히 생각해보니 자신은 고등학교 교복 이후로 치마를 입어본 적이 없다는 사실을 뒤늦게 깨달은 적도 있다. 그때마다 아내는 꼭 이런 말을 덧붙인다.

"괜찮아, 얼마 안 해."

"언젠간 입겠지. 한번쯤 치마 입어보고 싶었어."

"반품하자니 택배비가 더 많이 나오겠네."

"어머, 이 유모차 세일 중이네! 집에 아기가 있으면 샀을 텐데… 이 기회에 사뒀다가 나중에 누구 선물로 줄까?"

창고에 물건이 나날이 쌓이고 카드청구서의 압박은 점점 커져갔다. 모르핀과도 같은 잠깐 동안의 행복에 취해 쇼핑을 계속 해대다가는 집안이 거덜날지도 모른다는 두려움이 엄습했다. K씨 부부는 아무도 행복하지 못한 이 생활에 종지부를 찍기로 했다. 드디어 아내가 그토록 바래마지 않던 사표를 시원스럽게 던질 때가 된 것이다.

수입이 절반으로 줄자 그에 맞게 살림 규모도 대대적으로 리모델링해야 했다. 아내는 갖고 있던 신용카드를 몽땅 해지했다. 물론 뼈를 깎는 고통을 수반한 일이었다. 그리고 생애 마지막 사치를 부리듯이 요가 수업에 등록했다. 영화 〈먹고 기도하고 사랑하라〉의 줄리아 로버츠처럼 홀홀 털어버리고 어디론가 떠나고 싶겠지만, 어쩐지 실행에 옮길 용기는 없어 보였다.

아내는 가끔 K씨의 연구실로 마실을 나오기도 했다. 연구실 한 켠에 책상과 노트북을 갖다놓고는 그곳에서 책도 읽고, 고양이 대심이와 놀기도 하고, K씨의 작업에 참견도 하면서 며칠을 지냈다. 그러던 어느 날, 갑자기 옆자리에서 인간의 소리라고 믿기 힘든 괴성이 터져 나왔다.

"끼아아아악!"

노트북 앞에 앉은 아내는 자신의 머리를 쥐어뜯으며 괴로워하고 있었다. K씨는 그녀의 모니터를 슬쩍 건네다 보았다. 아내가 아까부터 거의 3시간 동안 조용히 제자리에 앉아 아이쇼핑을 하고 있다는 걸 그는 이미 눈치 채고 있었다. 그녀는 몇 번이고 담고 지우기를 반복하면서 그 어느 때보다 신중하게 채운 장바구니를 펼쳐놓고 고민 중이었다. 결단의 순간이 다가왔다. 의자 위에 가부좌를 틀고 한두 차례 심호흡으로 마음을 가다듬은 아내는 커서를 움직였다. 스륵, 슥, 딸깍. 그녀는 '결제' 대신 '전체 삭제' 버튼을 눌렀다. 띠링, 새창이 떴다.

'정말로 전체 상품을 삭제하시겠습니까?'

마우스를 쥔 아내의 손이 미세하게 떨렸다.

'예'

단호하게 클릭하고는 책상 위에 그대로 엎어져버렸다. 이것이 아내가 금단증상을 견디는 방법이었다. K씨는 그녀의 용기에 소리 없는 박수를 보냈다.

≪ 상품이 유독 문제되는 이유 ≫

우리는 상품을 사고파는 경제가 중심이 된 자본주의 사회에서 살고 있다. 그래서인지 필요할 때마다 마트에 가서 상품을 사는 일이 다반사가 되었다. 그렇다고 꼭 필요한 것만 사는 것도 아니다. 예를 들어 애인과 헤어져서 마음이 헛헛할 때 술을 한 병 사거나, 여자친구에게 잘 보이기 위해서 옷을 사는 등 욕망에 이끌린 소비도 많이 한다. 자본주의 시장경제의 중심은 상품의 생산과 소비에 있다고 해도 과언이 아니므로 '상품을 어떻게 볼 것인가?' 하는 문제는 매우 중요하다. 이에 관해 마르크스의 《자본론》비봉, 2004에 실린 〈상품〉 장만큼 세기를 가로질러 이목을 끄는 텍스트도 없을 것 같다. 이 책에서 '상품의 이중성'을 언급한 부분은 자본주의 시장에 대한 탁월한 통찰력을 보여준다. 상품은 구체적 유용성과 관련된 '사용가치' 외에 추상적인 인간 노동에 의한 '교환가치'도 함께 가지고 있다는 것이다. 이 부분에서 오늘날의 독자들은 고개를 갸우뚱할 수도 있을 것 같다. 현대 자본주의 사회에서는 '필요'와 '유용성'에 얽매이지 않은 상품에 대한 소비도 있으니까 말이다.

마르크스가 말했던 자본주의 상품경제는 '등가교환'을 전제로 한다. 쌀과 아마포가 질적으로 다름에도 서로 교환되는 이유는 그 내부에 녹아든 '노동시간'이라는 양적 척도 때문이다. 그래서 어느 한 쪽이 밑지는 장사가 아닌 아주 합리적이고 적절한 수준에서 등가교환이 이루어질 수 있다.

그래서 어떤 사용가치의 (교환할 때 필요한=저자) 가치 크기를 결정하는 것은 오로지 사회적으로 필요한 노동량, 즉 사용가치의 생산에 사회적으로 필요한 노동시간뿐이다.(마르크스,《자본론》, 93쪽, 비봉, 2004)

그런데 이런 궁금증이 생긴다. 우리가 시장에서 사고파는 상품이 아닌 친구나 이웃과 주고받는 선물에도 같은 관점을 적용해야 할까? 그러면 선물을 주고받을 때 "내가 만 원어치 물건을 줬으니까 너도 만 원어치 물건을 줘야 돼"라고 생각해야 할까? 우리가 가까운 사람들과 나누는 선물에는 그것을 주는 사람의 인격과 정성, 사랑 같은 것이 녹아들어 있는 반면, 상품은 그런 것들로부터 분리되어 있다. 전통적인 마을장터는 선물의 주고받음과 상품거래 시장의 중간 성격을 띠었다고 할 수 있다. 마을장터에서는 생산자와 소비자가 직접 만나 가격흥정을 하면서 관계를 성숙시키고, 덤으로 더 주거나 깎아주거나 하는 것도 가능했다. 그러나 대형마트와 백화점은 어떤가? 상품에 대한 고정된 가격 정책을 실시하기 때문에 흥정이 이루어질 수 없으며, 생산자와 소비자가 아닌 유통 대기업이 중심이 된 시장이다.

인류사에서 사랑과 정성, 인격으로부터 분리된 상품이 등장한 것은 언제일까? 일본의 인류학자 나카자와 신이치中沢新一에 따르면, 고대에 성지(신전이나 절) 주변에서 희생제의에 쓸 동물을 팔던 상인으로부터 기원했다. 일본의 경우 전국戰國시대(15세기 중반부터 16세기 중반)에 와서야 시장이 절, 신사의 관리로부터 독립할 수 있었다.[*] 성서에서 예수가 신전 주변 상인들의 좌판을 뒤집으며 "이 독사의 자식들아!"라고 일갈했던 이유

---

[*] 나카자와 신이치,《사랑과 경제의 로고스》, 동아시아, 2008, 본문 참조.

도 짐작이 간다. 사람들 간의 관계를 성숙시키고 사랑과 정성을 순환시키던 선물의 개념은 사라지고 사물과 사물의 관계만 남은 것, 이런 풍토를 마르크스는 '상품물신주의'라는 개념으로 설명하려고 했다.

지금도 마을장터나 골목상권에는 여전히 선물을 주고받던 공동체의 흔적이 남아 있지만 백화점과 마트에서는 이제 물건과 물건의 관계 그리고 이를 매개하는 돈이 중심이 된다. 물론 사람에 따라서는 지금의 상품 질서가 더 위생적이고 깔끔하다고 말할지도 모르겠다. 또한 "그게 어때서? 편리하지 않아?"라고 말할 수도 있다. 그러나 물신화된 질서에서는 인간적인 정과 사랑, 윤리적인 면이 도외시될 위험이 있다는 데 문제가 있다. 그런 환경에서는 그저 상품만 사고팔 뿐이지 그 이상이나 이하의 관계가 생겨날 수 없다. 서로 만나서 거래할 때 겉으로는 친절과 정성을 가장하지만 사실은 '호주머니를 열어 돈을 꺼내면 그만'이라는 생각이 바탕에 깔려 있기 때문이다.

이제 상품에서 인간적인 정서와 관계는 완전히 배제되었고 그 대신 상품이 초월적인 신성을 가지게 되었다. 예언자 모세가 직면한, 황금송아지를 숭배하던 이스라엘 사람들의 모습이 다시 나타난 것이다. 물론 이는 고대 인류가 사물에 영혼이 있다고 보았던 애니미즘적인 생각과는 완전히 다른 모습이다. 쉽게 말해서, 선보러 나가보니 월급이며 자산 정도에 따라 상대방의 태도가 달라지는 등 사람을 돈으로만 보는 풍토가 자리 잡은 것이다. 급기야 최근에는 세속종교에서 신앙의 척도를 물신숭배의 측면으로 판단하는 것도 종종 발견된다.

≪ 사실은 환상을 사는 것 ≫

마르크스는 《자본론》에서 상품물신성을 언급하면서 노동의 사회적 형태와 관련된 상품의 가치가 마치 자연물이 원래부터 가지고 있었던 본성으로 파악된다는 것을 문제점으로 지적했다. 쌀이나 토마토, 배추가 생산될 때 마치 자연이 인간에게 준 선물인 것처럼 묘사되지만 사실은 그 속에도 노동자와 자본가의 사회적 관계가 숨어 있다. 결국 사회적 가치는 인간과 인간의 관계에서 발생하는 것이지, 자연과 인간의 관계로부터 나오는 것은 아니다. 물론 상품 생산에서 자연과 인간의 관계를 배제할 수는 없다. 그러나 상품을 자연의 산물로 보는 시각은 그 상품이 원래부터 고유한 가치를 갖고 있었다는 생각으로 전개되어 자칫 물신화될 수 있다는 점을 마르크스는 경계한 것이다. 당시 중금주의자들bullionist은 금에 원래부터 고유한 가치가 있었다고 생각했고, 마르크스는 그 생각에서 물신주의로 확장될 수 있는 여지를 발견했다.

> 상품은 언뜻 보면 자명하고 평범한 물건으로 보인다. 그러나 상품을 분석해보면 그것이 형이상학적인 교활함과 신학적 변덕으로 가득 찬 매우 기묘한 물건임을 알게 된다.(…) (더욱이=필자) 훨씬 더 놀라운 여러 가지 환상을 만들어낸다.(마르크스, 《자본론》, 133쪽, 비봉, 2004)

상품은 사회적 관계의 산물이다. 그래서 상품의 교환 역시 물건과 물건의 관계가 아닌 생산과 소비, 교환, 유통이라는 사회적 관계 안에서 가능해진다. 그러나 나는 여기서 농부의 예를 들고 싶다. 농부는 스스로 열심히 일한 노동의 가치로 농산물을 얻지만 그것이 자연이 준 선물이라고 생각한다. 농산물이라는 상품에 영성이나 신성의 영향이 포함되어 있다고 사고하는 것이다. 하지만 농산물의 가격과 가치를 규정하는 것은 냉정하게 말해서 시장이다. 자연은 인간에게 준 만큼 돌려주는 상품이 아니라 무조건적인 선물을 준다. 유명한 동화 《아낌없이 주는 나무》를 생각해보라. 자연은 누가 되돌려주지 않아도 자신이 가진 모든 것을 무상으로 제공한다. 그런 점에서 중농주의자들이 갖고 있던 자연의 순환과 재생에 대한 생각에도 주목해야 할 것이다.

그런데 마르크스는 자연과 인간의 관계를 응시했던 중농주의적 사고와 달리, 사회적인 관계로서 노동과 자본의 생산관계 외에는 사유하지 않았다. 물신성에 대한 마르크스의 지적은 자본주의가 내포한 황금만능주의의 기원에 대한 통찰을 담고 있지만, 자본주의 하에서도 여전히 작동되는 자연과 인간의 호혜적 관계는 간과했다. 상품물신주의에 대한 비판이 공동체와 자연에 대한 사유로까지 나아가지 못한다면 결국 생태계 보존이나 공동체의 지속과는 무관하게 자본주의라는 사회구조 수준의 변혁 이후만을 생각할 위험에 처한다. 여기서 마르크스주의를 이념으로 삼았던 사회주의 사회가 생태적이고 환경친화적인 질서가 아니라 맹목적인 성장주의 사회였다는 사실에 주목할 필요가 있다.

마르크스는 사회에서 자본가가 없어지면 저절로 상품물신주의를 극복할 수 있으리라는 착각을 한 것일까? 그러나 인간과 인간의 관계를 사물과 사물의 관계로 전도시키는 상품질서는 사회적 관계만이 아니라 자연과 인간의 관계라는 측면에서도 평가할 필요가 있다.

앞서 상품에는 사랑과 정성, 인격이 담겨 있지 않다고 했다. 시장은 그 대신에 환상을 이용해서 상품을 판매한다. 마치 코카콜라 회사가 빨간 색 옷을 입은 산타를 등장시켜 크리스마스에 대한 환상을 심어주었던 것처럼 말이다.

오늘날의 상품질서는 사람들이 사랑 대신 환상을 통해 물건을 소비하고 향유하도록 유도한다. 잘 알다시피 자본주의 질서는 이미지-영상을 통해 대량으로 환상을 만들어낸다. 빛깔 좋은 고기, 불이 켜진 아파트, 편리한 일회용품, 속도를 내며 쌩쌩 달리는 자동차 등의 이미지가 상품에 부착되어 사람들을 유혹한다. 상품물신성은 환상이라는 신비주의 전략을 통해 상품으로부터 분리된 공동체적 요소를 대신하고자 한다. 물론 현대 사회의 고립된 개인들은 환상을 소비하는 것으로 잃어버린 공동체적 관계를 대체하려고 할 수 있다. 예컨대, 혼자 사는 독신남이 친구나 연인이 없을 때 상품에 부착된 환상 이미지를 향유하면서 고독과 소외, 무위를 보상받으려 할 수 있다. 어쩌면 그러면서 잃어버린 인간관계를 상품 소비로 대체할 수 있다고 착각할지도 모른다. 그러나 그것은 결코 근본적인 해결책이 될 수 없다.

공동체나 사회 안에서 인간관계로 풀어나가야 할 부분이 결코 소비로 해결되지는 않는다. 자본주의 상품들은 대부분 공동체 관계망을 대신할 수 있는 것들로 이루어져 있고, 공동체에서의 돌봄이나 사랑으로 풀 문제를 상품을 사고 소모하면서 해소하도록 유도한다. 그러나 그것이 과연 어디까지 가능하겠는가? 상품물신성에 지배되는 자본주의 사회는 공동체에 대해 철저히 적대적이기 때문에, 공동체에서의 관계와 정서적 혜택으로부터 분리된 사람들이 그런 결핍을 충족하기 위해 대신 찾을 수 있는 상품을 만든다. 그리고 그 상품들에 '당신은 결코 착각하는 것이 아니라 꿈꾸는 것'이라는 환상을 심어준다. 그러나 사랑을 환상으로 대신하려 할 때, 도시에서 고립된 사람들은 실존적 위기에 직면할 수밖에 없다.

≪ 문제는 자본력이 아니라 노동이야! ≫

상품물신주의는 전도된 세상을 보여준다. 그것은 마치 '만리장성을 진시황제가 만들었다'고 믿게 되는 것과 같다. 잘 생각해보면 만리장성은 중국 인민들이 만들었다. 중국 인민들이 뼈 빠지게 일하고 있는 동안 진시황제는 불로초에 대한 환상에 빠져 푹신한 의자에 앉아 있었을 따름이다. 마찬가지로 자본주의 사회에서도 엄청나게 높은 마천루와 거대한 다리, 쭉쭉 뻗은 도로 등을 볼 때 그것을 자본과 국가가 만들었다는 전도된 생각을 하는 사람이 많다. 사실 그 모든 것은 노동자가 만들었다. 이런 전도를 합리화하는 가장 쉬운 방법은 정신노동과 육체노동을 분리해 '지배자들은 정신노동을, 피지배자들은 육체노동을 했으므로 결국 지배자가 계획한 것이 맞다'는 식의 논리를 펴는 것이다. 그러나 오늘날 사회에서는 정신노동조차 노동대중이 하고 있으니 그런 논리가 들어설 자리가 없어졌다.

노동분업이 더 세분화, 기능화되면서 노동자는 자신이 힘과 노력을 쏟았던 모든 일을 마치 자본의 권능인 것처럼 느끼게 된다. 그래서 자본이 달나라에 로켓도 쏘고 거대한 빌딩도 만들어냈다고 생각하면서 그저 구경꾼으로 물러난다. 더 나아가 노동자 자신은 아무것도 하지 않았고 돈과 자본이 사회를 발전시킨 원동력이라고 믿게 된다. 이따금 노인들을 만나면 과거 한국의 독재자들이 경제성장을 이룩해주었다는 전도된 생각을 가진 경우를 많이 본다. 혹자는 미국이 우리를 부자로 만들어주었다고도 말한다. 그러나 그 시절 중동에 가서 외화벌이를 하고, 독일에 가서 광부나 간호사가 되고, 미국에서 코리아타운을 형성했던 초기 한국인 이민자들의 노력에 대해서는 얘기하지 않는다. 전도된 질서는 이처럼 민중의 능력 이전에 국가권력과 자본의 힘이 먼저였다는 생각을 갖게 만든다. 그래서 축적된 자본의 힘이나 독재자들의 권력 남용이 경제성장을 위한 필요악이었다고 믿게 만든다. 이는 상품물신성에 사로잡힌 자본주의 사회에서 지배적인 생각들이다.

마르크스는 세상의 주인인 노동자가 이런 전도된 세상에서 배제되고 착취당하고 있다고 고발했다. 그리고 몇 십 년 후에 루카치라는 철학자는 마르크스의 상품물신성 테제를 계승해 '사물화Reification'라는 개념을 창안했다. 앞서 상품물신성이 인간 간의 관계를 사물 간의 관계로 전도시킨다는 사실을 지적했는데, 그런 현상이 관료 시스템이나 사회 시스템으로까지 넓게 확장된다는 얘기다. 즉, 전도된 질서 속에서 노동자들은 자신이 무엇을 하는지, 왜 해야 하는지를 알지도 못하면서 일을 한다. 자신이 속한 기업이 환경을 오염하고 인간의 건강과 공동체를 파괴하는 줄 알면서도 노동자로서 그저 돈을 벌기 위해 일을 하는 경우도 있다. 즉, 마르크스는 중요한 사회적 가치와 윤리를 배제하면서 사람이 마치 사물처럼 작동하는 시스템을 고발한 것이다.

더글러스 러미스의 《경제성장이 안 되면 우리는 풍요롭지 못할 것인가?》녹색평론사, 2002라는 책에는 사물화된 질서를 잘 보여주는 사례가 등장한다. 바로 타이타닉호가 빙산을 향해 돌진하는데 요리사는 요리를 하고, 악사는 악기를 연주하고, 가수는 노래를 하고 있다는 내용이다. 사물화된 사회 시스템은 사람들이 기능분화에 따라 자신의 기능과 역할에만 충실하면서 '왜 그것을 해야 하고, 어떻게 할 것인지'라는 근본적인 질문에서 벗어나 있는 시스템을 뜻한다. 이런 시스템에서는 맹목적이고 자동적으로 움직이는 좀비 모델의 노동자들이 존재할 뿐이다. 사회구조와 시스템이 자율성을 완전히 잠식해버리면 자동성에 따라 움직이는 사람들이 등장한다. 2014년 세월호 사태에서 보았듯, 시스템화된 사회는 쉽게 파열될 수 있는 취약한 구조를 갖고 있다.

우리는 시스템 내에서 자동적으로 문제를 해결할 것이 아니라, 네트워크 형태의 자율적인 시스템을 구축할 필요가 있다. 네트워크는 전자 직조 형태의 공동체라고 할 수 있으며, 탈근대 자본주의가 공동체를 파괴하면서 시장경제를 만들었던 경향과는 반대로 공동체를 도입하고 탐색하는 것을 의미한다.

《 소비만능주의에서 허우적 》

상품으로 가득한 인터넷 쇼핑몰이나 대형마트에서 길을 잃어본 적이 있는가? 혹시 있다면, 그때 어떤 느낌이 들었는가? 상품으로 욕망을 해결하면서 살다 보니 어느덧 사람들과의 관계를 잃어버리고 소비만능주의의 중심에서 허우적거리는 자신을 발견하게 되지는 않았는가? 사실 공동체적 관계망에서는 그렇게 많은 소비를 하지 않고도 사랑과 욕망으로 갈급하고 불안한 마음을 돌보고 보듬을 수 있다. 그러나 오늘날 파편화된 개인들은 주변 사람들과 대화하고 관계 맺으면서 문제를 해결해왔던 인류의 지혜로부터 분리되어, 전도되고 사물화된 상품질서 속에서 모든 것을 해결할 수 있다는 환상에 빠져 있다. 이는 마치 텔레비전 속에서 가짜 웃음을 쏟아내는 토크쇼와 같은 것이다. 자본주의 세상은 '소비자로서 당신은 환대받고 있으며, 심지어 소비자는 왕이다'라는 메시지를 끊임없이 발신하면서, 사람들이 지겨운 노동과 일에서 벗어나지 않아야 하는 이유를 설득한다. 그러나 '빨리 빨리, 더 많이, 더 오래' 일하던 것을 멈추고 잠시 주변 사람들과 얘기를 나누어보면 '꼭 소비밖에 답이 없는가?'라는 의문을 스스로 품게 될 것이다. 우리가 원하는 것이 사실은 아주 가까이에 숨어있는데, 그것은 바로 공동체적 관계망이 제시하는 색다른 질서이다.

> 인간이 감각적 의식의 대상으로 되고, 인간으로서의 인간의 욕망이 욕망으로 되기 위해서는 역사 전체가 그것을 준비하고 발전하는 역사여야 한다. 역사 자체는 자연사, 곧 인간으로 전화되어가는 자연의 생성의 현실적인 일부분이다. (칼 마르크스, 《경제학 철학초고》, 93쪽, 이론과실천, 1987)

나는 지하철을 탈 때마다 낯선 익명의 사람들로 이루어진 도시 관계망을 발견한다. 지하철 안에서 나는 '이 도시에서, 이 우주에서, 단 하나밖에 없는 고독한 나'를 느끼고, 그 헛헛함과 고독을 달래기 위해서 커피를 사거나 음악을 듣는다. 사실 도시 관계망은 상품이 소비되기에 딱 좋은 환경이다. 서로 모르는 사람들끼리 상품을 사고팔면서 고독과 외로움을 대신할 환상, 결여를 충족할 소비와 향유를 주고받는다. 그러나 소속된 공동체적 관계망이 있다면 문제가 달라진다. 굳이 소비하지 않아도 사람들 사이에서 사랑과 욕망이 부드럽게 흐르고, 시간 가는 줄도 모르게 수다를 떨고, 주변 사람들을 의식하지 않고 용감해지기도 한다. 마르크스의 상품물신성이 장악한 세계는 공동체로부터 분리되어 고립된 개인이나 가족을 전제로 하며, 그래서 굉장히 고독하고 외로운 개인들의 절규와 아우성의 감정이 상품에 숨어있다. 나는 그런 발신음을 좋아하지 않는다. 오히려 활력과 친밀함이 넘치고 유대감정과 사람에 의해 움직이는 공동체가 대안이라고 생각한다.

물신주의에 장악된 자본주의는 마르크스의 예견처럼 사회변혁으로 극복되는 것이 아니라, 아주 가까이에서부터 사람과 사람의 친밀하고 유대적인 관계가 상품 소비를 대신하게 될 때 비로소 극복될 것이라고, 나는 생각한다. 물신화된 혁명을 생각하는 사람은 모든 것이 단번에 극복될 수 있다는 몽상을 품는다. 혁명도 자본주의처럼 물신화의 유혹으로부터 자유롭지 못한 것이다. 프랑스 생태주의자 펠릭스 가타리는 '혁명가가 없다 하더라도, 혁명운동이 없다 하더라도, 도처에서 혁명이 이루어지고 있기 때문에 혁명을 하자!'고 말했다. 유명한 '분자혁명'의 개념이 그것이다. 이는 공정무역 커피에도 혁명이 있고, 부엌에도 혁명이 있고, 자전거에도 혁명이 있고, 채식 반찬에도 혁명이 있다는, 혁명에 대한 색다른 구상이다. 마르크스의 상품물신성 개념에 대한 해독제는, 공동체적인 관계망으로부터 격발되는 바로 이런 분자혁명에서 찾아야 하지 않을까?